CONTROLE EXTERNO E AS MUTAÇÕES DO DIREITO PÚBLICO

INOVAÇÕES JURISPRUDENCIAIS E APRIMORAMENTO DA GESTÃO PÚBLICA – ESTUDOS DE MINISTROS E CONSELHEIROS SUBSTITUTOS DOS TRIBUNAIS DE CONTAS

LUIZ HENRIQUE LIMA
DANIELA ZAGO GONÇALVES DA CUNDA
Coordenadores

Maria Sylvia Zanella Di Pietro
Prefácio

CONTROLE EXTERNO E AS MUTAÇÕES DO DIREITO PÚBLICO

INOVAÇÕES JURISPRUDENCIAIS E APRIMORAMENTO DA GESTÃO PÚBLICA – ESTUDOS DE MINISTROS E CONSELHEIROS SUBSTITUTOS DOS TRIBUNAIS DE CONTAS

Belo Horizonte

FÓRUM
CONHECIMENTO JURÍDICO

2025

© 2025 Editora Fórum Ltda.

É proibida a reprodução total ou parcial desta obra, por qualquer meio eletrônico, inclusive por processos xerográficos, sem autorização expressa do Editor.

Conselho Editorial

Adilson Abreu Dallari
Alécia Paolucci Nogueira Bicalho
Alexandre Coutinho Pagliarini
André Ramos Tavares
Carlos Ayres Britto
Carlos Mário da Silva Velloso
Cármen Lúcia Antunes Rocha
Cesar Augusto Guimarães Pereira
Clovis Beznos
Cristiana Fortini
Dinorá Adelaide Musetti Grotti
Diogo de Figueiredo Moreira Neto (in memoriam)
Egon Bockmann Moreira
Emerson Gabardo
Fabrício Motta
Fernando Rossi
Flávio Henrique Unes Pereira
Floriano de Azevedo Marques Neto
Gustavo Justino de Oliveira
Inês Virgínia Prado Soares
Jorge Ulisses Jacoby Fernandes
Juarez Freitas
Luciano Ferraz
Lúcio Delfino
Marcia Carla Pereira Ribeiro
Márcio Cammarosano
Marcos Ehrhardt Jr.
Maria Sylvia Zanella Di Pietro
Ney José de Freitas
Oswaldo Othon de Pontes Saraiva Filho
Paulo Modesto
Romeu Felipe Bacellar Filho
Sérgio Guerra
Walber de Moura Agra

CONHECIMENTO JURÍDICO

Luís Cláudio Rodrigues Ferreira
Presidente e Editor

Coordenação editorial: Leonardo Eustáquio Siqueira Araújo / Thaynara Faleiro Malta
Revisão: Fabiana Guimarães Coelho
Capa e projeto gráfico: Walter Santos
Diagramação: Derval Braga

Rua Paulo Ribeiro Bastos, 211 – Jardim Atlântico – CEP 31710-430
Belo Horizonte – Minas Gerais – Tel.: (31) 99412.0131
www.editoraforum.com.br – editoraforum@editoraforum.com.br

Técnica. Empenho. Zelo. Esses foram alguns dos cuidados aplicados na edição desta obra. No entanto, podem ocorrer erros de impressão, digitação ou mesmo restar alguma dúvida conceitual. Caso se constate algo assim, solicitamos a gentileza de nos comunicar através do *e-mail* editorial@editoraforum.com.br para que possamos esclarecer, no que couber. A sua contribuição é muito importante para mantermos a excelência editorial. A Editora Fórum agradece a sua contribuição.

Dados Internacionais de Catalogação na Publicação (CIP) de acordo com ISBD

C764   Controle externo e as mutações do direito público: inovações jurisprudenciais e aprimoramento da gestão pública - Estudos de ministros e conselheiros substitutos dos Tribunais de Contas / Luiz Henrique Lima, Daniela Zago Gonçalves da Cunda (coord). Belo Horizonte: Fórum, 2025.

261p. 14,5x21,5cm
ISBN impresso 978-65-5518-949-0
ISBN digital 978-65-5518-945-2

1. Inovação. 2. Jurisprudência. 3. Direito administrativo. 4. Controle externo. 5. Tribunais de Contas. 6. Controle interno. 7. Direito público. 8. Direito financeiro. 9. Auditoria governamental. 10. Gestão pública. 11. Políticas públicas. I. Lima, Luiz Henrique. II. Cunda, Daniela Zago Gonçalves da. III. Título.

CDD 342
CDU 342

Ficha catalográfica elaborada por Lissandra Ruas Lima – CRB/6 – 2851

Informação bibliográfica deste livro, conforme a NBR 6023:2018 da Associação Brasileira de Normas Técnicas (ABNT):

LIMA, Luiz Henrique; CUNDA, Daniela Zago Gonçalves da (coord.). *Controle externo e as mutações do direito público*: inovações jurisprudenciais e aprimoramento da gestão pública - Estudos de ministros e conselheiros substitutos dos Tribunais de Contas. Belo Horizonte: Fórum, 2025. 261p. ISBN 978-65-5518-949-0.

Aos que nos antecederam, às presentes e às futuras gerações.

*Aos nossos familiares, colegas, professores e mestres,
que tanto nos inspiram.*

"Dirigimo-nos aos jovens ainda não acomodados e aos não jovens ainda idealistas, aos intelectualmente alertas e dispostos a fazer sacrifícios por um mundo melhor, mais sábio."

José Lutzenberger

SUMÁRIO

PREFÁCIO
Maria Sylvia Zanella Di Pietro 15

APRESENTAÇÃO 21

REPERCUSSÕES DAS INOVAÇÕES DA JURISPRUDÊNCIA DO TRIBUNAL DE CONTAS DA UNIÃO NA ELABORAÇÃO DE ORÇAMENTOS DE OBRAS PÚBLICAS
Marcos Bemquerer Costa, Patrícia Reis Leitão Bastos 23
1   Introdução 24
2   Da evolução da jurisprudência do TCU sobre taxa de BDI nas obras públicas 28
2.1 Acórdão 325/2007 – Plenário (Relator: Ministro Guilherme Palmeira)...29
2.2 Acórdão 2.369/2011 – Plenário (Relator: Ministro Substituto Marcos Bemquerer Costa) 30
2.3 Acórdão 2.622/2013 – Plenário (Relator: Ministro Substituto Marcos Bemquerer Costa) 32
3   Repercussão da Jurisprudência do TCU sobre BDI nos Sistemas Referenciais de Custos 36
3.1 Impactos do Acórdão 2.622/2013 – Plenário no Sistema de Custos Referenciais de Obras – Sicro 38
3.2 Impactos do Acórdão 2.622/2013 – Plenário no Sistema Nacional de Pesquisa de Custos e Índices da Construção Civil – Sinapi 43
4   Da evolução da jurisprudência do TCU sobre obras em regime de cooperação com o Exército Brasileiro 46
4.1 Acórdão 1.399/2010 – Plenário (Relator: Ministro Substituto Marcos Bemquerer Costa) 47
4.2 Acórdão 2.628/2021 – Plenário (Relator: Ministro Substituto Marcos Bemquerer Costa) 49
4.3 Acórdão Acórdão 2.529/2023 – Plenário (Relator: Ministro Substituto Marcos Bemquerer Costa) 50
5   Outros exemplos de repercussões da evolução da jurisprudência do TCU na orçamentação de obras públicas 55
5.1 Normativos sobre orçamentação de obras públicas, que explicitam sua adequação à evolução da jurisprudência do TCU 57

5.2	Da submissão dos normativos elaborados por órgãos públicos à análise prévia do TCU	60
5.3	Das discussões na esfera judicial sobre a aplicação da evolução da jurisprudência do TCU na orçamentação de obras públicas	60
6	Conclusão	62
	Referências	64

O CONTROLE OPERACIONAL REALIZADO PELOS TRIBUNAIS DE CONTAS E A AUDITORIA SOBRE A JUDICIALIZAÇÃO DA SAÚDE EM SANTA CATARINA: POTENCIALIDADES E DESAFIOS PARA O ENFRENTAMENTO DE PROBLEMAS COMPLEXOS DA ADMINISTRAÇÃO PÚBLICA CONTEMPORÂNEA

Gerson dos Santos Sicca 67

1	Introdução	67
2	A auditoria operacional no contexto da administração pública do Estado de Direito contemporâneo	70
3	A auditoria operacional da judicialização da saúde em Santa Catarina	78
4	Considerações finais	85
	Referências	86

CONCRETISMO DAS POLÍTICAS PÚBLICAS DE RESÍDUOS SÓLIDOS E O PAPEL INDUTOR DOS TRIBUNAIS DE CONTAS PARA UMA MAIOR SUSTENTABILIDADE E EQUIDADE INTRA E INTERGERACIONAL

Daniela Zago Gonçalves da Cunda, Letícia Ayres Ramos 91

	Considerações iniciais	92
1	O *dever fundamental* de sustentabilidade irradia diretrizes à Administração Pública e também para o setor privado quanto à correta destinação dos resíduos sólidos	94
2	Resíduos sólidos e sua visualização como políticas públicas a propiciar uma maior equidade intra e intergeracional	103
3	Papel dos Tribunais de Contas do Brasil nesse contexto	111
4	Diagnóstico de boas práticas a serem ampliadas no Brasil e outros países e *cases jurisprudenciais* e as perspectivas de impacto das decisões das Cortes de Contas	115
	Considerações finais	119
	Referências	121

A POLÍTICA DE TRANSPORTE ESCOLAR: IMPACTO DA ATUAÇÃO DO TRIBUNAL DE CONTAS DO ESTADO DO PARÁ NA CRIAÇÃO DO PROGRAMA DE TRANSPORTE ESCOLAR PARAENSE
Milene Dias da Cunha, Edvaldo Fernandes de Souza 131
1   Introdução 131
2   O direito à educação e a relevância do transporte escolar 133
3   O papel do Tribunal de Contas do Estado do Pará no aprimoramento do Programa de Transporte Escolar 137
4   O Programa de Transporte Escolar 139
5   Impactos da inovação jurisprudencial no PETE/PA na Gestão Orçamentária 148
6   Conclusão 151
    Referências 152

REGIMES PRÓPRIOS DE PREVIDÊNCIA: A IMPORTÂNCIA DO CONTROLE DE PAGAMENTO DE BENEFÍCIOS
Julival Silva Rocha, Décio da Silva de Araújo 155
1   Introdução 155
2   Os desafios para a sustentabilidade da previdência dos servidores públicos 157
3   Fiscalização do controle de pagamento de benefícios previdenciários pelo TCE-PA 163
4   Conclusão 177
    Referências 179

DETERMINAÇÕES NOS JULGAMENTOS DE CONTAS COMO IMPULSIONADORAS DA MELHORIA DA GESTÃO – DOIS ESTUDOS DE CASO EM MATO GROSSO
Luiz Henrique Lima 181
1   Introdução 181
2   Processos de contas, normas e conteúdo 183
3   Julgamento e decisões em processos de contas de gestão 187
4   Estudos de casos 191
4.1   As contas de gestão do Fundo de Apoio ao Poder Judiciário 192
4.2   As contas de gestão da Assembleia Legislativa 194
5   Conclusão 197
    Referências 200

A RESPONSABILIDADE PELA REPARAÇÃO DO DANO NA JURISDIÇÃO FINANCEIRA BRASILEIRA E O MODELO FRANCÊS QUE A EXTINGUE

Rafael Galvão, Sabrina Nunes Iocken, Sonia Endler 203
1   Introdução 203
2   O modelo de Jurisdição Financeira no Brasil 206
2.1 O rito processual da apuração de débito pelos Tribunais de Contas ...209
2.2 A problemática das múltiplas esferas de competência em relação ao mesmo fato antijurídico 213
2.3 Decisões judiciais e legislações esparsas definem o encurtamento do prazo para formação e execução do título executivo 215
2.4 Desafios sobre o processo de execução dos débitos imputados pela jurisdição financeira 217
3   As mudanças no modelo francês sobre a responsabilização dos gestores públicos 226
4   Conclusão 229
    Referências 231

REGIME JURÍDICO REMUNERATÓRIO E ESTATUTÁRIO DOS AUDITORES DOS TRIBUNAIS DE CONTAS NA JURISPRUDÊNCIA DO SUPREMO TRIBUNAL FEDERAL

Isaías Lopes da Cunha 235
1   Introdução 235
2   Fundamentação teórica 237
2.1 Natureza jurídica do cargo de auditor (Ministro/Conselheiro Substituto) dos Tribunais de Contas 237
2.2 As atribuições da judicatura dos conselheiros substitutos e sua similaridade com as dos conselheiros dos Tribunais de Contas 240
2.3 O regime jurídico da magistratura e dos membros e auditores dos Tribunais de Contas do Brasil 242
3   Procedimentos metodológicos 244
4   Análise e discussão dos resultados 246
4.1 Da constitucionalidade da equiparação remuneratória entre Auditores dos Tribunais de Contas e Juízes de Direito estaduais 246
4.1.1 A carreira dos Auditores do TCE e sua distinção das demais carreiras de servidores denominadas "auditores" de controle externo ...246
4.1.2 O regime jurídico-constitucional dos Auditores dos Tribunais de Contas legitima a equiparação de remuneração à de Juízes de Direito ...248
4.2 Da constitucionalidade de os Auditores receberem, quando em substituição, as mesmas remunerações e vantagens dos Conselheiros ...252
5   Considerações finais 254
    Referências 255

SOBRE OS AUTORES 259

PREFÁCIO

Recebi, com muita satisfação, a honrosa missão de escrever o Prefácio da obra coletiva da Audicon – Associação dos Magistrados de Contas do Brasil, intitulada "Controle externo e as mutações do direito público: inovações jurisprudenciais e aprimoramento da gestão pública", com o subtítulo "Estudos de Ministros e Conselheiros Substitutos dos Tribunais de Contas". A coordenação é feita por Daniela Zago Gonçalves da Cunda, Conselheira Substituta do Tribunal de Contas do Rio Grande do Sul, e Luiz Henrique Lima, Conselheiro Substituto do Tribunal de Contas de Mato Grosso.

A tarefa torna-se especialmente honrosa pelo elevado nível dos textos, cujos autores são Ministros do Tribunal de Contas da União e Conselheiros de Tribunais de Contas de Estados e Municípios, todos altamente especializados nos temas desenvolvidos, dos quais conhecem a teoria e a prática. Tratam em profundidade dos aspectos jurídico-constitucionais, dos objetivos do controle externo a cargo dos Tribunais de Contas, do papel desses Tribunais no exercício de suas atribuições, dos princípios e fundamentos em que se baseiam, das diretrizes e orientações dirigidas ao gestor público, das medidas corretivas cabíveis, das medidas de que dispõem para o adequado exercício de seu encargo, que é de natureza constitucional.

A Constituição de 1988 ampliou consideravelmente as atribuições do Tribunal de Contas da União e acabou por ampliar, de igual modo, as atribuições dos Tribunais de Contas dos Estados e do Distrito Federal, bem como dos Tribunais e Conselhos de Contas dos Municípios, ao determinar, no artigo 75 que a eles aplicam, no que couber, as normas estabelecidas na Seção IX (sobre Fiscalização Contábil, Financeira e Orçamentária) do Capítulo I (sobre o Poder Legislativo), do Título IV da Constituição (sobre Organização dos Poderes).

A principal mudança feita pela Constituição de 1988, que imprimiu nova natureza à fiscalização contábil, financeira, orçamentária, operacional e patrimonial a cargo dos Tribunais de Contas, quando comparada com a prevista nas Constituições anteriores, diz respeito à maior amplitude dos aspectos a serem controlados, uma vez que não abrange apenas a legalidade, mas alcança também a legitimidade e a economicidade na aplicação das subvenções e renúncia de receitas pela União (e, em consequência, pelos demais entes federados) e pelos órgãos e entidades da Administração direta e indireta. E o mesmo tipo de controle se estende a qualquer pessoa física ou jurídica, pública ou privada, que utilize, arrecade, guarde, gerencie ou administre dinheiros, bens e valores públicos ou pelos quais a União (e outros entes federativos) responda, ou que, em nome desta, assuma obrigações de natureza pecuniária.

Quando se trata de exame de legalidade, o controle limita-se a verificar a licitude da atuação dos órgãos, entidades e pessoas controlados diante das normas legais aplicáveis. Quando a fiscalização passa a incidir também sobre a legitimidade e a economicidade, a atribuição alcança aspectos outros, inseridos no velho conceito de mérito, e que ultrapassam o sentido da legalidade estrita para alcançar a legalidade vista em sentido amplo, correspondente ao conceito de Direito. Trata-se de medida que está em consonância com o modelo de Estado Democrático de Direito, adotado a partir do seu Preâmbulo e inserido no artigo 1º, que pretende vincular a lei aos ideais de justiça, ou seja, submeter o Estado não apenas à lei em sentido puramente formal, mas ao Direito, abrangendo todos os princípios, valores, diretrizes e fins sociais consagrados na Constituição.

Essa ampliação do princípio da legalidade constitui decorrência da constitucionalização do direito administrativo, principalmente dos princípios da Administração Pública, defendidos, desde longa data, pela doutrina e jurisprudência, e agora elevados, muitos deles, ao nível constitucional. A influência é do direito comunitário europeu. Sua inspiração decorre da Declaração Universal dos Direitos Humanos, de 1948, e da Lei Fundamental de Bonn, de 1949, cujo artigo 20, item 3, determina que "o Poder Legislativo está vinculado à Constituição e os Poderes Executivo e Judicial obedecem à lei e ao Direito". A Constituição Espanhola de 1976 repetiu a mesma norma, que aparece, em termos um pouco diversos, mas com o mesmo sentido, na Constituição Portuguesa de 1978. O preceito é interpretado no sentido de que, ao se falar em submissão à lei e ao Direito, está-se a exigir a obediência aos princípios e valores que decorrem da Constituição. A partir de então, o princípio da legalidade passou a ser visto em uma acepção restrita, para designar as matérias que constituem reserva de lei, e em sua acepção ampla para significar a submissão não só à lei, mas também aos valores e princípios constitucionais, que refletem sobre todo o ordenamento jurídico infraconstitucional. A consequência foi a ampliação do controle externo da Administração Pública, que passou a abranger aspectos de mérito antes vedados à apreciação inclusive do próprio Poder Judiciário e também dos Tribunais de Contas.

O Brasil não escapou a esse movimento de ampliação do princípio da legalidade, como se verifica pelos termos do Preâmbulo da Constituição e dos artigos 1º a 4º, que consagram diretrizes, fundamentos, princípios do Estado Democrático de Direito. Também se verifica pela elevação dos princípios da Administração Pública ao nível constitucional, principalmente pela norma do artigo 37, e pela norma do artigo 70, que inclui entre os aspectos afetos à fiscalização contábil, financeira e orçamentária, a legalidade, a legitimidade e a economicidade.

Essa ampliação do controle, também ocorrida em relação aos Tribunais de Contas, fica muito clara nos temas tratados no livro que tenho o prazer de prefaciar. Os textos compilados tratam de aspectos relevantes, como medidas passíveis de ser adotadas no exercício da atividade de controle, a exemplo das auditorias operacionais, a exigirem elevada capacitação do corpo técnico; oferecimento de alternativas para melhor equacionamento na fixação e execução de políticas públicas; fiscalização dos resultados da execução das políticas públicas; fiscalização prévia de editais; exame de planos governamentais; verificação da eficiência e economicidade das medidas adotadas pelos entes submetidos ao controle; exame da transparência; recomendações para otimizar a fiscalização dos gastos públicos; exame da sustentabilidade nos vários setores da fiscalização.

Ressaltam do texto alguns papeis que vêm sendo assumidos pelos Tribunais de Contas, especialmente o seu papel pedagógico, que se revela por meio da ampla divulgação de atos normativos, de súmulas de sua jurisprudência, a servirem de orientação aos entes alcançados pelo controle.

No primeiro artigo do livro, de autoria de Marcos Bemquerer Costa e Patrícia Reis Leitão Bastos, foram comentados os estudos realizados pelo TCU no que diz respeito à auditoria de obras públicas, inclusive sobre o cômputo das taxas de BDI (Benefícios e Despesas Indiretas) nos orçamentos das obras públicas realizadas com utilização de recursos federais. O texto cita inúmeras súmulas e acórdãos da Corte, quanto à elaboração de orçamentos em caso de contratação de obras públicas, como é o caso da criação da cartilha "Obras públicas: recomendações básicas para a contratação e fiscalização de obras de edificações públicas". Cita também acórdãos do TCU que tiveram grande repercussão sobre órgãos e entidades da Administração Pública e inclusive sobre decisões judiciais.

O texto subsequente é de Gerson dos Santos Sicca, que, a partir de relato do caso de Linda Brown, ocorrido nos Estados Unidos em 1950, passa a analisar o avanço do controle externo sobre o mérito da atuação administrativa, inclusive em matéria de políticas públicas, apontando a auditoria operacional como instrumento adotado pelos Tribunais de Contas para fiscalizar aspectos de desempenho da atuação governamental. Em seguida, analisa o caso concreto da auditoria realizada sobre a judicialização da saúde em Santa Catarina.

No texto escrito por Daniela Zago Gonçalves da Cunda e Letícia Ayres Ramos, sobre concretismo das políticas públicas de resíduos sólidos, é realçado o papel indutor dos Tribunais de Contas para a maior sustentabilidade e equidade intra e intergeracional. Também é aprofundado o estudo sobre políticas públicas relacionadas com resíduos sólidos, sob a perspectiva dos direitos e deveres fundamentais, com a citação de julgados e outras possibilidades de atuação dos Tribunais de Contas. Propostas são feitas para aprimoramento do controle externo como instituição garantidora do dever funcional de sustentabilidade. É realçado o papel pedagógico dos Tribunais de Contas. É colocada a sustentabilidade como dever de proteção fundado em normas constitucionais.

No artigo sobre transporte escolar, é analisado o papel do Tribunal de Contas do Pará no aprimoramento do Programa de Transporte Escolar. É tratado o tema do controle de mérito com a finalidade de verificar se a atuação da Administração Pública atinge adequadamente o objetivo com o menor custo possível. É realçado o papel das Cortes de Contas na busca da eficiência das políticas públicas, na sua função corretiva, e na busca da transparência. Nesse texto, de autoria de Milene Dias da Cunha e Edvaldo Fernandes de Souza, analisa-se o Programa de Transporte Escolar Paraense, criado por sugestão do Tribunal de Contas do Pará.

No texto que trata da fiscalização, pelos Tribunais de Contas, dos pagamentos de benefícios propiciados pelos regimes próprios de previdência, os autores – Julival Silva Rocha e Décio da Silva de Araújo – cuidam do tema da fiscalização da sustentabilidade do regime, do equilíbrio financeiro e atuarial dos regimes previdenciários, da competência para o acompanhamento e fiscalização da gestão previdenciária para evitar que o sistema se torne incapaz de arcar com a proteção mínima prometida. Mais uma vez é realçado o papel pedagógico dos Tribunais de Contas.

Em artigo sobre a atuação dos Tribunais de Contas como impulsionadora da melhoria da gestão, Luiz Henrique Lima analisa dois casos paradigmáticos ocorridos em Mato Grosso, nos quais houve correção de falhas, indicação dos limites e possibilidades das determinações dos Tribunais de Contas por ocasião do julgamento de contas, e nos quais houve determinações inovadoras, como realização de licitação e concursos públicos, redução de desperdício, regularização contábil, organizacional e patrimonial, aprimoramento de controles externos e aumento da transparência.

Outro texto interessante, este de autoria de Rafael Galvão, Sabrina Nunes Iocken e Sonia Endler, faz uma comparação entre o modelo brasileiro de responsabilização financeira a cargo dos Tribunais de Contas (que busca a reparação integral do dano, ineficaz na grande maioria dos casos, pela baixíssima proporção de valores arrecadados) e o modelo francês, que extinguiu esse tipo de responsabilização, independente de culpa, e o substituiu pelo regime de responsabilização com culpa, no qual o objetivo não é o de obter a reparação do dano, porque assumiu inteiramente o propósito punitivo.

Finalmente, o último texto, de autoria de Isaías Lopes da Cunha, trata do regime remuneratório e estatutário dos auditores dos Tribunais de Contas na jurisprudência do Supremo Tribunal Federal. O autor analisa as atribuições desses servidores e faz comparação com outros regimes remuneratórios de agentes públicos, inclusive de Conselheiros Substitutos e juízes.

A leitura dos textos inseridos na obra coletiva abre caminho para a pesquisa, o aprendizado, a capacitação e o aperfeiçoamento de todas as pessoas, sejam particulares, sejam agentes públicos, sejam destinatários da atividade de controle exercida pelos Tribunais de Contas. A riqueza de informações inseridas nesta obra é tanto maior quando se sabe que os textos foram escritos por membros integrantes dos Tribunais de Contas, que emprestam ao leitor um pouco de seu conhecimento, fruto de estudos e de vivência na atividade de controle. Os textos servem de orientação e de inspiração a todos quantos atuem nos órgãos e entidades sujeitos ao controle pelos Tribunais de Contas. Constituem mais uma faceta do papel pedagógico que vêm desempenhando com muita propriedade.

Maria Sylvia Zanella Di Pietro

APRESENTAÇÃO

O presente estudo aborda inovações constantes em decisões dos tribunais de contas do Brasil impulsionadoras de melhorias na Administração Pública, com repercussões, inclusive, na elaboração de orçamentos de obras públicas.

Em todos os capítulos, a obra expõe temáticas do interesse da sociedade, envolvendo temas complexos e desafiadores na gestão pública, a exemplo da judicialização da saúde, e que demandam uma atuação proativa dos órgãos de controle externo, mediante auditorias operacionais e outros instrumentos de fiscalização.

O julgamento das contas dos administradores também pode ensejar determinações que conduzam a melhorias de desempenho dos gestores, conforme demonstrado em estudos de caso apresentados.

Ademais, o livro trata de mutações sob a perspectiva procedimental, como a atinente a responsabilidade dos gestores públicos na via da jurisdição financeira, alicerce essencial para garantir eficiência, transparência e integridade na Administração Pública, com abordagens sobre o modelo de Jurisdição Financeira no Brasil, o rito processual da apuração do débito pelos Tribunais de Contas e os desafios sobre o processo de execução dos débitos imputados pela jurisdição financeira (*v.g.* a prescrição e evolução jurisprudencial e respectivos temas junto ao STF), com abordagens comparativas e com as lentes atentas às mudanças no modelo francês sobre a responsabilização dos gestores públicos.

Na seara das mutações do Direito Público quanto aos temas materiais, que figuram na atuação dos tribunais de contas, assim como de relevância para a sociedade brasileira e mundial, as mudanças climáticas e temas interligados receberam abordagens específicas, mediante considerações quanto às recentes problemáticas (*v.g.* resíduos sólidos oriundos dos desastres climáticos), com um apanhado de decisões e boas práticas dos tribunais de contas nesse contexto, adicionadas de uma proposta de roteiro a ser seguido pelos gestores públicos, no gerenciamento dos resíduos sólidos, a serviço das presentes e futuras gerações.

Ainda quanto às gerações futuras e interligado às necessárias mutações do Direito e da própria sociedade, o direito/dever fundamental à educação e questões que lhe dão suporte, como a segurança jurídica ao transporte público, são examinados por meio de casos concretos que poderão ser inspiradores aos tribunais de contas do Brasil e de outros países, o que consta detalhado em capítulo que aborda o tema. Já quanto às gerações que nos antecederam, que também merecem tutela, os regimes próprios da previdência cada vez mais ensejam sindicabilidade, como, por exemplo, o controle de pagamento de benefícios, abordagem providenciada de forma detalhada e atualizada em capítulo específico.

Ao final, corroborando a importância da atuação dos tribunais de contas no monitoramento das mais relevantes políticas públicas, é retomado tema abordado em obras anteriores da coleção Audicon/Fórum, mas com atualizações importantes, mediante minucioso levantamento de decisões recentes do Supremo Tribunal Federal, que abordam as atribuições dos ministros substitutos e conselheiros substitutos e respectivas garantias constitucionais que asseguram suas relevantes atuações, como demonstrado no transcorrer da presente obra.

REPERCUSSÕES DAS INOVAÇÕES DA JURISPRUDÊNCIA DO TRIBUNAL DE CONTAS DA UNIÃO NA ELABORAÇÃO DE ORÇAMENTOS DE OBRAS PÚBLICAS

MARCOS BEMQUERER COSTA

PATRÍCIA REIS LEITÃO BASTOS

"O desenvolvimento econômico de uma nação tem como premissa a existência de uma adequada infraestrutura, com a redução dos custos logísticos, e a melhoria da qualidade dos serviços públicos. Nesse contexto, as obras públicas devem ser tratadas com especial atenção por terem o papel estruturante no desenvolvimento de áreas relevantes para o país, como educação, saúde, transporte e moradia."

(Ministro Augusto Nardes na apresentação do documento Orientações para Elaboração de Planilhas Orçamentárias de Obras Públicas. Brasília, 2014)

1 Introdução

O Fiscobras é um plano de fiscalização anual do Tribunal de Contas da União que engloba um conjunto de ações de controle, com o objetivo de verificar o processo de execução de obras públicas financiadas total ou parcialmente com recursos da União e encaminhar informações à Comissão Mista de Orçamento do Congresso Nacional sobre indícios de irregularidades graves em empreendimentos, trazendo subsídios para as discussões do processo de elaboração de Lei Orçamentária Anual – LOA.

A fiscalização realizada nas obras inacabadas do Fórum do Tribunal Regional do Trabalho da 2ª Região (TRT/SP), em 1999, foi o primeiro grande marco do Fiscobras. Ao final das análises dos auditores do TCU, restou constatado um superfaturamento no montante de R$169,5 milhões (em valores de 1999), o que representou um acréscimo de quase 300% em relação ao preço de mercado.

Esse foi um dos maiores escândalos de corrupção no Brasil, um caso emblemático que serviu como demonstração da importância da atuação do controle externo, e mais especificamente da análise dos orçamentos de obras públicas.

A proporção assustadora de desvio de recursos públicos chamou a atenção da mídia, e, consequentemente, a partir do escândalo do TRT/SP, os resultados das auditorias de obras públicas se tornaram assuntos de relevância para a imprensa, e a sociedade brasileira começou a se preocupar com a fiscalização dos empreendimentos executados com recursos federais.

Impulsionado por esse controle social, o Tribunal de Contas da União criou unidades técnicas especializadas em auditorias de obras públicas e passou a emitir documentos de orientação a órgãos e entidades da Administração Pública quanto a procedimentos a serem adotados para execução de obras, desde a realização de licitação até a fiscalização dos serviços implementados, passando pela elaboração de projetos, confecção de planilha orçamentária e pelo acompanhamento da implementação dos cronogramas físico-financeiros dos empreendimentos.

Foi então elaborada, em 2002, a primeira versão da cartilha "Obras Públicas: Recomendações Básicas para a Contratação e Fiscalização de Obras de Edificações Públicas". A seguir, as palavras do então Presidente do TCU, Ministro Humberto Guimarães Souto, ao apresentar essa cartilha:

"O Tribunal de Contas da União, consciente da elevada missão institucional de assegurar a efetiva e regular gestão dos recursos públicos em benefício da sociedade, está convicto de que a prevenção de irregularidades, desperdícios e má administração é sempre mais eficaz que qualquer medida corretiva ou punitiva.

Nesse sentido, destaca-se a ação pedagógica do Tribunal, que o vem aproximando dos órgãos e entidades que lhe são jurisdicionados, por meio da organização de teleconferências, seminários, promoção de cursos, treinamentos e palestras, além de freqüentes orientações aos administradores públicos.

Com esse espírito, foi elaborada a presente cartilha – 'Obras Públicas - Recomendações Básicas para a Contratação e Fiscalização de Obras de Edificações Públicas'.

Além de conceitos básicos e instruções úteis destinadas aos interessados, neste compêndio encontram-se orientações sobre aspectos legais relacionados com a licitação de obras públicas e as principais recomendações práticas para a correta contratação e fiscalização desses empreendimentos, especialmente no âmbito dos municípios.

Esta edição tem o propósito de colaborar para melhoria dos níveis de eficiência e eficácia na gestão dos recursos públicos aplicados em obras que objetivam a melhoria da qualidade de vida da população.

Tenho a esperança de que este trabalho contribua para aperfeiçoar a atuação da Administração Pública no mister de construir obras que ampliem o atendimento às necessidades da nação brasileira. (Ministro Humberto Guimarães Souto)

A cartilha "Obras Públicas: Recomendações Básicas para a Contratação e Fiscalização de Obras de Edificações Públicas" teve outras versões atualizadas, sendo que a última foi a 4ª edição, de 2014, quando o Ministro Augusto Nardes estava à frente da Presidência do TCU.

Com o intuito de consolidar seu entendimento jurisprudencial sobre algumas questões que recorrentemente foram abordadas nos processos de controle externo que tratavam da execução de obras públicas, o TCU estabeleceu, ainda, Súmulas; as principais estão transcritas a seguir:

> *Súmula 253/2010:* "Comprovada a inviabilidade técnico-econômica de parcelamento do objeto da licitação, nos termos da legislação em vigor, os itens de fornecimento de materiais e equipamentos de natureza específica que possam ser fornecidos por empresas com especialidades próprias e diversas e que representem percentual significativo do preço global da obra devem apresentar incidência de taxa de Bonificação e Despesas Indiretas - BDI reduzida em relação à taxa aplicável aos demais itens."

Súmula 254/2010: "O IRPJ – Imposto de Renda Pessoa Jurídica – e a CSLL – Contribuição Social sobre o Lucro Líquido – não se consubstanciam em despesa indireta passível de inclusão na taxa de Bonificações e Despesas Indiretas – BDI do orçamento-base da licitação, haja vista a natureza direta e personalística desses tributos, que oneram pessoalmente o contratado."

Súmula 258/2010: "As composições de custos unitários e o detalhamento de encargos sociais e do BDI integram o orçamento que compõe o projeto básico da obra ou serviço de engenharia, devem constar dos anexos do edital de licitação e das propostas das licitantes e não podem ser indicados mediante uso da expressão 'verba' ou de unidades genéricas".

Súmula 259/2010: "Nas contratações de obras e serviços de engenharia, a definição do critério de aceitabilidade dos preços unitários e global, com fixação de preços máximos para ambos, é obrigação e não faculdade do gestor."

Súmula 260/2010: "É dever do gestor exigir apresentação de Anotação de Responsabilidade Técnica – ART referente a projeto, execução, supervisão e fiscalização de obras e serviços de engenharia, com indicação do responsável pela elaboração de plantas, orçamento-base, especificações técnicas, composições de custos unitários, cronograma físico-financeiro e outras peças técnicas."

Súmula 261/2010: "Em licitações de obras e serviços de engenharia, é necessária a elaboração de projeto básico adequado e atualizado, assim considerado aquele aprovado com todos os elementos descritos no art. 6º, inciso IX, da Lei nº 8.666, de 21 de junho de 1993, constituindo prática ilegal a revisão de projeto básico ou a elaboração de projeto executivo que transfigurem o objeto originalmente contratado em outro de natureza e propósito diversos."

Especificamente no tocante à orçamentação de empreendimentos executados com recursos federais, o TCU disponibilizou, em 2014, uma cartilha com orientações sobre a elaboração de planilhas orçamentárias de obras e serviços de engenharia.

O objetivo da Corte de Contas, com esse documento, foi informar sobre os assuntos abordados pela jurisprudência do TCU no que concerne aos orçamentos de referência para a licitação de obras públicas, numa tentativa de auxiliar os gestores públicos a adotarem os procedimentos adequados para obtenção de um preço final para o empreendimento compatível com o valor de mercado, com a orçamentação dividida em três etapas: a) levantamento e quantificação dos serviços; b) avaliação dos custos unitários; e c) definição da taxa de BDI e formação do preço de venda.

Mantendo essa dinâmica de orientação aos entes jurisdicionados, e diante do desafio de decidir sobre questões polêmicas que vinham sendo abordadas em vários processos de controle externo, o TCU passou a constituir grupos de trabalho compostos, de forma multidisciplinar, por membros de várias unidades técnicas especializadas, objetivando que fosse feita análise pormenorizada dessas questões.

A importância da multidisciplinariedade nessas equipes de estudo deve ser destacada, tendo em vista a amplitude dos tipos de empreendimento objeto de fiscalização (obras portuárias, rodoviárias, aeroportuárias, de edificação, de saneamento básico, de implantação de linhas de transmissão de energia elétrica, de redes adutoras e de estações elevatórias e de tratamento de água, entre outras), cada qual com suas particularidades.

Há ainda que se considerar a abrangência das análises do TCU que contemplam não só questões associadas estritamente com a engenharia civil, mas também assuntos relacionados com autorização orçamentária, administração pública, contabilidade, estatística e outros tantos conhecimentos pulverizados, havendo necessidade de atuação de auditores com diferentes formações profissionais.

O presente artigo trata de duas questões que foram minuciosamente estudadas, no âmbito desses grupos de trabalho do TCU, e que resultaram em deliberações com grande repercussão nos procedimentos adotados pelos órgãos públicos para elaboração de planilhas orçamentárias de seus empreendimentos: a) necessidade de adoção de parâmetros de faixas de BDI aceitáveis, calcados em dados confiáveis e em premissas técnicas adequadas; e b) utilização de metodologia diferenciada para apropriação de custos nos orçamentos das obras de engenharia executadas, a título de cooperação, pelo Exército Brasileiro.

Transcendendo essas duas questões, este artigo também aborda as repercussões diretas dessa evolução da jurisprudência do TCU não só nos dois principais sistemas de referência de custos utilizados na orçamentação de obras públicas (o Sistema de Custos Referenciais de Obras – Sicro e o Sistema Nacional de Índices da Construção Civil – Sinapi), como também nos procedimentos adotados por órgãos públicos, na implementação de seus empreendimentos, apontando, inclusive, algumas alterações que foram efetuadas em normativos internos, para adequação às diretrizes estipuladas pela Corte de Contas, em suas deliberações.

2 Da evolução da jurisprudência do TCU sobre taxa de BDI nas obras públicas

Recorrendo à literatura especializada, mais especificamente ao Manual de Auditoria de Obras Públicas e Serviços de Engenharia (2019) do Instituto de Auditoria de Obras Públicas – Ibraop, obtém-se a seguinte definição: "Bonificação e despesas indiretas (BDI) é uma taxa correspondente às despesas indiretas, impostos e ao lucro do construtor que é aplicada sobre o custo de um empreendimento (materiais, mão de obra e equipamentos) para se obter o preço final de venda".

A polêmica acerca das taxas de BDI está exatamente na definição do que poderia ser computado como despesa indireta e ser um dos percentuais formadores da taxa de BDI e o que deveria constar como item da planilha orçamentária, passível de medição e quantificação.

Delimitados os itens que compõem a taxa de BDI, há ainda um outro desafio, que é definir faixas de percentuais aceitáveis para cada um desses itens.

O primeiro grupo de trabalho, no âmbito do TCU, que tratou especificamente de taxa de BDI foi constituído em atendimento à determinação do subitem 9.3 do Acórdão 1.566/2005 – Plenário (Relator: Ministro Walton Alencar Rodrigues), prolatado em 05.10.2005, com o objetivo de propor critérios de aceitabilidade para a taxa de BDI em obras de implantação de linhas de transmissão de energia elétrica, identificando os itens passíveis de ser considerados em sua composição, os valores médios ou medianos praticados e a respectiva faixa de variabilidade, com vistas a subsidiar o trabalho de fiscalização desse tipo de obra e, mais especificamente, a análise da aceitabilidade dos preços praticados no contrato pactuado para execução da expansão do sistema de transmissão de energia elétrica no Estado do Mato Grosso.

Os resultados desse grupo de trabalho culminaram no Acórdão 325/2007 – Plenário (Relator: Ministro Guilherme Palmeira), primeira deliberação do TCU que definiu faixa de valores percentuais como referência para os itens que compõem o BDI, em obras de linhas de transmissão e subestações.

Diante de questionamentos quanto à adequabilidade da adoção dos valores do Acórdão 325/2007 – Plenário como parâmetro na análise dos orçamentos de vários tipos de empreendimento, foram feitos novos estudos que culminaram em outras duas deliberações do TCU, Acórdãos 2.369/2011 e 2.622/2013, ambos do Plenário e de relatoria do Ministro Substituto Marcos Bemquerer Costa.

2.1 Acórdão 325/2007 – Plenário (Relator: Ministro Guilherme Palmeira)

No âmbito do processo que tratou de Levantamento de Auditoria realizado, em 2003, nas obras da expansão do sistema de transmissão de energia elétrica no Estado do Mato Grosso (TC 003.658/2003-1), havia vários questionamentos no tocante à formação da taxa de BDI.

Naquela oportunidade, foi apresentado documento encomendado pela empresa executora das obras, elaborado pela Fundação Instituto de Pesquisas Econômicas – FIPE, com o título "Estudo Referente à Formação do Coeficiente de BDI", que opinava pela adequabilidade do percentual pactuado, naquele caso concreto, para a taxa de BDI (de 37%), o qual tinha sido considerado injustificadamente elevado pela equipe de auditoria.

Na análise de mérito daquele processo, foi então detectada a necessidade de ser elaborado um documento técnico, pelos auditores do TCU, que definisse os parâmetros a serem observados na composição das taxas de BDI das obras de linhas de transmissão e de subestações, bem como que delimitasse as faixas de valores percentuais para cada item formador dessas taxas.

A solução encontrada, para o caso das obras de Expansão do Sistema de Transmissão de Energia Elétrica no Mato Grosso (TC 003.658/2003-1), foi limitar o percentual de BDI a 32% (taxa média observada na construção civil), até que a Corte de Contas deliberasse definitivamente acerca desse documento técnico decorrente da conclusão dos estudos empreendidos por grupo de trabalho constituído para propor os critérios de aceitabilidade do BDI, em obras de implantação de linhas de transmissão de energia elétrica, com vistas a subsidiar trabalho de fiscalização de obras no próximo exercício, identificando os itens a serem considerados na composição da taxa de BDI, os valores médios ou medianos praticados e a respectiva faixa de variabilidade, analisando, inclusive, a razoabilidade do percentual de BDI adotado no orçamento das obras objeto do TC 003.658/2003-1.

Após serem apresentadas as conclusões desse primeiro grupo de trabalho, foi então prolatado o Acórdão 325/2007 – Plenário (Relator: Ministro Guilherme Palmeira), que definiu faixas de valores de referência para o BDI, especificamente para obras de linhas de transmissão e subestações.

2.2 Acórdão 2.369/2011 – Plenário (Relator: Ministro Substituto Marcos Bemquerer Costa)

Após a prolação do Acórdão 325/2007 – Plenário, ficou ainda mais evidente para o corpo técnico do TCU a necessidade de se definir critérios de análise de taxas de BDI para cada tipo de empreendimento.

A Corte de Contas se deparou, então, com o caso da implementação de um convênio entre o Fundo Nacional de Saúde – FNS e o Município de Boa Vista/RR, para construção do Hospital Geral de Urgência daquela capital e a aquisição de móveis e equipamentos hospitalares, em que uma das irregularidades que ocasionou o débito apurado, em sede de Tomada de Contas Especial, foi, exatamente, o percentual injustificadamente elevado da taxa de BDI adotada.

O questionamento, no âmbito daquele processo, era quanto ao fato de se ter um contrato único para implementação de serviços de obras civis e aquisição de móveis e equipamentos, adotando-se uma mesma taxa de Bonificações e Despesas Indiretas – BDI (de 28,5%) incidindo tanto sobre a execução de serviços quanto sobre o simples fornecimento de materiais.

A seguir, trecho do voto do Relator Ministro Substituto Marcos Bemquerer Costa, que analisou essa questão da taxa de BDI a ser adotada nessa situação peculiar:

> 14. No caso em análise, não restou comprovado que os custos unitários contratados estão acima de valores de mercado, contudo, há questionamentos no tocante a possível dano ao erário decorrente de aplicação de taxa de BDI única tanto para serviços relacionados às obras civis, quanto para gastos com aquisições de móveis e equipamentos.
>
> 15. Observo que as instruções anexadas ao processo concluem que houve sobrepreço ao se aplicar a mesma taxa de BDI para todos os itens do orçamento, inclusive, para simples aquisições de produtos junto a fornecedores. Entretanto, há interpretações divergentes, enquanto a Secex/RR [Secretaria de Controle Externo no Estado de Roraima] entende não ser aplicável nenhuma taxa de BDI no custo da compra de móveis e equipamentos, pois caso o órgão contratante tivesse adquirido os produtos diretamente, sem o intermédio da empreiteira, não haveria a incidência de tais encargos. Por sua vez, a Secob [Secretaria especializada em Fiscalização de Obras] entende que algum BDI era devido à construtora, pois há custos indiretos inerentes a essas aquisições por parte da empresa contratada que devem ser considerados, contudo, a magnitude do percentual de incremento no preço é menor do que a que foi adotada ao se considerar a incidência de uma taxa única para todo o orçamento contratado.

16. Sob esse aspecto, entendo que assiste razão à Secob. Existem gastos inerentes aos procedimentos adotados pela empreiteira para aquisição de produtos junto a fornecedores e posterior estocagem no canteiro de obras, os quais devem ser computados em uma taxa de BDI específica a ser aplicada sobre essas compras.
(...)
19. Aponta a Secob que, no orçamento em questão, o BDI a incidir sobre os materiais permanentes deveria ser de 16,08% em contraposição aos 28,5% incidentes sobre as obras civis. *Argumenta a unidade técnica especializada que essa diferença no percentual a ser aplicado aos custos unitários advém das seguintes alterações no cômputo da aludida taxa: exclusão dos itens despesas financeiras, administração central e seguro/imprevistos e diminuição dos itens tributos e lucro.*
(...)
30. Dessarte, adotando-se a fórmula aplicada pela Secob, com inclusão de gastos com lucro (8,5%), impostos (6,53%) e despesas financeiras (1,12%), obtêm-se um total de 17,38% para a taxa de BDI incidente sobre a aquisição de móveis e equipamentos.
31. Tendo em vista que o ente público contratante adotou, de forma indevida, a mesma taxa de BDI (28,5%) para todos os itens do orçamento, arcando com uma despesa total de R$ 536.010,27, quando o percentual de acréscimo incidente sobre custos com aquisição de móveis e equipamentos deveria ser de 17,38%, num total de R$ 326.872,23, restou configurado pagamento total a maior de R$ 209.138,04, a preços originais, que deve ser ressarcido ao erário pelos responsáveis pelo dano. (Grifos acrescidos.)

Em consonância com esse entendimento, foi prolatado o Acórdão 1.425/2007 – Plenário (Relator: Ministro Substituto Marcos Bemquerer Costa) imputando o débito apurado aos responsáveis, aplicando-lhes multa e, no seu subitem 9.7, determinando à então Secob (Secretaria especializada em Fiscalização de Obras) que promovesse e submetesse àquele Colegiado "estudos no tocante a taxas de BDI aceitáveis para cada tipo de obra de engenharia, bem como para itens específicos para a aquisição de produtos, observando as características similares e as despesas inerentes à espécie de empreendimento, de modo a estipular parâmetros que orientem os entes jurisdicionados deste Tribunal na contratação de obras públicas".

Os estudos realizados em cumprimento ao Acórdão 1.425/2007 – Plenário, prolatado em 25.07.2007, só foram submetidos ao Plenário na Sessão de 31.08.2011 (Acórdão 2.369/2011), tendo a Corte de Contas concluído que:

a) é medida tecnicamente inadequada a adoção, para qualquer tipo de empreendimento, dos valores listados no item 9.2 do Acórdão 325/2007 – Plenário que foram estipulados especificamente para obras de linhas de transmissão de energia elétrica e subestações;
b) tanto no tocante às amostras que originaram as faixas de valores contidas no Acórdão 325/2007 – Plenário quanto em relação às amostras analisadas no estudo determinado pelo Acórdão 1.425/2007 – Plenário pairavam dúvidas acerca de suas representatividades, de tal forma que se fazia necessário um novo exame, por um grupo de trabalho interdisciplinar, no âmbito do TCU, formado por membros das quatro Secretarias de Fiscalização de Obras, bem como da Secretaria Adjunta de Supervisão e Suporte – Adsup e do setor responsável, na Secretária Geral de Administração – Segedam, pela definição das taxas de BDI adotadas pelo próprio Tribunal, nas licitações que realiza na área de engenharia civil, para que, mediante utilização de critérios contábeis e estatísticos, com avaliação da representatividade das amostras selecionadas e da adequabilidade dos parâmetros utilizados, fossem definidas faixas aceitáveis para valores de taxas de BDI específicas para cada tipo de empreendimento;
c) até que o aludido grupo de trabalho interdisciplinar concluísse seus trabalhos, as unidades técnicas do TCU deveriam utilizar, excepcionalmente, os parâmetros para taxas de BDI contidos no item 9.2 do Acórdão nº 325/2007 – Plenário, restritamente para obras de linhas de transmissão de energia elétrica e subestações, e as tabelas confeccionadas no âmbito do estudo realizado em atendimento ao Acórdão 1.425/2007 – Plenário como valores referenciais para as taxas de BDI de outros tipos de empreendimentos.

2.3 Acórdão 2.622/2013 – Plenário (Relator: Ministro Substituto Marcos Bemquerer Costa)

Em atendimento ao Acórdão 2.369/2011 – Plenário, a Secretaria-Geral de Controle Externo do Tribunal de Contas da União constituiu um grupo de trabalho interdisciplinar, formado por membros das quatro Secretarias de Fiscalização de Obras (Secobs) e da Secretaria de Métodos Aplicados e Suporte à Auditoria (Seaud), que passaram a desenvolver estudos detalhados sobre taxa de BDI e aplicar métodos e procedimentos estatísticos com o objetivo de detalhar as despesas indiretas passíveis de ser incluídas para cada tipo de empreendimento, além do lucro das construtoras, obtendo também faixas de valores referenciais para esses itens que compõem cada uma das taxas específicas de BDI.

Foram convidadas a prestar contribuições nos trabalhos desenvolvidos pelo mencionado grupo de trabalho as seguintes entidades: Câmara Brasileira de Indústria da Construção – CBIC, Sindicato Nacional da Indústria de Construção Pesada – Sinicon e Fundação Getúlio Vargas – FGV.

Os estudos foram então desenvolvidos em duas etapas. Em um primeiro momento, foi abordada a questão conceitual e teórica aplicando-se, principalmente, conceitos da contabilidade de custos, quanto aos seguintes aspectos: dinâmica da formação de preços de obras públicas; formas de classificação dos custos incorridos; especificação dos itens que compõem a taxa de BDI e da respectiva fórmula a ser aplicada para definição desse percentual final a incidir no orçamento de uma obra pública; influência da complexidade nas diversas variáveis no cálculo do BDI, caracterização como mero fornecimento de materiais e equipamentos de forma a justificar a adoção de um BDI específico para determinados itens do orçamento.

Depois, em uma segunda etapa, foram apresentadas tabelas contemplando faixas de valores percentuais decorrentes do resultado dos estudos desenvolvidos, de forma a serem definidos novos paradigmas para as taxas de BDI a serem aplicadas aos diversos tipos de obras públicas. Para a confecção de tais tabelas, foram utilizados dados amostrais selecionados por critérios estatísticos.

Os novos parâmetros foram inferidos de um estudo estatístico que contou com uma base populacional de 10.002 contratos de obras distribuídas entre os seguintes tipos: Edificação – Reforma (2.707); Rodoviárias (2.257); Saneamento Ambiental (2.082); Edificação – Construção (2.011); Linha de Transmissão/Distribuição de Energia (390); Hídricas/Irrigação, Barragem e Canal (369); Ferroviárias (51); Aeroportuárias – Pátio e Pista (50); Aeroportuárias – Terminal (35); Portuárias – Estrutura Portuária (31) e Portuárias – Derrocamento e Dragagem (19).

Os dados foram selecionados de contratos administrativos cujas assinaturas se deram a partir de 1º de janeiro de 2007, dentro do período de 2007 a 2011, e que foram obtidos com ajuda da Diretoria de Gestão de Informações do TCU, por meio de consulta às três bases de dados no âmbito da Administração Pública Federal: Sistema Integrado de Administração Financeira do Governo Federal (Siafi), Sistema Integrado de Administração de Serviços Gerais (Siasg) e Sistema de Gestão de Convênios e Contratos de Repasse (Siconv).

A partir dessa base informacional, foi obtida uma amostra aleatória estratificada de 744 elementos, que possui a necessária representatividade, tendo sido aplicado todo um viés estatístico para obtenção dos dados.

As conclusões desse aprofundado estudo foram assim resumidas no Voto do Ministro Substituto Marcos Bemquerer Costa, que embasou o Acórdão 2.622/2013 – Plenário:

> 137. Conforme detalhadamente descrito neste Voto, o estudo em tela pautou-se em fundamentação estatística, jurídica, econômica e principalmente contábil para a estipulação de taxas referenciais de BDI para diversos tipos de obras públicas e para fornecimento de materiais e equipamentos relevantes, de forma a propiciar um melhor entendimento sobre os principais aspectos relacionados com essa importante parcela da formação dos preços das obras públicas.
>
> 138. Consoante as conclusões desse trabalho, os custos que podem ser identificados, quantificados e mensurados na planilha de custos diretos, por estarem relacionados diretamente com o objeto da obra, não devem integrar a taxa de BDI, tais como: administração local, canteiro de obras, mobilização e desmobilização, dentre outros. Por outro lado, os componentes que devem formar a taxa de BDI são os seguintes: administração central, riscos, seguros, garantias, despesas financeiras, remuneração do particular e tributos incidentes sobre a receita auferida pela execução da obra.
>
> 139. Trata-se de um trabalho de excelência, de tal forma que, considerando o rigor técnico para a seleção dos dados e o tratamento estatístico empregado no presente estudo, tenho segurança para afirmar que as faixas referenciais de BDI aqui apresentadas refletem as mais diversas variáveis atinentes às características das obras e às peculiaridades das empresas que podem influenciar o cálculo do BDI de obras públicas, o que permite concluir que essas faixas referenciais são aptas e válidas para servirem de referencial às unidades técnicas do TCU.
>
> 140. No tocante a essas faixas referenciais, tenho apenas um ajuste a fazer à proposta da unidade técnica, considero que também as tabelas que tratam de patamares para os percentuais dos itens que compõem o BDI devem servir de orientação para as unidades técnicas deste Tribunal.
>
> 141. A forma como essas tabelas devem ser utilizadas nas auditorias de obras públicas, contudo, é que é diferenciada. Enquanto a tabela com os percentuais finais de BDI é um parâmetro para se verificar

a adequabilidade da taxa aplicada no caso concreto, essas faixas relacionadas ao lucro e as despesas indiretas apenas servem de diretriz no caso de já ter sido constatado que o BDI final está injustificadamente elevado.

142. Explicando melhor, se a equipe de auditores verificar que o BDI está, injustificadamente, acima da faixa admissível, deve proceder a uma análise pormenorizada dos itens que o compõem e, nesse caso, a existência de uma tabela de referência é uma diretriz para que possam ser detectadas as incongruências que ocasionaram esse percentual final elevado.

143. Importante destacar, contudo, que não cumpre ao TCU estipular percentuais fixos para cada item que compõe a taxa de BDI, ignorando as peculiaridades da estrutura gerencial de cada empresa que contrata com a Administração Pública. O papel da Corte de Contas é impedir que sejam pagos valores abusivos ou injustificadamente elevados e por isso é importante obter valores de referência, mas pela própria logística das empresas é natural que ocorram certas flutuações de valores nas previsões das despesas indiretas e da margem de lucro a ser obtida.

144. Como essa análise dos itens que compõem o BDI deve ser feita em conjunto, a adoção de um percentual muito acima da faixa de referência para determinado componente não necessariamente constitui irregularidade, pois, em contrapartida, outras despesas indiretas, ou ainda, o lucro podem estar cotados em patamares inferiores ao esperado.

(...)

148. Dessarte, cada caso concreto deve ser analisado com suas peculiaridades, de tal forma que o estudo desenvolvido nestes autos não se presta a exaurir todos os possíveis questionamentos acerca dos componentes de uma taxa de BDI e dos valores admissíveis para essa taxa.

149. A adequabilidade da taxa de BDI tem sempre que ser analisada, pontualmente, em situação específica, pois há sempre a possibilidade de as tabelas referenciais não traduzirem a justa remuneração para alguns contratos de obras públicas.

Importante ressaltar que os tipos de obras adotados nos estudos que culminaram no Acórdão 2.622/2013 – Plenário constam na Classificação Nacional de Atividades Econômicas (CNAE 2.0), aprovada pela Comissão Nacional de Classificação – Concla –, órgão subordinado ao Ministério do Planejamento, Orçamento e Gestão, consoante tabela a seguir:

Classe/Subclasse (CNAE 2.0)	CLASSIFICAÇÃO CNAE 2.0	TIPO DE OBRA (AMOSTRA)
4120-4	CONSTRUÇÃO DE EDIFÍCIOS	OBRAS DE EDIFICAÇÃO - CONSTRUÇÃO
		OBRAS DE EDIFICAÇÃO - REFORMA
		OBRAS AEROPORTUÁRIAS - TERMINAIS
4211-1	CONSTRUÇÃO DE RODOVIAS E FERROVIAS	OBRAS RODOVIÁRIAS
		OBRAS FERROVIÁRIAS
		OBRAS AEROPORTUÁRIAS - PÁTIO E PISTA
4222-7	CONSTRUÇÃO DE REDES DE ABASTECIMENTO DE ÁGUA, COLETA DE ESGOTO E CONSTRUÇÕES CORRELATAS	OBRAS DE SANEAMENTO AMBIENTAL
		OBRAS HÍDRICAS - IRRIGAÇÃO, BARRAGENS E CANAIS
4221-9/02 e 4221-9/03	CONSTRUÇÃO E MANUTENÇÃO DE ESTAÇÕES E REDES DE DISTRIBUIÇÃO DE ENERGIA ELÉTRICA	OBRAS DE LINHA DE TRANSMISSÃO/DISTRIBUIÇÃO DE ENERGIA
4291-0	OBRAS PORTUÁRIAS, MARÍTIMAS E FLUVIAIS	OBRAS PORTUÁRIAS - ESTRUTURAS
		OBRAS DE DERROCAMENTO E DRAGAGEM

Para esses tipos de obra, o Acórdão 2.622/2013 – Plenário apresenta tabelas referenciais que contemplam descrição das despesas indiretas que podem compor cada taxa de BDI, com faixas de valores percentuais admissíveis para cada item e três valores finais obtidos (1º quartil, médio e 3º quartil), após aplicação da fórmula considerada tecnicamente mais adequada. Há ainda dois tipos de tabela com esses valores referenciais de taxa de BDI, uma para ser aplicada no custo dos serviços, e outra para ser aplicada nos itens do orçamento que tratam de mero fornecimento de materiais e equipamentos.

Essa deliberação também indica parâmetros para análise de despesas com a Administração local, ressaltando, contudo, que tais despesas não devem compor o BDI, mas estar devidamente detalhadas nas planilhas orçamentárias como custos diretos.

Embora o objetivo do TCU com o Acórdão 2.622/2013 – Plenário tenha sido definir parâmetros para as análises desenvolvidas no âmbito do Controle Externo, as tabelas obtidas com rigor técnico, após aprofundado estudo elaborado com o devido embasamento estatístico, têm sido adotadas pelos órgãos públicos na orçamentação de seus empreendimentos.

3 Repercussão da Jurisprudência do TCU sobre BDI nos Sistemas Referenciais de Custos

O Sistema de Custos Referenciais de Obras – Sicro e o Sistema Nacional de Índices da Construção Civil – Sinapi são as referências para a orçamentação de obras e serviços de engenharia em licitações, para execução de empreendimentos custeados com recursos federais, consoante especificado nos arts. 3º, 4º e 6º do Decreto 7.983/2013.

A jurisprudência do Tribunal de Contas da União adota esses dois sistemas de custos como parâmetro de valores de mercado nos processos de controle externo, consoante se verifica nos seguintes excertos obtidos com utilização da ferramenta "jurisprudência selecionada" (https://pesquisa.apps.tcu.gov.br/resultado/jurisprudencia-selecionada/Sinapi/%2520/ sinonimos%253Dtrue):

(Acórdão 719/2018 – Plenário. Revisor: Ministro Benjamin Zymler)
As regras e os critérios para elaboração de orçamentos de referência de obras e serviços de engenharia pela Administração Pública devem se basear precipuamente nos sistemas referenciais oficiais de custo (Sinapi e Sicro), estabelecidos no Decreto 7.983/2013 - no caso de certames fundamentados na Lei 8.666/1993 que prevejam o uso de recursos dos orçamentos da União -, bem como no art. 8º, §§3º, 4º e 6º, da Lei 12.462/2011, e no art. 31, §§2º e 3º, da Lei 13.303/2016. Tais referenciais consideram, de forma direta ou indireta, os parâmetros salariais e outras disposições de instrumentos de negociação coletiva de trabalho na formação de custos com a mão de obra.

(Acórdão 2.628/2020 – Plenário. Relator: Ministro-Substituto Weder de Oliveira)
O Sinapi e o Sicro representam fontes prioritárias para a orçamentação de obras e serviços de engenharia das empresas estatais, devendo restar demonstrada a inviabilidade de seu uso para a utilização de outras fontes (art. 31, §§2º e 3º, da Lei 13.303/2016).

(Acórdão 1.003/2023 – Plenário. Relator: Ministro Antônio Anastasia)
É irregular, em licitações de obras e serviços de engenharia que prevejam o uso de recursos da União, a adoção de custos unitários de referência com valores superiores aos correspondentes no Sinapi ou no Sicro, mesmo que obtidos a partir de composições de outros sistemas oficiais de custos, sem a devida justificativa técnica (arts. 3º, 4º e 8º, parágrafo único, do Decreto 7.983/2013).

(Acórdão 619/2024 – Plenário. Relator: Ministro Jorge Oliveira)
O uso de outros sistemas de referência de custos em detrimento do Sistema de Custos Referenciais de Obras (Sicro) e do Sistema Nacional de Pesquisa de Custos e Índices da Construção Civil (Sinapi), desconsiderando-se a possibilidade de ajustes a fim de efetuar adequações às peculiaridades das obras e serviços licitados, mediante as necessárias justificativas, afronta os arts. 3º e 4º do Decreto 7.983/2013.

Os entendimentos do Acórdão 2.622/2013 – Plenário acabaram repercutindo nas composições das taxas de BDI desses dois sistemas de custos adotados nas fiscalizações de obras públicas (Sicro e Sinapi).

3.1 Impactos do Acórdão 2.622/2013 – Plenário no Sistema de Custos Referenciais de Obras – Sicro

O Sistema de Custos Referenciais de Obras – Sicro é uma ferramenta criada pelo Departamento Nacional de Infraestrutura de Transportes – Dnit e contempla tabelas com composições de custos unitários dos mais diversos serviços implementados em obras de infraestrutura de transporte, com indicativos de preços de insumos e de mão de obra e valores diferenciados por Estado e por data-base (mês e ano).

Importante ressaltar que as atualizações das tabelas do Sicro são efetuadas trimestralmente e podem ser acessadas diretamente no *site* do Dnit, sendo disponibilizadas em relatórios que estão divididos por regiões (Norte, Nordeste, Centro-Oeste, Sudeste e Sul) e abrangem itens de diferentes categorias (terraplenagem, pavimentação, obras de artes especiais, sinalização, drenagem, entre outas), de forma que se possa ter uma visão abrangente de todos os custos envolvidos em uma obra de infraestrutura de transporte.

Segundo o art. 4º do Decreto 7.983/2013, o Sicro é o sistema de custos a ser utilizado como parâmetro para elaboração das composições de preços dos itens que compõem o orçamento de empreendimentos de infraestrutura de transporte.

Em 2017 foi lançada a terceira versão da tabela Sicro, denominada de Sicro 3, que incluiu composições de custos unitários de mais de 6.060 serviços assim distribuídos:
- 62 composições referenciais de túneis
- 121 de manutenção rodoviária
- 231 referências de pavimentação rodoviária
- 279 de terraplenagem
- 352 composições para análise de superestrutura ferroviária
- 448 referências de sinalização rodoviária
- 612 composições de obras de arte especiais
- 893 focadas em hidrovias
- 2.012 relativas ao setor de drenagem e obras de correntes

Essa última versão do Sicro contemplou algumas alterações no cômputo da taxa de BDI, em resposta às inovações da jurisprudência do Tribunal de Contas da União, em especial aquelas referentes aos entendimentos contidos no Acórdão 2.622/2013 – Plenário.

A publicação "Introdução à Orçamentação de Obras Rodoviárias – Módulo 1", do Instituto de Pesquisas em Transportes – IPR, assim descreve essa modificação na taxa de BDI que foi implementada:

8.14. Alteração na parcela de Benefícios e Despesas Indiretas (BDI)

A taxa de Benefícios e Despesas Indiretas (BDI) consiste no elemento orçamentário que se adiciona ao custo de uma obra para a obtenção de seu preço de venda.

Na vigência do Sicro 2, a taxa de BDI era única. Entretanto, com as diferenciações dos custos, no SICRO, para instalação dos canteiros de obras e para administração local e as alterações incorridas no cálculo do custo horário dos equipamentos, observou-se a necessidade de se alterar as parcelas constituintes do BDI. A grande inovação encontra-se na diferenciação do BDI por faixas em função da natureza e do porte das obras.

Figura 16 — Taxa de BDI

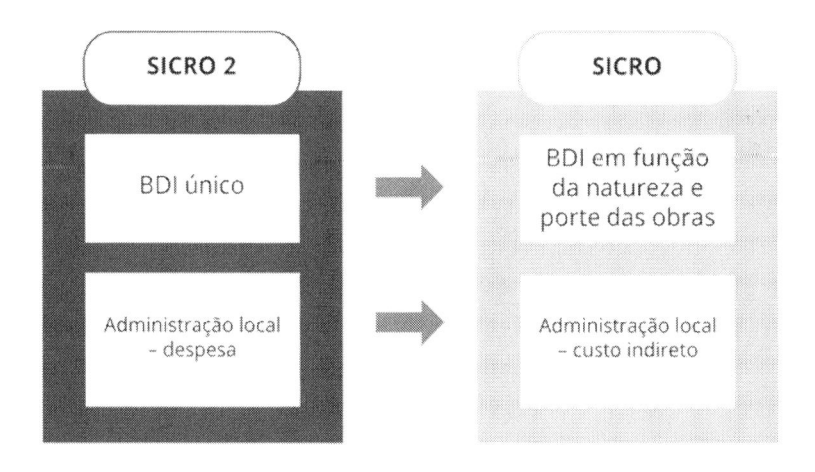

SICRO 2	SICRO
BDI único	BDI em função da natureza e porte das obras
Administração local – despesa	Administração local – custo indireto

8.15. Metodologia para definição dos custos de Administração Local

A necessidade de se detalhar os custos envolvidos em uma obra ou serviço gerou o desenvolvimento de uma metodologia para definição dos custos de referência da administração local em função do porte e da natureza das obras, das características da mão de obra e da quantidade dos serviços envolvidos.

Figura 17 — Custo da Administração Local

```
                              ┌──────────────────┐
                              │   Parcela fixa   │
   Em função do               └──────────────────┘
 porte e natureza
    das obras                 ┌──────────────────┐
                              │ Parcela vinculada│
  ┌─────────────────┐         └──────────────────┘
  │ Administração   │                                  Em função do
  │     Local       │         ┌──────────────────┐     quantitativo
  └─────────────────┘         │ Parcela variável │     dos serviços
                              └──────────────────┘

                              ┌──────────────────┐
                              │  Manutenção do   │
                              │canteiro de obras e│
                              │   acampamentos   │
                              └──────────────────┘
```

8.16. Metodologia para definição dos custos de Canteiros de Obras

O SICRO apresenta uma metodologia para definição dos custos de referência para instalação dos canteiros de obras e das instalações industriais em função do porte e da natureza das obras.

Figura 18 — Custo de canteiros de obras

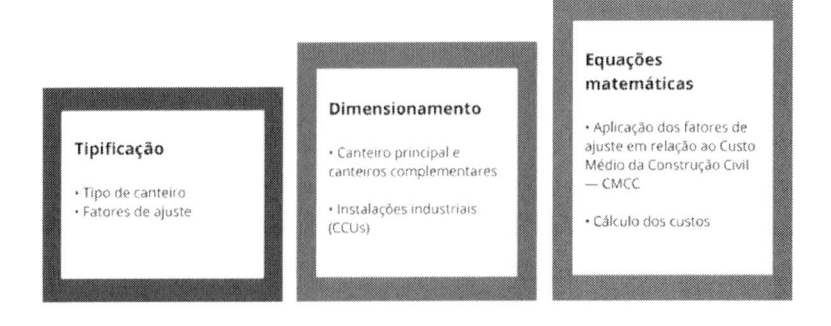

Tipificação
- Tipo de canteiro
- Fatores de ajuste

Dimensionamento
- Canteiro principal e canteiros complementares
- Instalações industriais (CCUs)

Equações matemáticas
- Aplicação dos fatores de ajuste em relação ao Custo Médio da Construção Civil — CMCC
- Cálculo dos custos

Os manuais do Sicro dessa última versão de 2017 explicitaram o atendimento ao Acórdão 2.622/2013 – Plenário, consoante se observa nas transcrições a seguir:

n) Relação entre Administração Local e Valor Global da Obra
O Acórdão nº 2.622/2013-TCU-Plenário orienta os órgãos e entidades da Administração Pública Federal a estabelecer critério objetivo de medição para a administração local das obras, abstendo-se de remuneração por valores fixos mensais. Dessa forma, sugere que os pagamentos referentes à administração local sejam realizados conforme a execução financeira da obra.
Consoante critério de medição proposto e em respeito ao referido acórdão, o preço final da administração local deve ser relacionado com o valor global da obra, obtendo-se um percentual de proporcionalidade.
Ao passo que a execução financeira do contrato é realizada, o percentual referente à administração local deve ser aplicado proporcionalmente sobre os valores medidos. (Grifos acrescidos.)
(Manual de Custos de Infraestrutura de Transportes. Vol. 8: Administração Local. ed. Brasília, 2017, p. 101.)

Além disso, a exclusão da administração local da parcela de bonificação e despesas indiretas e o consequente detalhamento analítico desse custo indireto como item da planilha impedem que o eventual acréscimo ou supressão de serviços ou quantidades advindas de revisões de projeto em fase de obra venham a onerar desnecessariamente os contratos.

Além da relevância para a Administração Pública, a presente metodologia para definição e custo de referência para administração local também pode ser aplicada a outros entes envolvidos nas obras de infraestrutura de transportes, sejam eles as empresas contratadas para execução e supervisão dos serviços ou pelos órgãos responsáveis pela fiscalização e controle.

Por fim, *importa destacar que as premissas utilizadas na elaboração da presente metodologia, bem como os respectivos resultados obtidos, corroboram integralmente com as diretrizes preconizadas no Acórdão n. 2.622/2013 – Plenário,* cujo extrato encontra-se apresentado a seguir: '9.3.2. oriente os órgãos e entidades da Administração Pública Federal a:

9.3.2.1. discriminar os custos de administração local, canteiro de obras e mobilização e desmobilização na planilha orçamentária de custos diretos, por serem passíveis de identificação, mensuração e discriminação, bem como sujeitos a controle, medição e pagamento individualizado por parte da Administração Pública, em atendimento ao princípio constitucional da transparência dos gastos públicos, à jurisprudência do TCU e com fundamento no art. 30, §6º, e no art. 40, inciso XIII, da Lei n. 8.666/1993 e no art. 17 do Decreto n. 7.983/2013;

> 9.3.2.2. estabelecer, nos editais de licitação, critério objetivo de medição para a administração local, estipulando pagamentos proporcionais à execução financeira da obra, abstendo-se de utilizar critério de pagamento para esse item como um valor mensal fixo, evitando-se, assim, desembolsos indevidos de administração local em virtude de atrasos ou de prorrogações injustificadas do prazo de execução contratual, com fundamento no art. 37, inciso XXI, da Constituição Federal e no arts. 55, inciso III, e 92, da Lei n. 8.666/1993'. (Grifos acrescidos.) (Manual de Custos de Infraestrutura de Transportes. Vol. 1: Metodologia e Conceitos. Página 194. 1. ed. Brasília, 2017.)

O que se observa é que o Acórdão 2.622/2013 – Plenário provocou mudanças no BDI do Sicro, de tal forma que o Dnit retirou o percentual referente aos custos com administração local da formação daquela taxa e passou a adotar uma rubrica específica para tais custos, os quais passaram a ficar discriminados, de forma analítica, na planilha orçamentária.

A tabela a seguir ilustra essa alteração no BDI do Sicro por conta do Acórdão 2.622/2013 – Plenário.

Figura 58 — Supressão do BDI pelo Acordão 2.622/2013 — TCU — Plenário

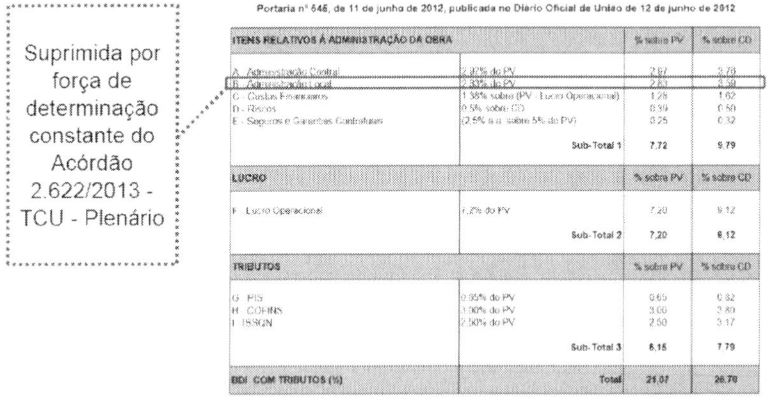

COMPOSIÇÃO DA PARCELA DE BDI (BONIFICAÇÃO E DESPESAS INDIRETAS)

Portaria nº 645, de 11 de junho de 2012, publicada no Diário Oficial da União de 12 de junho de 2012

ITENS RELATIVOS À ADMINISTRAÇÃO DA OBRA		% sobre PV	% sobre CD
A - Administração Central	2,32% do PV	2,87	3,78
B - Administração Local	2,33% do PV	2,83	3,59
C - Custos Financeiros	1,38% sobre (PV - Lucro Operacional)	1,28	1,62
D - Riscos	0,5% sobre CD	0,39	0,50
E - Seguros e Garantias Contratuais	(2,5% a.a. sobre 5% do PV)	0,25	0,32
	Sub-Total 1	7,72	9,79
LUCRO		**% sobre PV**	**% sobre CD**
F - Lucro Operacional	7,2% do PV	7,20	9,12
	Sub-Total 2	7,20	9,12
TRIBUTOS		**% sobre PV**	**% sobre CD**
G - PIS	0,65% do PV	0,65	0,82
H - COFINS	3,00% do PV	3,00	3,80
I - ISSQN	2,50% do PV	2,50	3,17
	Sub-Total 3	6,15	7,79
BDI COM TRIBUTOS (%)	**Total**	**21,07**	**26,70**

Fonte: Instituto de Pesquisas em Transportes do Dnit – IPR. Introdução à orçamentação de obras rodoviárias. Módulo 5: Composição de custos. Benefícios e Despesas Indiretas – BDI (página 5).

3.2 Impactos do Acórdão 2.622/2013 – Plenário no Sistema Nacional de Pesquisa de Custos e Índices da Construção Civil – Sinapi

O Sistema Nacional de Índices da Construção Civil – Sinapi é um banco de dados que contempla relatórios, com referências de preços de insumos e de custos de composições de serviços para empreendimentos da construção civil, e contém dados e índices gerais, atualizados mensalmente pela Caixa Econômica Federal e pelo Instituto Brasileiro de Geografia e Estatística (IBGE) para a elaboração de orçamentos de engenharia.

Desde 2003, o Sinapi vem sendo adotado como referência oficial para a elaboração de orçamentos públicos executados com verba federal e, com o advento da Lei nº 14.133/2021 (Nova Lei de Licitações), passou a ser referência técnica para orçamentação de empreendimentos executados com recursos públicos por órgãos federais, estaduais e municipais.

O Manual de Metodologias e Conceitos do Sistema Nacional de Pesquisa de Custos e Índices da Construção Civil, versão 002, de 2014, página 11, faz referência ao Acórdão 2.622/2013 – Plenário, conforme se observa da transcrição a seguir:

> A estimativa dos componentes do BDI é obtida por meio de cálculos que levam em conta características da obra, do contrato, da empresa contratada e da tributação incidente.
>
> Para as obras públicas, o BDI vem sendo balizado por seguidas decisões do Tribunal de Contas da União. *O Acórdão mais recente a tratar do tema é o 2622/2013-Plenário, que apresenta em planilhas diferenciadas por tipo de obra alíquotas médias, além daquelas localizadas no primeiro e no terceiro quartil da amostra estudada.* Para as demais obras, empregam-se as referências já citadas, fazendo as apropriações devidas nos casos de tributação simplificada.
>
> Cabe ressaltar que, assim como as parcelas de custo, os componentes do BDI de uma obra podem ser praticados e aceitos mesmo quando se apresentam superiores à referência, desde que haja justificativa técnica coerente por parte do profissional responsável pelo orçamento. (Grifos acrescidos.)

Uma análise mais detalhada leva à constatação de que o Sinapi adota as premissas do Acórdão 2.622/2013 – Plenário, especialmente no tocante ao tipo de gasto que deve ser classificado como custo e constar na planilha orçamentária e aquele que pode ser considerado uma despesa indireta e ser um dos percentuais formadores da taxa de BDI.

Isso é o que se observa da transcrição abaixo do aludido Manual de Metodologias e Conceitos: Sistema Nacional de Pesquisa de Custos e Índices da Construção Civil, versão 2023, páginas 26 e 27:

> Para entender o processo de formação de preço de uma obra e da composição e aplicação do BDI nos orçamentos é necessário compreender a diferença entre custo, despesa e preço.
>
> Custo é informação que importa, primordialmente, ao produtor e compreende o gasto correspondente à produção de determinado bem ou serviço. No caso da construção civil, pode ser conceituado como todo o valor investido diretamente na produção de determinada obra.
>
> Despesas são gastos que decorrem da atividade empresarial e podem ser fixas ou variáveis em função do volume de produção. Como exemplo de despesa fixa, há a manutenção da sede da empresa (imóveis, remuneração de diretores e equipe administrativa etc.) e de despesa variável, cita-se a tributação sobre o faturamento.
>
> Por sua vez, o preço é a quantia financeira paga pelo comprador por determinado bem ou serviço. No caso da construção, é o valor contratual acordado para a obra, inclusos todos os custos da própria obra, as despesas e o lucro da empresa executora.

Tabela 1.1: Formação de Preço

PREÇO			
CUSTO		BDI	
DIRETO	INDIRETO	DESPESA	BONIFICAÇÃO
Materiais Mão de Obra Equipamentos Ferramentas E.P.I. Outros	RH Gestão Técnica RH Administrativo Manutenção de Canteiro Veículos Mobilização Outros	Tributos Despesas Financeiras Risco Administração Central Outros	Lucro
OBRA		SEDE	
EMPRESA			

> A formação do preço de uma obra depende da correta estimativa de custos e despesas e da definição da margem de lucro que se espera auferir ao final do contrato.
>
> Os custos diretos e indiretos de um orçamento são estimados com base em dados extraídos do projeto e do planejamento da obra, e são expressos em valor monetário (quantitativos x preços unitários). As demais parcelas da formação do preço são estimadas como um percentual a incidir sobre os custos, formado pelo lucro (B – bonificação) e pelas despesas indiretas (DI), conforme Tabela 1.1.

A estimativa dos componentes do BDI é obtida por meio de cálculos que levam em conta características da obra, do tipo de contrato, da empresa contratada e da tributação incidente.

A formação de preço varia em função de uma série de fatores, tais como:
- Empresa contratada – Em decorrência de itens como o peso da administração central, o regime de tributação (lucro real ou presumido), o lucro esperado, a capacidade produtiva, a política de compras de insumos e o relacionamento com o mercado fornecedor e a capacidade de obtenção de crédito;
- Contrato – Pela definição de escopo e de riscos assumidos;
- Projeto – Definição do plano de ataque de obra e as condições de instalação de canteiro;
- Local de execução da obra – Em função da disponibilidade de insumos e da possível necessidade de apropriação de fretes e incidências tributárias (ICMS);
- Prazos e horários para a execução da obra – Dependendo do prazo ou dos horários permitidos ou adequados para a realização dos serviços, custos adicionais com mão de obra podem existir e influenciar os preços.

Excetuados os fatores ligados à empresa a ser contratada, cujas características não são conhecidas durante a elaboração do orçamento de referência para licitação pública, as demais variáveis podem ser observadas pelo orçamentista.

Toda essa conceituação está em consonância com as diretrizes do Acórdão 2.622/2013 – Plenário, conforme se abstrai do trecho a seguir do Voto que embasou aquela deliberação:

> 418. É justamente sobre o BDI de obras públicas que residem as maiores discussões no meio técnico e profissional da engenharia de custos, não havendo consenso sobre alguns de seus principais elementos conceituais e sobre a forma de mensuração de seus componentes. No presente estudo, buscou-se, na revisão da literatura, jurisprudência e legislação, o arcabouço teórico necessário para tratar dessa relevante parcela do preço final das obras, sem a pretensão de esgotar determinado assunto específico, e para dar suporte aos resultados estatísticos dos valores de BDI de obras públicas e de materiais e equipamentos relevantes.
>
> 419. Inicialmente, abordou-se o critério adotado para separar os componentes da planilha de custos diretos e os da composição de BDI. Este trabalho considerou que o critério apoiado na *doutrina contábil e nas práticas contábeis de contratos de construção* é o mais adequado para se trabalhar com orçamentos de obras públicas. Esse critério técnico-científico encontra-se alinhado com a jurisprudência dominante do TCU e com a legislação federal (últimas Leis de Diretrizes Orçamentárias e

Decreto 7.983/2013) e fundamenta-se especialmente no princípio da transparência do cálculo do BDI de obras públicas.

420. Os custos que podem ser identificados, quantificados e mensurados na planilha de custos diretos, por estarem relacionados diretamente com o objeto da obra, não devem integrar a taxa de BDI, tais como: administração local, canteiro de obras, mobilização e desmobilização, dentre outros. *Por outro lado, os componentes que devem formar a taxa de BDI são os seguintes: administração central, riscos, seguros, garantias, despesas financeiras, remuneração do particular e tributos incidentes sobre o faturamento.* (Grifos acrescidos.)

Nesse sentido, é preciso destacar o impacto que o Acórdão 2.622/2013 – Plenário passou a ter, nas obras públicas, com essa adoção de suas premissas pelo Sinapi que, segundo o art. 3º do Decreto 7.983/2013, exceto para empreendimentos de infraestrutura de transporte, é o sistema de custos a ser utilizado como parâmetro para elaboração das composições de preços dos itens que compõem o orçamento, de forma a se obter o custo global de referência de obras e serviços de engenharia a serem licitados.

Destarte, o próprio Decreto 7.983/2013, em seu artigo 9º, utilizou a composição de BDI prevista no Acórdão 2.622/2013 – Plenário, consoante se observa na transcrição a seguir:

Art. 9º O preço global de referência será o resultante do custo global de referência acrescido do valor correspondente ao BDI, que deverá evidenciar em sua composição, no mínimo:

I – taxa de rateio da administração central;

II – percentuais de tributos incidentes sobre o preço do serviço, excluídos aqueles de natureza direta e personalística que oneram o contratado;

III – taxa de risco, seguro e garantia do empreendimento; e

IV – taxa de lucro.

4 Da evolução da jurisprudência do TCU sobre obras em regime de cooperação com o Exército Brasileiro

Nas Leis Complementares 97/1999 e 117/2004 há a previsão de que "o Exército Brasileiro, como atribuição subsidiária particular, coopera com órgãos públicos federais, estaduais e municipais e, excepcionalmente, com empresas privadas, na execução de obras e serviços de engenharia sendo os recursos advindos do órgão solicitante, participando no desenvolvimento nacional e defesa civil, na forma determinada pelo Presidente da República".

Em consonância com essa legislação, o Sistema de Engenharia do Exército – SEEx tem atuado na implementação de vários empreendimentos, em regime de cooperação com órgãos públicos, prioritariamente com o Ministério dos Transportes por meio do Departamento Nacional de Infraestrutura de Transportes – Dnit, mediante celebração de termos de cooperação, pactuação de convênios ou outros instrumentos legais equivalentes.

No âmbito do Tribunal de Contas da União, o que se observa é que, a partir de 2006, houve grande incremento na proporção das obras auditadas que eram executadas em regime de cooperação com o Exército Brasileiro.

Um dos primeiros casos de fiscalização desse tipo de empreendimento foi o levantamento de auditoria que tratou da participação do 1º Grupamento de Engenharia do Comando Militar do Nordeste do Exército Brasileiro/Ministério da Defesa no Projeto de Integração do Rio São Francisco com as Bacias do Nordeste Setentrional (TC 007.690/2006-1) e que culminou no Acórdão 2020/2006 – Plenário (Relator Ministro Benjamin Zymler).

Já naquela oportunidade, a Corte de Contas manifestou sua preocupação com as características peculiares dos orçamentos dessas obras em regime de cooperação, sendo que, por meio do subitem 9.4.2 da aludida deliberação, houve determinação para que as particularidades da estrutura de custos do Exército fossem evidenciadas, nas composições de custos unitários, e devidamente justificadas em relato circunstanciado.

4.1 Acórdão 1.399/2010 – Plenário (Relator: Ministro Substituto Marcos Bemquerer Costa)

Em agosto de 2009, o então Comandante do Exército, General de Exército Enzo Martins Peri, apresentou consulta ao TCU acerca da possibilidade de ser adotada metodologia diferenciada de orçamentação das obras executadas, em regime de cooperação, por aquela força armada, de forma a serem observadas as seguintes particularidades desse tipo de empreendimento em relação àqueles contratados por órgãos públicos em suas licitações:
    a)   o Exército Brasileiro não participa de licitação, portanto, não compete com a iniciativa privada;

b) o orçamento do Exército Brasileiro não contempla as atividades subsidiárias, as obras são custeadas pelos órgãos concedentes;
c) o Exército Brasileiro não possui capital de giro, e com isso requer antecipação de parcela de recursos;
d) a folha de pagamento do pessoal militar e dos servidores civis estatutários não onera a obra, já que são pagos pelos cofres públicos;
e) parte da alimentação dos militares e dos servidores civis estatutários é fornecida pela União;
f) o Exército Brasileiro não visa lucro e paga imposto de forma diferenciada das empresas privadas, mas tem despesas indiretas peculiares;
g) os índices de produtividade das Unidades de Engenharia diferem dos adotados pelo Sistema de Custos Rodoviários – Sicro e demais referências;
h) as Unidades de Engenharia normalmente utilizam um efetivo maior que as empresas privadas, uma vez que o Exército Brasileiro emprega o pessoal em frações constituídas de acordo com seu quadro de organização: grupo, pelotão, companhia e batalhão;
i) os acampamentos das Unidades do Exército obedecem a rigoroso princípio de hierarquia, o que, via de regra, ocasiona a construção de um número maior de instalações nos canteiros de obra.

Foi então prolatado o Acórdão 1.399/2010 – Plenário informando ao consulente que:

> - É lícito ao Exército, nos orçamentos das obras de engenharia a seu cargo, em cooperação com outras entidades, tendo em vista as suas peculiaridades em confronto com a iniciativa privada, utilizar metodologia diferenciada em relação àquela empregada pelos demais órgãos públicos em suas licitações, no que se refere aos seguintes itens das composições de preço: depreciação, mão de obra, produtividade e despesas indiretas;
> - É permitido ao Exército recolher os valores correspondentes à depreciação ao fundo de reequipamento criado pela Lei n. 4.617/1965, contanto que seja providenciado gerenciamento, por meio de fonte específica, que garanta a aplicação dos referidos recursos exclusivamente na manutenção e aquisição de equipamentos para execução de obras;
> - É obrigação do Exército, por ocasião de elaboração de orçamento com metodologia diferenciada para obra em cooperação com órgão público federal, excluir das composições de preço os custos com remunerações,

encargos sociais, alimentação e transporte do pessoal militar e dos servidores civis estatutários, já suportados pela União, e abster-se de fazê-lo no caso de cooperação com as demais entidades;

- É permitido ao Exército utilizar, em composições de preço constantes dos orçamentos para obras em cooperação, os reais equipamentos utilizados, enquanto esteja promovendo o suprimento de base de dados de apropriação de custos, bem como faixas de produtividade entre percentuais mínimos e máximos, adotando, como máxima, a produtividade constante dos sistemas tradicionais de orçamentação e, como mínima, temporariamente, as estimadas conforme a experiência dos batalhões de construção, e, em definitivo, aquelas baseadas em banco de dados de produtividades elaborado com base em apropriação de custos;

- É lícito ao Exército adotar, nos orçamentos para obras em cooperação, percentuais de despesas indiretas – limitadas àquelas com Administração e Adestramento – entre 9% e 15%, tanto menor quanto maior o valor do empreendimento;

- Constitui obrigação do Exército, nos orçamentos para obras em regime de cooperação com órgão federal, em que seja utilizada metodologia diferenciada, observar os seguintes procedimentos: a) adoção de total transparência na orçamentação, apropriação e uso dos recursos provenientes da depreciação dos equipamentos de engenharia utilizados; b) registro, a título de depreciação, apenas daquela prevista para os equipamentos a serem utilizados na própria obra; c) especificação e quantificação, no Plano de Trabalho, da depreciação registrada no orçamento; d) justificação da adoção de índices de produtividade inferiores ao máximo, conforme faixa de variação prevista na metodologia; e) utilização de produtividades tradicionais no caso de serviços terceirizados; f) orçamento detalhado das atividades de mobilização, desmobilização, canteiro e acampamento e seu registro como custo direto; g) devolução dos saldos financeiros remanescentes, inclusive os provenientes das receitas obtidas nas aplicações financeiras realizadas, à entidade ou órgão repassador dos recursos.

4.2 Acórdão 2.628/2021 – Plenário (Relator: Ministro Substituto Marcos Bemquerer Costa)

Em 24.05.2018, o então Ministro de Estado Defesa (interino), General-de-Exército Joaquim Silva e Luna, realizou nova consulta objetivando a adequação de diversos dispositivos do Acórdão 1.399/2010 – Plenário à prática orçamentária das obras em regime de cooperação, em especial no que concerne ao cômputo das despesas indiretas, à aquisição de equipamentos e viaturas, aos gastos com administração local e à destinação de saldos remanescentes de recursos ao final da obra.

Em decorrência dessa nova consulta, a Corte de Contas proferiu o Acórdão 2.628/2021 – Plenário, concluindo que, tendo em vista que os referenciais contidos no Acórdão 325/2007 – Plenário foram substituídos pelos parâmetros indicados no Acórdão 2.622/2013 – Plenário, as premissas que embasaram o Acórdão 1.399/2010 – Plenário já estavam ultrapassadas, sendo necessário proceder a uma nova análise da adequabilidade das despesas indiretas adotadas nos orçamentos elaborados pelo Exército, levando em consideração a alteração da jurisprudência do TCU.

Naquela oportunidade, foi determinada a constituição de um grupo de trabalho interdisciplinar, com vistas à realização de estudo contemplando análise pormenorizada das particularidades das obras públicas executadas pelo Exército Brasileiro que justificam a utilização de metodologia diferenciada de apropriação de custos em relação àquela empregada nos orçamentos elaborados por órgãos públicos, para contratos pactuados com empreiteiras.

A verificação de tais peculiaridades deveria abranger especialmente os seguintes itens das composições de preço: depreciação, mão de obra, produtividade e despesas indiretas, de forma que o TCU pudesse proferir nova deliberação, em substituição ao Acórdão 1.399/2010 – Plenário, levando em consideração os parâmetros indicados no Acórdão 2.622/2013 – Plenário.

4.3 Acórdão Acórdão 2.529/2023 – Plenário (Relator: Ministro Substituto Marcos Bemquerer Costa)

Em atendimento ao Acórdão 2.628/2021 – Plenário, a Secretaria-Geral de Controle Externo – Segecex constituiu grupo de trabalho interdisciplinar, formado por membros de três Unidades de Auditoria Especializada: Unidade de Auditoria Especializada em Infraestrutura Rodoviária e de Aviação Civil (AudRodoviaAviação), Unidade de Auditoria Especializada em Infraestrutura Urbana e Hídrica (AudUrbana) e Unidade de Auditoria Especializada em Governança e Inovação (AudGovernança).

Os trabalhos realizados contemplaram: a) análise de documentos obtidos junto ao Exército Brasileiro e ao Departamento Nacional de Infraestrutura de Transportes (Dnit) – principal órgão descentralizador – com informações sobre as características das obras executadas por cooperação; b) confrontação com as diretrizes contidas na literatura especializada e nos entendimentos colhidos na jurisprudência; c) realização de reuniões para discussão da metodologia orçamentária que vem sendo adotada pelo Exército Brasileiro; e d) visita técnica nas obras de duplicação da BR-116/RS (Guaíba – Tapes) para melhor compreensão da dinâmica de um empreendimento executado em regime de cooperação.

Com base nas informações obtidas junto ao Exército Brasileiro e ao Departamento Nacional de Infraestrutura de Transportes (Dnit) – principal órgão descentralizador nessas obras de cooperação, foi analisada amostra de quatro obras rodoviárias executadas em regime de cooperação com o Exército (BR 163/PA, BR 135/MA, BR 222/PI e BR 116/RS).

O grupo de trabalho adotou como referência os valores de tendência central (com os devidos ajustes) obtidos do conjunto de obras examinadas, objetivando reproduzir, na medida do possível, o que foi realizado no estudo que resultou no Acórdão 2.622/2013 – Plenário.

Os resultados alcançados foram apresentados em tópicos sobre despesas indiretas (administração central e adestramento), administração local, depreciação, produtividade e mão de obra, além de ter sido efetuada a análise dos preços dos orçamentos elaborados pelo Exército para as quatro obras selecionadas, bem como ponderações sobre a parcela de terceirização normalmente existente nos planos de trabalho firmados.

Em decorrência de tais resultados, foi proferido, em 06.12.2023, o Acórdão 2.529/2023 – Plenário que indicou parâmetros de apropriação de custos a serem adotados, restritamente nas obras em regime de cooperação com o Exército Brasileiro, em substituição aos referenciais contidos nos Acórdãos 1.399/2010 e 2.628/2021, ambos do Plenário, além de informar ao Comando do Exército, em resposta à consulta formulada no âmbito do TC 033.551/2018-9, que:

- é lícito ao Exército utilizar metodologia diferenciada de orçamentação nas obras em cooperação com outros órgãos ou entidades, no que se refere aos seguintes itens que compõem o orçamento: despesas indiretas (administração central e adestramento), administração local, depreciação de equipamentos, produtividade e mão de obra;
- é permitido ao Exército adotar o percentual de até 9,66% para as despesas indiretas da obra, calculado sobre o custo da execução direta (exceto materiais asfálticos);
- o item administração central (valor limite de 2,5%) deve contemplar itens de despesa associados à manutenção da estrutura administrativa do Exército Brasileiro que foi destacada para atuar restritamente no suporte às obras em regime de cooperação;

- o item adestramento (valor limite de 4%) está associado a gastos com cursos, passagens e diárias para cursos, gastos com equipamentos e viaturas utilizados nos exercícios de instrução, e demais despesas que, de modo inconteste, estejam relacionadas e sejam imprescindíveis para as atividades de adestramento da obra em questão;
- os riscos (valor limite de 3,16%) podem estar incluídos, por serem inerentes à execução das obras em regime de cooperação;
- é permitido ao Exército considerar o percentual de até 15% como o impacto da administração local no valor total do orçamento da execução direta, desde que, para custear gastos com materiais de expediente, limpeza e de saúde, concessionárias, alimentação e equipamentos de proteção individual da mão de obra indireta, diárias e passagens do destacamento, manutenção de instalações do canteiro, gastos dos equipamentos e viaturas administrativas, aluguel de áreas e instalações, licenças e demais despesas que, de modo inconteste, oneram a execução da obra orçada, de forma a se vincular ao canteiro de obras ou ao local da execução, não devendo a administração local estar incluída nas composições unitárias dos serviços, sendo que os quantitativos a serem computados devem estar devidamente destacados, justificados e demonstrados mediante memória de cálculo analítica;
- é permitido ao Exército adaptar a sua metodologia de orçamento, medição e pagamento da administração local de modo a prever: uma parcela de valor fixo mensal durante todo o período de execução da obra, independentemente do volume de serviços executados, correspondente ao valor estimado para a manutenção de equipes mínimas em canteiro e/ou períodos de menor produtividade; e, uma parcela unitária complementar, calculada pela diferença entre o valor total estimado da administração local e o valor total;
- casos excepcionais com gastos com administração local acima de 15% podem ser admitidos, desde que devidamente justificados pelas peculiaridades do caso concreto;
- é permitido ao Exército adotar um acréscimo de até 50% sobre o valor total da *depreciação* calculada pela metodologia do Sicro, correspondente à correção da depreciação horária para considerar o valor residual nulo de seus equipamentos,

sendo que a rubrica pode ser retirada das composições unitárias dos serviços e lançada, de forma consolidada, já majorada, como item da planilha de custo direto ("valor para reequipamento"), para ser medido no início da execução da obra, bem como o procedimento deve ser demonstrado mediante memória de cálculo e estar acompanhado das parcelas totais constantes da curva ABC de equipamentos do orçamento, sendo permitida a inclusão de valor adicional para a aquisição de equipamentos, desde que a verba prevista seja incluída na planilha orçamentária como custo direto, e a utilização dos valores orçados para esse item ocorra a título de complementação do item "reequipamento";
- é obrigação do Exército, na elaboração de orçamento para obra em cooperação com órgão público federal, suprimir de suas composições de custos os gastos com remunerações, encargos sociais, alimentação e transporte do pessoal militar e dos servidores civis estatutários, já suportados pela União, sendo permitido, contudo, incluir parcela de complemento de alimentação, desde que o valor do complemento guarde compatibilidade com a metodologia e com valores praticados pelo sistema referencial de preços e o valor já recebido da etapa comum de alimentação seja deduzido do valor referencial adotado, devendo o procedimento em questão estar aplicado tanto para a mão de obra direta quanto para a indireta, e o valor adotado deve estar demonstrado por memória de cálculo anexada às composições unitárias de preço do orçamento;
- o Exército deve elaborar orçamento detalhado contemplando as atividades de administração local, mobilização e desmobilização e canteiro de obras e acampamento, com memória de cálculo dos quantitativos e custos unitários adotados, sendo que tais atividades devem ser computadas como custo direto;
- deve ser apresentado pelo Exército, juntamente com o plano de trabalho, o orçamento oficial de referência, elaborado a partir da metodologia tradicional, com preços e produtividades constantes de tabelas oficiais e de acordo com parâmetros do Acórdão 2.622/2013 – Plenário, especialmente quanto ao seu item 9.2.2, para que a viabilidade do pleito possa ser devidamente avaliada pela unidade descentralizadora, nos termos do que prevê o §1º, art. 8º, do Decreto 10.426/2020, com comprovação da ciência e da aceitação do órgão em relação

a eventual diferença entre o valor do plano de trabalho e o valor oficial de referência;
- em atendimento ao disposto no art. 3°, *caput*, e art. 11, inciso I, do Decreto 10.426/2020, e em respeito ao princípio constitucional da eficiência de que trata o art. 37 da Constituição Federal, deve haver suficiente motivação para a celebração de termo de execução descentralizada, caso o valor orçado da parcela a ser terceirizada ultrapasse o valor da parcela de execução direta do orçamento;
- é permitido ao Exército aplicar fatores de redução de produtividade de serviços, nos limites discriminados no subitem 9.2.5 do Acórdão 2.529/2023 – Plenário, e apenas para os tipos de serviços ali indicados;
- os limites estabelecidos nos itens 9.2.2, 9.2.3 e 9.2.4 do Acórdão 2.529/2023 – Plenário podem ser superados caso o valor resultante do orçamento elaborado pelo Exército seja inferior ao valor do orçamento oficial de referência, ou, ainda, mediante relatório técnico circunstanciado, elaborado por profissional habilitado e aprovado pela autoridade competente, no caso de: a) desinteresse de empresas na execução do objeto, demonstrada a partir da situação prevista no inciso V, art. 24, da Lei 8.666/1993, ou na alínea 'a', inciso III, art. 75, da Lei 14.133/2021; e b) obra emergencial ou em caráter de urgência, com a demonstração analítica de que nova licitação acarretaria prejuízos socioeconômicos superiores à diferença apurada entre o orçamento do Exército e o orçamento oficial de referência;
- é obrigação do Exército, na execução de obra em cooperação com órgão público federal, devolver os saldos financeiros remanescentes, inclusive os provenientes das receitas obtidas nas aplicações financeiras realizadas, à unidade descentralizadora dos recursos;
- os parâmetros estabelecidos no Acórdão 2.529/2023 – Plenário devem ser adotados na elaboração de novos orçamentos para TEDs a serem pactuados, não havendo impedimento para que tais critérios possam também ser aplicados em empreendimentos vigentes, conforme a viabilidade e as particularidades de cada obra.

Ressalte-se, ainda, que o Acórdão 2.529/2023 – Plenário, em seu subitem 9.4, recomendou ao Ministério do Planejamento e Orçamento que elaborasse estudos para verificar a possiblidade de serem criadas rubricas orçamentárias específicas para identificação dos recursos previstos no Orçamento Geral da União destinados ao Exército Brasileiro que serão empregados na execução das obras públicas com regime de cooperação.

5 Outros exemplos de repercussões da evolução da jurisprudência do TCU na orçamentação de obras públicas

Além dos estudos realizados por grupos de trabalho, sobre temas específicos, que culminaram em alterações da jurisprudência do TCU, como foram os casos dos Acórdãos 2.622/2013 e 2.529/2023, ambos do Plenário, já citados neste artigo, há situações em que a Corte de Contas foi provocada a se manifestar sobre determinados procedimentos adotados na orçamentação de obras públicas e acabou impulsionando os órgãos públicos a mudarem tais procedimentos.

Há casos, por exemplo, em que, na fiscalização de alguns empreendimentos, o TCU detectou deficiências pontuais, em composições de custos unitários, que repercutiram em determinações para correção dessas deficiências.

Uma dessas situações ocorreu na Fiscalização de Orientação Centralizada – FOC realizada em 2018 (TC 021.296/2018-9), que culminou no Acórdão 2.471/2019 – Plenário, Relatoria do Ministro Substituto Marcos Bemquerer Costa, em que foi detectado equívoco na composição de custo unitário do item "pavimentação em paralelepípedo".

Naquela oportunidade, restou constatado que o valor indicado no Sinapi, o qual contemplava preço de insumo que teve como referência apenas o mercado do Estado de São Paulo, era bastante superior ao valor praticado no mercado local (Estado do Piauí).

Importante ressaltar que o Manual do Sinapi indicava a necessidade de ajustes nos orçamentos quando detectadas diferenças significativas entre os preços dos insumos adotados, naquele sistema de preços, e os valores do mercado local, inclusive exemplificando essa necessidade de ajuste para a situação em que o insumo tem origem de preço "AS" (atribuído São Paulo), quando o item analisado é muito significativo na curva ABC do orçamento.

Contudo tais ajustes não foram realizados no caso concreto analisado, sendo que o insumo em questão, cotado equivocadamente com o preço praticado no Estado de São Paulo, representava cerca de 56% do custo unitário final do item "pavimentação em paralelepípedo" e, por sua vez, tal item tinha um valor total de grande relevância, com montante que significava mais de 90% do preço final do empreendimento.

Diante desse contexto, o Acórdão 2.471/2019 – Plenário, em seu subitem 9.1.3, contemplou determinação à Caixa Econômica Federal para que fossem feitos ajustes na tabela Sinapi, de tal forma que, para efeito de fixação dos preços de mercado do insumo "fornecimento de paralelepípedo granítico", fossem utilizados valores que contemplassem as especificidades locais, devidamente fundamentados, consoante previsto no art. 8º do Decreto 7.983/2013.

Há, ainda, situações em que a Corte de Contas avalia a adequabilidade de normativos relacionados com orçamentação de obras públicas, como foi o caso da Instrução de Serviço/DG/Dnit 10, de 16 de maio de 2019 (IS/DG/Dnit 10/2019), editada pelo Dnit, que dispôs sobre critérios para o reequilíbrio econômico-financeiro de contratos administrativos diante da ocorrência de acréscimos ou decréscimos nos custos de aquisição de materiais betuminosos (TC 039.552/2020-9. Relator: Ministro Antonio Anastasia).

Acerca dessa instrução de serviços, a preocupação da Corte de Contas foi quanto ao risco de se tornar mero mecanismo para reajuste dos preços unitários calculados mensalmente e com pagamentos quadrimestrais, sem obedecer ao disposto no art. 65, inciso II, alínea "d", da Lei 8.666/93, e em afronta ao disposto no art. 2º, §1º, da Lei 10.192/2001, que veda, definitivamente, a realização de reajustes de periodicidade inferior a um ano.

Nesse sentido foi o posicionamento do Ministro Antonio Anastasia, consoante se observa no trecho a seguir transcrito do voto que embasou o Acórdão 1.210/2024 – Plenário:

> 18. Destaco que é lícito que o contrato administrativo estabeleça divisão de riscos entre as partes, inclusive – de forma exemplificativa – no que tange a faixas de variação nos custos de determinados insumos. Tal preocupação se mostra mais indicada à medida em que o insumo seja representativo no contexto dos serviços contratados e esteja propenso a flutuações decorrentes de fatores de difícil previsão, como é o caso dos materiais betuminosos em determinados tipos de obras nas quais sua utilização é intensiva. Nesse sentido, obras de recuperação e manutenção de pavimentos flexíveis são muito mais sensíveis às oscilações de preço do CAP do que obras que envolvam precipuamente serviços de terraplenagem ou a construção de obras de arte especial.
>
> 19. Nessa linha, entendo oportuno recomendar ao Dnit, que, em atenção aos arts. 6º, LVIII; 92, §3º; e 124, inciso II, 'd' da Lei 14.133/2021, preveja,

para futuras contratações de obras rodoviárias, bandas aceitáveis de variação de custo de insumos asfálticos, em prazo delimitado, considerando a representatividade desses materiais na obra em particular, para as quais a empresa contratada se compromete a cumprir fielmente o contrato sem o cabimento de pedido de reequilíbrio econômico-financeiro, resguardada, em todo o caso, a observância do reajustamento periódico.

20. Quanto às considerações da unidade técnica, *manifesto-me de acordo com o entendimento de que o Dnit não logrou justificar a ausência de parâmetros objetivos na IS/DG/DNIT 10/2019 – e nos demais normativos – para admissibilidade e processamento dos requerimentos de reequilíbrio econômico-financeiro.*

21. Por conseguinte, em consonância com a AudRodovia, considero necessário determinar ao Dnit que, no prazo de 90 dias, revise os normativos internos referentes à análise de pedidos de reequilíbrio econômico-financeiro, de forma a adotar procedimentos para demonstrar o impacto nos contratos elegíveis em razão de aumentos imprevisíveis dos preços dos insumos betuminosos, em atenção às disposições contidas no art. 124, inciso II, alínea "d", da Lei 14.133/2021 e no art. art. 65, inciso II, alínea "d", da Lei 8.666/1993 (revogada), em particular:

a) a representatividade dos materiais betuminosos no valor total do contrato, conforme a natureza da obra (construção, adequação, duplicação, restauração, manutenção e conservação);

b) o estágio de execução contratual e o saldo de serviços que demandam insumos betuminosos. (Grifos acrescidos.)

O Acórdão 1.210/2024 – Plenário é, portanto, um exemplo da repercussão direta da jurisprudência do TCU na confecção de normativos relacionados com orçamentação de obras públicas.

5.1 Normativos sobre orçamentação de obras públicas, que explicitam sua adequação à evolução da jurisprudência do TCU

Algumas vezes os normativos de órgãos públicos já explicitam sua adequação à evolução da jurisprudência do TCU.

Esse foi o caso do documento da Secretaria de Estado de Obras e Infraestrutura do Distrito Federal (SODF) intitulado "Orientações Normativas para Elaboração de Orçamento de Obras e Serviços de Engenharia", página 34, consoante transcrição a seguir:

4.7. BDI Diferenciado

A SODF *adota o Acórdão 2.622/2013-Plenário em sua integralidade, conforme BDI médio adotado para edificações em consonância com a adoção do sistema de referências SINAPI.*

Acórdão 2.622/2013-Plenário "Nos casos de fornecimento de equipamentos que exigem serviços de montagem e de fornecimento de tubos e material betuminoso, que exigem serviços de assentamento e aplicação, respectivamente, para que seja possível a aplicação de BDI diferenciado sobre o fornecimento, esses serviços, que recebem aplicação de BDI geral, *devem também estar previstos em item específico na planilha de custos diretos, separados dos fornecimentos dos materiais e equipamentos relevantes.*

Com isto, deverá o orçamentista se ater ao critério acima adotado e separar os materiais ora elencados e seguir as demais recomendações.

O BDI diferenciado se aplica nos casos em que é admissível que essa aquisição esteja inserida no orçamento da obra, para item de grande materialidade, e a Súmula nº 253/2010 do TCU especifica, claramente, a necessidade de se aplicar BDI diferenciado, em se tratando de mero fornecimento. (Grifos acrescidos.)

Também a Advocacia-Geral da União, em seu "Manual de Obras e Serviços de Engenharia: Fundamentos da Licitação e Contratação", produzido em 2014, abordou seu atendimento à jurisprudência da Corte de Contas, consoante se abstrai do trecho a seguir transcrito desse documento (páginas 35 e 36):

> A mesma relação é extraída do Acórdão n. 2.622/2013, onde as parcelas componentes do BDI são as seguintes: taxa de rateio da administração central, riscos, seguros, garantias, despesas financeiras, remuneração da empresa contratada e tributos incidentes sobre o faturamento.
>
> Conforme se depreende do referido acórdão, não poderão integrar o cálculo do BDI os tributos que não incidam diretamente sobre a prestação em si, como o IRPJ, CSLL e ICMS, independente do critério da fixação da base de cálculo, como ocorre com as empresas que calculam o imposto de renda com base no lucro presumido.
>
> De outro lado, PIS, COFINS e ISSQN – na medida em que incidem sobre o faturamento – são passíveis de serem incluídas no cálculo do BDI, nos termos da Súmula TCU n. 254/2010. Atente-se, ainda, que a taxa de rateio da administração central não poderá ser fixada por meio de remuneração mensal fixa, mas através de pagamentos proporcionais à execução financeira da obra de modo que a entrega do objeto coincida com cem por cento do seu valor previsto.
>
> O Tribunal de Contas da União, a partir do mencionado julgado, passou a adotar novos referenciais de percentual de BDI, em substituição aos índices mencionados no Acórdão n. 2.69/2011. Passou-se, também, a utilizar a terminologia "quartil", ao invés padrões mínimos e máximos,

como constava nas tabelas substituídas do acórdão anterior. Tal mudança confirma o entendimento de que os percentuais indicados não constituem limites intransponíveis, mas referenciais de controle. Consequentemente, quanto maior a distância do percentual de BDI utilizado no Projeto Básico em relação à média indicada no acórdão, mais robusta deverá ser a justificativa para a adoção do índice escolhido.

Essa explicitação também ocorre em documentos de licitação como, por exemplo, o Termo de Referência do pregão Eletrônico de Sistema de Registro de Preços – SRP, realizado pela Codevasf para contratação de serviços de montagem de poços tubulares na área de atuação da 1ª Superintendência Regional da Codevasf, no Estado de Minas Gerais, datado de outubro de 2023, em seu anexo VI, a seguir reproduzido:

CODEVASF
Ministério da Integração e do Desenvolvimento Regional - MIDR
Companhia de Desenvolvimento dos Vales do São Francisco e do Parnaíba
1ª Superintendência Regional

ANEXO VI
DETALHAMENTO DE BDI - SERVIÇOS

Item	Descrição dos Serviços	% PV	% CD
1	ADMINISTRAÇÃO CENTRAL		5,00
1.1	ESCRITÓRIO CENTRAL		
1.2	VIAGENS		
1.3	OUTROS		
2	IMPOSTOS E TAXAS	6,65	8,31
2.1	ISS	3,00	3,75
2.2	PIS	0,65	0,81
2.3	Cofins	3,00	3,75
2.4	CONTRIBUIÇÃO PREVIDENCIÁRIA SOBRE A RENDA BRUTA		
3	TAXA DE RISCO		2,00
3.1	SEGURO		0,50
3.2	RISCO		1,00
3.3	GARANTIA		0,50
4	DESPESAS FINANCEIRAS		1,05
5	LUCRO		8,50
	BDI - CALCULADO		25,67
	ISS conforme Lei Municipal		
	BDI = ((1+((AC+S+R+G)/100))x(1+DF/100)x(1+L/100)/(1-I/100)-1)*100		

BDI (CALCULADO):	25,67

BDI EM CONFORMIDADE COM OS ACÓRDÃOS Nº 2369/2011 e ACÓRDÃO Nº 2.622/2013 - TCU - PLENÁRIO

5.2 Da submissão dos normativos elaborados por órgãos públicos à análise prévia do TCU

Essa preocupação dos órgãos públicos em atender à evolução da jurisprudência do TCU tem feito com que, muitas vezes, ainda na fase preliminar, logo após a confecção de normativos relativos à orçamentação de obras, mas antes de sua entrada em vigor, esses documentos sejam submetidos à análise prévia da Corte de Contas.

Foi o que aconteceu com o Departamento Nacional de Infraestrutura de Transportes, que após aprovar a nova proposta de Instrução Normativa em substituição à atual IN 62 (de 17 de setembro de 2021) e às Portarias 1.977 (de 25 de outubro de 2017) e 434 (de 14 de março de 2017), mas antes de sua entrada em vigor, encaminhou para análise do TCU, conforme publicação daquela autarquia federal datada de 12.03.2024 (Disponível em: https://www.gov. br/dnit/pt-br/assuntos/noticias/dnit-aprova-nova-proposta-sobre-a-aplicacao-do-bdi-ordinario-na-aquisicao-do-ligante-betuminoso. Acesso em: 3 jul. 2024):

> A IN nº 62 regula critérios para utilização dos custos referenciais dispostos nos Sistemas de Custos Referenciais de Obras (SICRO) da autarquia federal. Já as portarias tratam das diretrizes sobre preços e transportes rodoviário e fluvial de produtos asfálticos. A nova proposta de alteração da IN se dá em função dos estudos desenvolvidos pela Diretoria de Planejamento e Pesquisa (DPP), visando a atender determinações do TCU. Como proposta de edição, o Dnit sugere, portanto, uma nova IN que institua a metodologia para definição de preços de referência para aquisição e transporte de materiais betuminosos em orçamentos de obras de infraestrutura do Departamento, em substituição às duas portarias a serem revogadas.
>
> A troca das duas portarias citadas, por uma única instrução normativa, visa, *além de atualizar o entendimento quanto à aplicação do BDI (Benefícios e Despesas Indiretas) ordinário na formação do preço de venda da aquisição do ligante betuminoso, a consolidar em um único documento a metodologia para definição de preços de referência para o transporte rodoviário e/ou fluvial de materiais betuminosos.*
>
> *A proposta dessa nova Instrução Normativa deverá passar pela análise do TCU e entrará em vigor somente após o aceite do Tribunal.* (Grifos acrescidos.)

5.3 Das discussões na esfera judicial sobre a aplicação da evolução da jurisprudência do TCU na orçamentação de obras públicas

Os órgãos licitantes podem até ser demandados judicialmente, quando há suspeita de desatendimento à evolução da jurisprudência do TCU, em especial quando se trata de assunto relacionado à orçamentação de obras públicas.

Um exemplo desse tipo de ação judicial foi o Mandado de Segurança impetrado por empresa licitante (Projete Engenharia e Construções Ltda.) contra sua inabilitação na Concorrência 01/22, promovida pela Secretaria Municipal de Obras Públicas de Curitiba/PR, com objetivo de restaurar e ampliar a "Casa Portugal", por conta do suposto desatendimento aos parâmetros do Acórdão 2.622/2013 – Plenário.

No âmbito daqueles autos, foi concedida medida cautelar de suspensão do aludido certame, tendo o Município de Curitiba interposto Agravo Interno que foi julgado pela 5ª Vara Cível do Tribunal de Justiça do Estado do Paraná, consoante Acórdão a seguir transcrito:

EMENTA 1) DIREITO ADMINISTRATIVO. LICITAÇÃO. CONCORRÊNCIA. OBRA DE ENGENHARIA. PROPOSTA DE PREÇO. BENEFÍCIOS E DESPESAS INDIRETAS – BDI. ELIMINAÇÃO DA PROPOSTA POR INEXEQUIBILIDADE, DIANTE DA APRESENTAÇÃO DE BDI INFERIOR AO PARÂMETRO SUPOSTAMENTE ESTABELECIDO PELO TCU. UTILIZAÇÃO DE PARÂMETRO NÃO PREVISTO NO EDITAL, TAMPOUCO ESTABELECIDO NO ARESTO PARADIGMA MENCIONADO, DO TRIBUNAL DE CONTAS DA UNIÃO. a) Cuida-se de agravo interno interposto contra decisão que indeferiu tutela de urgência postulada pelo Município de Curitiba. Este pretende, no agravo de instrumento, reverter a suspensão do trâmite de licitação para a aquisição de obra de engenharia. b) Na origem, a empresa licitante postula a revisão da decisão administrativa que julgou inexequível a proposta de preço apresentada. c) Há probabilidade do direito alegado pela licitante, devendo ser mantida a suspensão do certame público. A Administração Pública julgou inexequível a proposta utilizando critério que surpreende a empresa interessada, bem como não existe a base jurisprudencial invocada na decisão. d) Alegou-se que no Acórdão n. 2.622/2013-TCU foi estabelecido BDI mínimo de 16,32% para contratações da espécie. A proposta da empresa inabilitada expressa percentual inferior. Portanto, é inexequível, em tese. e) Todavia, não há previsão editalícia de referido percentual mínimo, de modo que a adoção do critério para julgamento da exequibilidade da proposta de preço surpreende indevidamente a licitante. f) *O Acórdão n. 2.622/2013-TCU estabelece raciocínios essenciais em relação ao tratamento dado aos BDIs nas contratações de obras e serviços de engenharia. Entretanto, o julgado sequer estabelece o percentual mínimo invocado pela Comissão de Licitação, de modo que não pode ser utilizado como argumento para inabilitação da proposta.* 2) AGRAVO INTERNO AO QUAL SE NEGA PROVIMENTO. (TJ-PR 00086250220238160000 Curitiba, Relator: Leonel Cunha, Data de Julgamento: 22.05.2023, 5ª Câmara Cível, Data de Publicação: 29.05.2023)

6 Conclusão

O Tribunal de Contas da União realizou alguns estudos contemplando novas abordagens sobre questões associadas à auditoria de obras públicas. Tais estudos culminaram em deliberações da Corte de Contas que passaram a ser adotadas como referência pelos órgãos públicos na orçamentação de seus empreendimentos.

Nesse sentido, especificamente no tocante ao cômputo das taxas de Benefícios e Despesas Indiretas (BDI) nos orçamentos de obras executadas com utilização de recursos federais, o que se observa é uma evolução gradual da jurisprudência do TCU, que pode ser percebida no exame dos Acórdãos 325/2007, 2.369/2011 e 2.622/2013, todos do Plenário, o primeiro de relatoria do Ministro Guilherme Palmeira e os outros dois de relatoria do Ministro Substituto Marcos Bemquerer Costa.

Por meio do Acórdão 325/2007 – Plenário, o TCU começou a definir algumas premissas a serem aplicadas na composição do BDI, para todo tipo de empreendimento público, e houve também uma primeira tentativa de adoção de faixa referencial de taxa de BDI, porém restrita às obras de linhas de transmissão e subestações.

Com o advento do Acórdão 2.369/2011– Plenário, a Corte de Contas buscou definir parâmetros aceitáveis para taxas de Bonificações e Despesas Indiretas – BDI para cada tipo de obra de engenharia, bem como para itens específicos para a aquisição de produtos, observando as características similares e as despesas inerentes a cada espécie de empreendimento, de modo a estipular faixas de valores de referência a serem adotadas pelos entes jurisdicionados na contratação de obras públicas.

Naquela oportunidade, o TCU concluiu que havia necessidade de se constituir um grupo de trabalho para efetuar análise pormenorizada dos estudos que originaram as tabelas dos Acórdãos 325/2007 e 2.369/2011, ambos do Plenário, de tal forma que, com base em critérios contábeis e estatísticos, pudesse ser verificada a representatividade das amostras selecionadas além da adequabilidade dos parâmetros utilizados, garantindo-se a adoção de faixas de BDI calcadas em dados confiáveis e em premissas técnicas adequadas.

Os resultados obtidos por esse grupo de trabalho culminaram no Acórdão 2.622/2013 – Plenário, que definiu novos parâmetros para avaliação da taxa de BDI (Benefício e Despesas Indiretas) de obras públicas e indicou faixas de valores referenciais para os itens que compõem essa taxa específica diferenciada para cada tipo de empreendimento.

Embora os parâmetros dessa deliberação de 2013 tenham sido definidos para auxiliar os exames empreendidos no âmbito dos processos do controle externo, houve grande repercussão nos órgãos públicos contratantes das diversas esferas da Administração Pública.

Sistemas referenciais de preços de obras públicas, como o Sistema Nacional de Pesquisa de Custos e Índices da Construção Civil – Sinapi, mantido pela Caixa Econômica Federal, e o Sistema de Custos Rodoviários – Sicro, mantido pelo Dnit, passaram por revisões para se adequarem ao Acórdão 2.622/2013 – Plenário.

Houve, inclusive, impactos nas regulamentações internas dos órgãos públicos, por causa da prolação do Acórdão 2.622/2013 – Plenário, como aconteceu, por exemplo, com o "Manual de Obras e Serviços de Engenharia: Fundamentos da Licitação e Contratação", da Advocacia-Geral da União, e com o documento da Secretaria de Estado de Obras e Infraestrutura do Distrito Federal (SODF), intitulado "Orientações Normativas para Elaboração de Orçamento de Obras e Serviços de Engenharia".

Acrescente-se, ainda, a repercussão em ações judiciais, tendo em vista chegarem ao Poder Judiciário discussões quanto à aplicação do Acórdão 2.529/2023 – Plenário, como subsídio, em certames, para aceitação ou não de propostas ou ainda inabilitação de licitantes.

Outro exemplo interessante do impacto das deliberações do TCU na orçamentação de obras públicas foi a evolução do entendimento jurisprudencial acerca das particularidades dos empreendimentos executados com cooperação do Exército Brasileiro, observada nos Acórdãos 1.399/2010, 2.628/2021 e 2529/2023, todos do Plenário e de relatoria do Ministro Substituto Marcos Bemquerer Costa.

Nesse sentido, o recente Acórdão 2.529/2023 adotou várias premissas que repercutem diretamente na apropriação de custos dos serviços e afetam todos os orçamentos das obras implementadas em regime de cooperação com o Exército Brasileiro.

O que se observa é que as deliberações tratadas neste artigo possuem um caráter inovador que deve ser destacado. O Tribunal de Contas da União, ao se pronunciar, por exemplo, tanto a respeito das taxas de BDI adequadas para cada tipo de empreendimento, quanto acerca das peculiaridades que devem ser observadas nas obras implementadas em regime de cooperação com o Exército Brasileiro, trouxe diretrizes e estipulou parâmetros extremamente necessários para se garantir a adequada orçamentação das obras públicas.

Diante de todo esse contexto, não é exagero afirmar que, principalmente após serem proferidos os Acórdãos 2.622/2013 e 2.529/2023, ambos do Plenário, o Tribunal de Contas da União remodelou e modernizou o processo de elaboração dos orçamentos dos empreendimentos implementados com recursos públicos.

O que se pretende com o artigo proposto, portanto, é destacar esse relevante papel da Corte de Contas no aprimoramento da orçamentação de obras públicas.

Referências

BRASIL. Advocacia-Geral da União – AGU. Consultoria-Geral da União. *Manual de Obras e serviços de engenharia:* fundamentos da licitação e contratação. Manoel Paz e Silva Filho. Brasília: AGU, 2014. Disponível em: https://www.gov.br/agu/pt-br/composicao/cgu/cgu/manuais/obras-e-servicos-de-engenharia-indd.pdf. Acesso em: 07 jul. 2024.

BRASIL. Advocacia-Geral da União – AGU. Ministério da Gestão e da Inovação em Serviços Públicos. *Instrumento de padronização dos procedimentos de contratação de obras e serviços de engenharia.* Brasília: AGU, 2023. Disponível em: https://www.gov.br/agu/pt-br/composicao/cgu/cgu/manuais/obras-e-servicos-de-engenharia-indd.pdf. Acesso em: 07 jul. 2024.

BRASIL. Departamento Nacional de Infraestrutura de Transportes. Diretoria Executiva. Coordenação-Geral de Custos de Infraestrutura de Transportes. *Manual de CUSTOS DE INFRAESTRUTURA DE TRANSPORTES.* 1. ed. Volume 01: Metodologias e Conceitos. Brasília, 2017. Disponível em: https://www.gov.br/dnit/pt-br/assuntos/planejamento-e-pesquisa/ custos-e-pagamentos/custos-e-pagamentos-dnit/sistemas-de-custos/sicro_antiga/manuais-de-custos-de-infraestrutura-de-transportes/volume-01-metodologia-e-conceitos.rar/view. Acesso em: 07 jul. 2024.

BRASIL. Departamento Nacional de Infraestrutura de Transportes. Diretoria Executiva. Coordenação-Geral de Custos de Infraestrutura de Transportes. *Manual de custos de infraestrutura de transportes.* 1. ed. Volume 08: Administração Local. Brasília, 2017. Disponível em: https://www.gov.br/dnit/pt-br/assuntos/planejamento-e-pesquisa/custos-e-pagamentos/custos-e-pagamentos-dnit/sistemas-de-custos/sicro. Acesso em: 07 jul. 2024.

BRASIL. Departamento Nacional de Infraestrutura de Transportes. Instituto de Pesquisas em Transportes – IPR. *Introdução à orçamentação de obras rodoviárias.* Módulo 1. Conteudista: Betânia Alves Paulino. Brasília, outubro de 2021.

BRASIL. Departamento Nacional de Infraestrutura de Transportes. Instituto de Pesquisas em Transportes – IPR. *Introdução à orçamentação de obras rodoviárias.* Módulo 5: Composições de Custos – Bonificações e Despesas Indiretas (BDI). Conteudista: Betânia Alves Paulino. Brasília, outubro de 2021.

BRASIL. Governo do Distrito Federal. *Orientações normativas para elaboração de orçamento de obras e serviços de engenharia da secretaria de estado de obras e infraestrutura do Distrito Federal.* 1. ed. Novembro de 2022. Disponível em: https://www.so.df.gov.br/orientacoes-normativas-para-elaboracao-de-orcamento-de-obras-e-servicos-de-engenharia-da-secretaria-de-estado-de-obras-e-infraestrutura-do-distrito-federal. Acesso em: 04 jul. 2024.

BRASIL. Lei nº 14.133, de 1º de abril de 2021. Lei de Licitações e Contratos Administrativos. *Diário Oficial da República Federativa do Brasil.* Brasília, DF, 1º de abr. 2021.

BRASIL. Ministério da Transparência e Controladoria-Geral da União. *Manual de auditoria de obras públicas*. Parte I. Processo de Trabalho e Gestão Paradigma. Coordenação-Geral de Auditoria de Obras da Secretaria Federal de Controle Interno – SFC. Brasília, agosto de 2018. Disponível em: https://repositorio.cgu.gov.br/handle/1/44975. Acesso em: 04 jul. 2024.

BRASIL. Tribunal de Contas da União. *Acórdão 1.566/2005 – Plenário*. Ata n. 39/2005 – Plenário. Data da Sessão: 05.10.2005 – Ordinária. Código eletrônico para localização na página do TCU na Internet: AC-1566-39/05-P.

BRASIL. Tribunal de Contas da União. *Acórdão 2.020/2006 – Plenário*. Ata n. 44/2006 – Plenário. Data da Sessão: 1º/11/2006 – Ordinária. Código eletrônico para localização na página do TCU na Internet: AC-2020-44/06-P.

BRASIL. Tribunal de Contas da União. *Acórdão 325/2007 – Plenário*. Ata n. 9/2007 – Plenário. Data da Sessão: 14.03.2007 – Extraordinária. Código eletrônico para localização na página do TCU na Internet: AC-0325-09/07-P.

BRASIL. Tribunal de Contas da União. *Acórdão 1.425/2007 – Plenário*. Ata n. 31/2007 – Plenário. Data da Sessão: 25.07.2007 – Extraordinária. Código eletrônico para localização na página do TCU na Internet: AC-1425-31/07-P.

BRASIL. Tribunal de Contas da União. *Acórdão 1.399/2010 – Plenário*. Ata n. 21/2010 – Plenário. Data da Sessão: 16.06.2010 – Ordinária. Código eletrônico para localização na página do TCU na Internet: AC-1399-21/10-P.

BRASIL. Tribunal de Contas da União. *Acórdão 2.369/2011 – Plenário*. Ata n. 36/2011 – Plenário. Data da Sessão: 31.08.2011 – Ordinária. Código eletrônico para localização na página do TCU na Internet: AC-2369-36/11-P.

BRASIL. Tribunal de Contas da União. *Acórdão 1.799/2014 – Plenário*. Ata n 25/2014 – Plenário. Data da Sessão: 9.07.2014 – Ordinária. Código eletrônico para localização na página do TCU na Internet: AC-1799-25/14-P.

BRASIL. Tribunal de Contas da União. *Acórdão 2.471/2019 – Plenário*. Ata n 39/2019 – Plenário. Data da Sessão: 09.10.2019 – Ordinária. Código eletrônico para localização na página do TCU na Internet: AC-2471-39/19-P.

BRASIL. Tribunal de Contas da União. *Acórdão 2.628/2021 – Plenário*. Ata n 43/2021 – Plenário. Data da Sessão: 03.11.2021– Telepresencial. Código eletrônico para localização na página do TCU na Internet: AC-2628-43/21-P.

BRASIL. Tribunal de Contas da União. *Acórdão 2.529/2023 – Plenário*. Ata n 50/2023 – Plenário. Data da Sessão: 06.12.2023 – Ordinária. Código eletrônico para localização na página do TCU na Internet: AC-2529-50/23-P.

BRASIL. Tribunal de Contas da União. *Acórdão 1.210/2024 – Plenário*. Ata n 25/2024 – Plenário. Data da Sessão: 19.06.2024 – Ordinária. Código eletrônico para localização na página do TCU na Internet: AC-1210-25/24-P.

BRASIL. Tribunal de Contas da União. *Orientações para elaboração de planilhas orçamentárias de obras públicas*. Coordenação-Geral de Controle Externo da Área de Infraestrutura e da Região Sudeste. Brasília: TCU, 2014. Disponível em: https://portal.tcu.gov.br/ orientacoes-para-elaboracao-de-planilhas-orcamentarias-de-obras-publicas.htm. Acesso em: 04 jul. 2024.

BRASIL. Tribunal de Contas da União. *Recomendações básicas para a contratação e fiscalização de obras de edificações públicas*. Secretaria-Geral de Controle Externo. Secretaria de Fiscalização de Obras de Infraestrutura Urbana. 4. ed. Brasília: TCU, 2014.

BRASIL. Tribunal de Justiça do Estado do Paraná. *TJ-PR 00086250220238160000*. Relator: Desembargador Leonel Cunha. Data de Julgamento: 22.05.2023. 5ª Câmara Cível. Data da Publicação no Diário de Justiça: 29.05.2023.

BRASIL. Instituto Brasileiro de Auditoria de Obras Públicas – IBRAOP. *Manual de auditoria de obras públicas e serviços de engenharia*. 2019. Disponível em: https://www.ibraop.org.br/blog/2019/07/11/manual-de-auditoria-de-obras-publicas-e-servicos-de-engenharia-do-ibraop-ja-esta-disponivel. Acesso em: 08 jul. 2024.

CAIXA. *SINAPI: Metodologias e conceitos*: Sistema Nacional de Pesquisa de Custos e Índices da Construção Civil. Caixa Econômica Federal. 9. ed. Brasília: CAIXA, 2023. Disponível em: https://www.caixa.gov.br/Downloads/sinapi-manual-de-metodologias-e-conceitos/Livro1Livro1_SINAPI_Metodologias_e_Conceitos_9_Edicao.pdf. Acesso em: 04 jul. 2024.

Informação bibliográfica deste livro, conforme a NBR 6023:2018 da Associação Brasileira de Normas Técnicas (ABNT):

COSTA, Marcos Bemquerer; BASTOS, Patrícia Reis Leitão. Repercussões das inovações da jurisprudência do Tribunal de Contas da União na elaboração de orçamentos de obras públicas. *In:* LIMA, Luiz Henrique; CUNDA, Daniela Zago Gonçalves da (coord.). *Controle externo e as mutações do direito público*: inovações jurisprudenciais e aprimoramento da gestão pública – Estudos de ministros e conselheiros substitutos dos Tribunais de Contas. Belo Horizonte: Fórum, 2025. p. 23-66. ISBN 978-65-5518-949-0.

O CONTROLE OPERACIONAL REALIZADO PELOS TRIBUNAIS DE CONTAS E A AUDITORIA SOBRE A JUDICIALIZAÇÃO DA SAÚDE EM SANTA CATARINA: POTENCIALIDADES E DESAFIOS PARA O ENFRENTAMENTO DE PROBLEMAS COMPLEXOS DA ADMINISTRAÇÃO PÚBLICA CONTEMPORÂNEA

GERSON DOS SANTOS SICCA

1 Introdução

Era o início dos anos 1950 quando os pais de *Linda Brown*, menina de 9 anos natural de Topeka, capital do Estado do Kansas, nos Estados Unidos, tentaram matriculá-la na escola Summer School. A matrícula foi negada. *Linda* era negra. À época vigia, no país, a nefasta doutrina dos *equal, but separate*. Asseguravam-se condições tangíveis similares de acesso à educação, porém nada impedia que o fosse em escolas separadas. O caso foi parar na Suprema Corte, que consolidou a controvérsia de Linda com outros 4 casos oriundos da Carolina do Sul, Virgínia, Distrito de Columbia e Delaware.[1]

---

[1] UNITED STATES OF AMERICA. The U.S. National Archives and Records Administration. Milestone Documents. *Biographies of Key Figures in Brown v. Board Of Education.* Disponível em: https://www.archives.gov/education/lessons/brown-v-board/bios.html. Acesso em: 30 jul. 2024.

No ano de 1954, após a menina ter o seu pleito judicial para obter matrícula negado na esfera judicial estadual, em razão do vetusto precedente da Suprema Corte em *Plessy v. Ferguson*,[2] de 1896, o Tribunal proferiu aquela que talvez seja a decisão de maior importância em sua história. Por unanimidade, concluiu que violava a cláusula da igual proteção a oferta de instalações educacionais iguais para brancos e minorias raciais, porém separadamente.[3] O reconhecimento da inconstitucionalidade da segregação racial escolar foi um marco na história da luta pelos direitos civis.

Infelizmente, um bom julgado não resolve todos os problemas, e se estava certo Machado de Assis ao dizer que a escravidão levou consigo "ofícios e aparelhos, como terá sucedido a outras instituições sociais",[4] o desaparecimento de coisas, práticas, estruturas e, principalmente, ideias, não ocorre de súbito. No ano seguinte ao julgamento histórico, a Suprema Corte decidiu *Brown v Board of Education of Topeka* (2), com previsões para que Cortes inferiores adotassem provimentos tendentes a assegurar a decisão pela inconstitucionalidade da discriminação racial nas escolas, definiu a responsabilidade das autoridades escolares para avaliar as circunstâncias locais e implementar medidas, e a atribuição dos tribunais de aferir se essas eram aderentes aos princípios constitucionais.[5] Estava plantada a semente de processos assecuratórios de direitos que transpunham a concepção individualista de pretensão de direitos e tinham por pressuposto a exigência de soluções estruturantes.

O caso de Linda Brown inspirou estudos tanto na ótica dos direitos fundamentais quanto sob o prisma processual. Afinal, como dotar o processo de meios capazes de oferecer soluções jurisdicionais aptas a superar obstáculos que não se afastam de imediato?

---

[2] Nesse caso, a discussão teve por origem o ingresso de cidadão de "ascendência mista" em vagão de trem reservado aos brancos, oportunidade em que o Tribunal legitimou a doutrina dos "separados, mas iguais" UNITED STATES OF AMERICA. The U.S. National Archives and Records Administration. Milestone Documents. *Plessy V. Ferguson (1896)*. Disponível em: https://www.archives.gov/milestone-documents/plessy-v-ferguson. Acesso em: 31 jul. 2024.

[3] UNITED STATES OF AMERICA. The U.S. National Archives and Records Administration. Milestone Documents. *Brown v. Board of Education (1954)*. Disponível em: https://www.archives.gov/milestone-documents/brown-v-board-of-education. Acesso em: 31 jul. 2024.

[4] ASSIS, Machado de. *Pai contra mãe*. Texto-base digitalizado por NUPILL – Núcleo de Pesquisas em Informática, Literatura e Linguística da Universidade Federal de Santa Catarina. Disponível em: http://www.dominiopublico.gov.br/download/texto/bv000245.pdf. Acesso em: 19 jul. 2024.

[5] OYEZ. *Brown v. Board of Education of Topeka* (2). Disponível em: https://www.oyez.org/cases/1940-1955/349us294. Acesso em: 31 jul. 2024.

Em certa medida, a jurisdição de contas[6] enfrenta desafio similar. O art. 71 da Constituição de 1988 ampliou as competências[7] dos Tribunais de Contas, e o art. 70, verdadeiro vetor principiológico para a ação de controle, consagrou a legitimidade e a economicidade como cânones inescapáveis da administração pública. A aferição de aspectos que transcendem a legalidade ingressou definitivamente na agenda do controle externo, e a aferição das políticas públicas é a atividade que melhor traduz esse processo de ressignificação. No entanto, vários dos problemas enfrentados reclamam ajustes de gestão distantes de serem singelos. Demandam recursos, tempo e vontade política. Em suma, trazem a complexidade vista pelos juízes de *Brown of Board Education* na metade da década de 1950.

Por excelência, a auditoria operacional é o instrumento adotado pelos Tribunais de Contas para fiscalizar aspectos de desempenho da atuação governamental. Nesse horizonte, o texto tem por objetivo apresentá-la como instrumento processual vocacionado à abordagem de problemas estruturais da gestão pública, expondo as bases teóricas que demonstram a compatibilidade da competência de fiscalização operacional com os marcos da administração pública do Estado de Direito. Em seguida, descrever-se-á sinteticamente auditoria realizada pelo Tribunal de Contas de Santa Catarina sobre a judicialização da saúde, no intuito de demonstrar potencialidades e obstáculos das auditorias operacionais e a forma como tais aspectos foram enfrentados pela auditoria, bem como os efeitos concretos positivos do controle exercido na situação relatada. A pesquisa empreendida teve caráter documental, sobre bibliografia e jurisprudência atinente ao tema.

---

[6] Utiliza-se a expressão jurisdição de contas para designar que "os Tribunais de Contas exercem jurisdição especial em relação às matérias (finanças, orçamento, patrimônio, contabilidade, gestão) e parâmetros (legalidade, legitimidade e economicidade) elencados na Constituição Federal". GODINHO, Heloísa Helena Antonacio M. Godinho. Ideias no lugar: as decisões condenatórias proferidas pelos Tribunais de Contas. *In* LIMA, Luiz Henrique; SARQUIS, Alexandre Manir Figueiredo (Coord.). *Processos de controle externo*: estudos de ministros e conselheiros substitutos dos Tribunais de Contas. Belo Horizonte: Fórum, 2019, p. 222.

[7] "A jurisdição, de modo geral, é definida pela ciência processual como o poder que tem o Estado de dizer o direito no caso concreto, em última instância e em caráter definitivo. (...). A competência, por sua vez, é definida processualmente como uma medida ou divisão da jurisdição, distribuída pelos órgãos do Estado". SILVA, Marco Aurélio Souza da. *Tribunais de Contas*: teoria e prática da responsabilização de agentes públicos e privados por infração administrativa. Rio de Janeiro: Lumen Juris, 2017, p. 12.

2 A auditoria operacional no contexto da administração pública do Estado de Direito contemporâneo

As Normas Brasileiras de Auditoria do Setor Público NBASP 3000 – Norma para Auditoria Operacional,[8] estipulam que a definição de auditoria operacional é fornecida pelas Normas Brasileiras de Auditoria do Setor Público NBASP 300 – Princípios de Auditoria Operacional. A sua vez, essa dispõe:

> 9. A auditoria operacional, como realizada pelas EFS, é o exame independente, objetivo e confiável que analisa se empreendimentos, sistemas, operações, programas, atividades ou organizações do governo estão funcionando de acordo com os princípios de economicidade, eficiência e efetividade1 e se há espaço para aperfeiçoamento.
>
> 10. A auditoria operacional visa a fornecer novas informações, análises ou percepções e, quando apropriado, recomendações para aperfeiçoamento. As auditorias operacionais oferecem novas informações, conhecimento ou valor ao:
> • proporcionar novas percepções analíticas (análises mais amplas ou profundas ou novas perspectivas);
> • tornar as informações existentes mais acessíveis às várias partes interessadas;
> • proporcionar uma visão independente e autorizada ou uma conclusão baseada em evidência de auditoria;
> • fornecer recomendações baseadas em análises dos achados de auditoria.[9]

A seu turno, a NBASP 3000[10] reconhece como objeto destacado das auditorias operacionais o desempenho dos programas governamentais e o caráter politicamente sensível da fiscalização:

---

[8] INSTITUTO RUI BARBOSA. *Normas Brasileiras de Auditoria do Setor Público* – NBASP 3000. Norma para Auditoria Operacional. 2021. p. 3 Disponível em: https://nbasp.irbcontas.org.br/wp-content/uploads/2022/11/NBASP-3000-Norma-de-Auditoria-Operacional.pdf. Acesso em: 19 jul. 2024.

[9] INSTITUTO RUI BARBOSA. *Normas Brasileiras de Auditoria do Setor Público* – NBASP 300. Princípios de auditoria operacional. 2021. p. 8 Disponível em: https://nbasp.irbcontas.org.br/nbasp/principios-de-auditoria-operacional/. Acesso em: 19 jul. 2024.

[10] INSTITUTO RUI BARBOSA. *Normas Brasileiras de Auditoria do Setor Público* – NBASP 3000. Norma para Auditoria Operacional. 2021. p. 3 Disponível em: https://nbasp.irbcontas.org.br/wp-content/uploads/2022/11/NBASP-3000-Norma-de-Auditoria-Operacional.pdf. Acesso em: 19 jul. 2024.

31. Muitos temas na auditoria operacional são politicamente sensíveis porque podem se relacionar ao desempenho de programas públicos priorizados pelo governo. As auditorias operacionais examinam se as decisões tomadas pelo poder legislativo ou executivo são eficiente e efetivamente planejadas e implementadas, e se os contribuintes ou cidadãos estão recebendo a contraprestação devida pelos impostos deles arrecadados. As auditorias operacionais, dependendo do mandato da EFS, não questionam as intenções e decisões do poder legislativo, mas examinam se alguma deficiência em leis e regulamentos ou na forma de sua implementação impediu que os objetivos especificados de uma auditoria fossem alcançados.

As Normas Brasileiras de Auditoria do Setor Público NBASP 3000 e NBASP 300 são traduções de *standards* publicados pela Organização Internacional das Entidades Fiscalizadoras Superiores (Intosai), entidade composta por 195 membros plenos, 5 membros associados e 2 membros afiliados.[11] Tais normas destinam-se a estabelecer padrões internacionais de auditoria operacional, o que é salutar para assegurar que os trabalhos de auditoria possuam rigor metodológico, haja comparabilidade quando possível e forneçam à comunidade global dados confiáveis e transparentes sobre a ação dos governos.

O conceito de auditoria operacional, ou auditoria de *performance*, expressão comumente utilizada nos documentos internacionais (*audit performance*) ganhou espaço a partir dos anos 1970, notadamente no VII Congresso da Intosai realizado em 1971, com o propósito de estender a concepção de auditoria para além da fiscalização financeira.[12] No ano subsequente, o *Government Accountability Office* (GAO), entidade de fiscalização superior dos Estados Unidos da América, editou o documento intitulado *Standards for Audit of Governmental Organizations, Programs, Activities & Functions*, com diretrizes para auditar a *performance* de órgãos governamentais, programas e atividades. Segundo os seus termos, a auditoria que atenda aos interesses de todos os potenciais usuários dos serviços do governo deve incluir aspectos financeiros e de *compliance* (observância à legislação), de economia e eficiência e, ainda, de resultados de programas, para verificar se os resultados previstos

---

[11] INTERNATIONAL ORGANIZATION OF SUPREME AUDIT INSTITUTIONS (INTOSAI). *INTOSAI – Members*. Disponível em: https://www.intosai.org/about-us/members.html. Acesso em: 31 jul. 2024.

[12] MELLO, Daniel. Controle externo brasileiro e a auditoria operacional com instrumento de atuação fiscalizatória concomitante: construção de um arcabouço teórico acerca da ferramenta auditoria operacional. *In*: LIMA, Edilberto Carlos Pontes (Coord.). *Os Tribunais de Contas e as políticas públicas*. Belo Horizonte: Fórum, 2023 (Coleção Fórum IRB, v. 5), p. 133.

estão sendo alcançados ou se o poder público considerou alternativas de menor custo.[13]

A publicação de diretrizes pelo GAO para a auditoria de *performance* nos primeiros anos da década de 1970 confirma a afirmação de Willemman,[14] de que o foco no resultado dos programas públicos e na avaliação de desempenho é tema que primeiro avança nas entidades superiores de fiscalização do modelo de *Westminster*, no qual os órgãos de controle são vinculados a algum poder, em geral o Legislativo, diferentemente do modelo napoleônico de Tribunais de Contas com funções judiciais ou quase-judiciais.[15] Nos últimos, como observa Cunha,[16] há duplo campo de atuação, pelo apoio ao legislativo no exercício da função de controle e, de outro lado, pela competência para apurar a eficácia e eficiência na utilização dos recursos públicos.

Na Constituição de 1988 (CRFB) não há descrição exata da fiscalização operacional.[17] O art. 70, *caput,* do texto constitucional fixa que a "fiscalização contábil, financeira, orçamentária, operacional e patrimonial da União e de entidades da administração direta e indireta, quanto à legalidade, legitimidade, economicidade (...) será exercida pelo Congresso Nacional, mediante controle externo, e pelo sistema de controle interno de cada Poder".[18] Por sua vez, O art. 71 da CRFB prevê que o controle externo exercido pelo Congresso Nacional terá o auxílio do Tribunal de Contas da União, ao qual foram fixadas competências próprias, incluída a de realizar auditorias e inspeções de natureza contábil, financeira, orçamentária, operacional e patrimonial (art. 71, IV). Embora o preceito deixe "uma miríade de espaços em aberto acerca dos exatos limites da atuação do Tribunal de Contas da União",[19] a sua

---

[13] GENERAL ACCOUNTING OFFICE. *Standards for Audit of Governmental Organizations, Programs, Activities & Functions*, 2023. Disponível em: https://www.gao.gov/assets/yellowbook1972.pdf. Acesso em: 29 jul. 2024, p. 2.

[14] WILLEMAN, Marianna Montebello. Accountability *democrática e o desenho institucional dos Tribunais de Contas no Brasil*. 2. ed. Belo Horizonte: Fórum, 2020, p. 112.

[15] WILLEMAN, Marianna Montebello. Accountability *democrática e o desenho institucional dos Tribunais de Contas no Brasil*. 2. ed. Belo Horizonte: Fórum, 2020, p. 108-9.

[16] CUNHA, Milene Dias. A *accountability* como sustentáculo da democracia e sua relação com os órgãos de controle externo tendo a legitimidade do gasto público como parâmetro de controle. *Revista Técnica dos Tribunais de Contas*. Belo Horizonte, ano 3, n.1, dez. 2016, p. 193.

[17] BATALHA, Luciano Morandi. *O Tribunal de Contas operacional*: contexto, conceito e conteúdo. Belo Horizonte: Fórum, 2024, p. 51 e p. 65-66.

[18] BRASIL. Constituição da República Federativa do Brasil. Brasília, 1988. Disponível em: https://www.planalto.gov.br/ccivil_03/constituicao/constituicao.htm. Acesso em: 27 jul. 2024.

[19] BATALHA, Luciano Morandi. *O Tribunal de Contas operacional:* contexto, conceito e conteúdo. Belo Horizonte: Fórum, 2024, p. 53.

leitura, conjugada com o art. 70, descortina a ampla competência do Tribunal de Contas da União (e por simetria aos demais Tribunais de Contas), suporte normativo que autoriza ao órgão trilhar o caminho próximo àquele seguido pelo Tribunal de Contas da França, que no século XXI vem dando maior relevância às auditorias de *performance*.[20]

A competência em matéria operacional se insere em contexto histórico definido. Os anos 1970 marcaram a reversão do período de crescimento econômico observado após A Segunda Guerra Mundial, principalmente com a crise do petróleo de 1973 e a correlata ausência de mecanismos eficazes de coordenação do capitalismo global para o gerenciamento dos fatores de instabilidade,[21] com a perda do poder regulador em nível nacional e internacional.[22] E, se nos países de economia desenvolvida as crises têm sido marcadamente bancárias, nos países em desenvolvimento "as crises costumam ser crises de balança de pagamento ou monetárias",[23] a tornar ainda mais dramática a missão de equilibrar o orçamento público, principalmente frente à premência de manter e ampliar serviços públicos capazes de minimizar os efeitos da pobreza da população.

Como agravante, houve a pressão no orçamento por conta do endividamento público. Pela leitura de Streeck,[24] em resposta à exaustão do modelo pós-guerra os Estados passaram a "comprar tempo": primeiro, com "uma política monetária que acomodou os aumentos salariais que excediam o crescimento da produtividade, o que levou a taxas de inflação elevadas em todo o mundo". Na sequência, pelo endividamento público, que, "tal como a inflação, permite a um governo utilizar recursos financeiros para a pacificação de conflitos sociais que, na realidade, ainda não existem – no caso, os recursos que ainda têm de ser criados pelos cidadãos e retirados dos mesmos pelo Estado, sob a forma de impostos".[25] Em especial no Brasil, inclusive pela resistente

---

[20] WILLEMAN, Marianna Montebello. Accountability *democrática e o desenho institucional dos Tribunais de Contas no Brasil*. 2. ed. Belo Horizonte: Fórum, 2020, p. 119.

[21] FURTADO, Celso. *Transformação e crise na economia mundial*. Rio de Janeiro: Paz e Terra, 2006, p. 82.

[22] FURTADO, Celso. *Transformação e crise na economia mundial*. Rio de Janeiro: Paz e Terra, 2006, p.259.

[23] BRESSER – PEREIRA, Luiz Carlos. A crise financeira global e depois: um novo capitalismo? *Novos Estudos CEBRAP*, Edição 86, Vol. 29, n. 1, mar. 2010, p. 53. Disponível em: https://doi.org/10.1590/S0101-33002010000100003. Acesso em: 26 jul. 2024.

[24] STREECK, Wolfgang. *Tempo comprador*: a crise adiada do capitalismo democrático. Trad. de Marian Toldy e Teresa Toldy. São Paulo: Boitempo, 2018, p. 79.

[25] STREECK, Wolfgang. *Tempo comprador*: a crise adiada do capitalismo democrático. Trad. de Marian Toldy e Teresa Toldy. São Paulo: Boitempo, 2018, p. 82.

política de manutenção da taxa básica de juros em percentuais elevados, o que reforça a constatação feita nos anos 1980 por Furtado[26] sobre o grande endividamento dos países em desenvolvimento e o consequente aumento da sua dependência.

O reflexo da crise na organização do Estado fez-se sentir nitidamente, marcadamente mediante a retração do papel do Estado na prestação direta de serviços. Outra reação aos seus efeitos é o esforço para reduzir a diferença entre a gestão pública e a gestão privada, passando esta a ser modelo de organização e de boas práticas para a primeira. Durante os anos 1980 e 1990, construiu-se o embasamento teórico para os movimentos de redefinição do Estado e busca de maior eficiência, *e.g.* o *New Public Management*, e que "propunham soluções para a administração pública. Pontos centrais se referiam à adaptação e à transferência dos conhecimentos gerenciais desenvolvidos no setor privado para o público, pressupondo a redução do tamanho da máquina administrativa, uma ênfase crescente na competição e no aumento de sua eficiência",[27] além de privatizações, criações de formas quase empresariais e parcerias público-privadas, entre outras formas de atuação.[28]

No Brasil, o movimento de reformas da administração pública tomou corpo no final dos anos 1990 no bojo das propostas de modificação do aparato estatal, parte da reforma do Estado voltada a dar suporte a plano de estabilização da moeda implementado em 1994. A reforma gerencial buscava induzir a substituição da "ética burocrática clássica da disciplina pela ética da responsabilidade", em que "os altos servidores públicos compartilham com os políticos eleitos o poder político, e estão normativamente compromissados para com o interesse público, da mesma forma que os político eleitos,[29] no intento de assegurar eficiência administrativa e responsividade à sociedade:

---

[26] FURTADO, Celso. *Transformação e crise na economia mundial.* Rio de Janeiro: Paz e Terra, 2006, p. 162.

[27] PECI, Alketa; PIERANTI, Octavio Penna; RODRIGUES, Silvia. Governança e New Public Management: convergências e contradições no contexto brasileiro. *Organizações e sociedade.* Vol. 15, n. 46, p. 41. Disponível em: https://doi.org/10.1590/S1984-92302008000300002. Acesso em: 27 jul. 2024.

[28] COSTA, Armindo Fernandes da; PEREIRA, José Manuel; BLANCO, Silvia Ruiz. Auditoria do sector público no contexto da nova gestão pública. *Tékhne – Revista de Estudos Politécnicos.* Vol. III, n°s 5/6, 2006, p. 203-204. Disponível em: https://scielo.pt/scielo.php?script=sci_arttext&pid=S1645-99112006000100010. Acesso em: 31 jul. 2024.

[29] BRESSER-PEREIRA, Luiz Carlos. Uma nova gestão para um novo Estado: liberal, social e republicano. *Revista do Serviço Público.* Ano 52, n. 1, jan.-mar.2001, p. 21. Disponível em: https://revista.enap.gov.br/index.php/RSP/article/view/298. Acesso em: 30 jul. 2024.

Enquanto a administração pública burocrática emergiu no século XIX sob os regimes liberal-autoritários, em que garantir as regras da lei e a separação entre os patrimônios público e privado representou os dois desafios principais, a administração pública gerencial cresce em países democráticos, onde as regras da lei são bem estabelecidas e nas quais o desafio é fazer a administração mais eficiente e mais *accountable* à sociedade. As mudanças principais estão nos mecanismos de *accountabilitu*. Enquanto a administração pública burocrática foi controlada por procedimentos, auditorias e revisão parlamentar estritos nas formas da administração pública gerencial – de fazer gerentes mais capazes de tomar decisões e mais *accountable* – ganha força o controle dos impactos, do gerenciamento da competição e do controle social.[30]

Na ótica jurídica, a crise do Estado de Bem-Estar (sequer plenamente implementado no Brasil), a limitação da legitimidade liberal ancorada unicamente na lei devido à crescente autonomia da administração pública sobre temas cada vez mais complexos e imprevisíveis *ex ante* pelo legislador e os reclamos de eficiência na prestação dos serviços públicos conduziram a inúmeras preocupações sobre a possível insuficiência das formas do Direito como meios aptos a contemplar as exigências postas pela realidade. É por isso que Habermas,[31] ao atentar que nas atividades do Estado Social, e do Estado prevencionista dos riscos a serem gerenciados, a administração passa a adotar um meio cognitivo diverso de ação baseado em fontes diversas, como o dinheiro, realizações estruturais e conhecimento de especialistas, obtempera que as circunstâncias indicam "muito mais a *insuficiente institucionalização de princípios do Estado de direito* do que uma sobrecarga da atividade do Estado, tornada mais complexa através desses princípios".[32]

Há, nessa perspectiva, não a mera capitulação do Direito perante o poder real e o reconhecimento do fracasso do Estado de Bem-Estar, e sim novos horizontes para a discussão sobre a legitimação do exercício do poder, de maneira que a apontada crise de eficiência "não implica uma incompatibilidade entre Estado Eficiente e Estado Social",[33] sem ignorar o fato de que a eficiência da administração pública é um ponto

---

[30] BRESSER PEREIRA, Luiz Carlos. Reforma da gestão pública: agora na agenda da América Latina, no entanto... *Revista do Serviço Público*. Ano 53, n. 1, jan.-mar. 2002, p. 7. Disponível em: https://revista.enap.gov.br/index.php/RSP/article/view/278. Acesso em: 30 jul. 2024.

[31] HABERMAS, Jüergen. *Direito e democracia*: entre facticidade e validade, volume II. Trad. de Flávio Beno Siebenecheiner. Rio de Janeiro: Tempo Brasileiro, 1997, p. 179.

[32] HABERMAS, Jüergen. *Direito e democracia*: entre facticidade e validade, volume II. Trad. de Flávio Beno Siebenecheiner. Rio de Janeiro: Tempo Brasileiro, 1997, p. 180.

[33] GABARDO, Emerson. *Eficiência e legitimidade do Estado*. Barueri: Manole, 2003, p. 162.

central para o direito administrativo, tendo em conta a função estatal de prestação de direitos aos cidadãos.[34] Abre-se, assim, o que Moreira Neto[35] aventa como novo referencial a ser explorado, passando do controle da vontade do administrador público para o controle do resultado.

A competência do controle externo para fiscalizar a administração pública em seus aspectos relacionados à dimensão operacional da gestão pública, dividindo-se a auditoria operacional em duas modalidades, de desempenho operacional e de avaliação de programas,[36] encaixa-se bem na moldura do Estado prestador de serviços eficientes. Afinal, o formato tradicional de controle judicial da administração pública, orientado pela processualística adversarial e delimitado pelo objeto da lide, muitas vezes limitado pelo caso e sem meios para açambarcar outros fatos possivelmente relevantes para o deslinde das questões, pode ser insuficiente para viabilizar soluções estruturais de gestão.

A auditoria operacional, orientada para a melhoria de desempenho e para a maximização da aplicação dos recursos públicos, alinha-se à visão do Estado eficiente e, ao mesmo tempo, protetor dos direitos fundamentais. Para mais disso, potencializa a democratização da administração pública. Por sua maior flexibilidade e o componente dialógico com o gestor e a sociedade civil, sendo que a opinião daquele se destina a aprimorar a qualidade e a eficácia das decisões, sem que represente exercício de direito de defesa,[37] tem revelada pela literatura internacional sua faceta "dialógica/educativa/informativa",[38] primando pela lógica cooperativa e colaborativa.[39] Nisso pode estar o seu grande potencial para servir como ferramenta de interação entre controle externo, administração pública, especialistas e sociedade civil, tendente a viabilizar alternativas para a boa gestão.

A auditoria operacional possui potencial para auxiliar na boa condução do governo, todavia, há desafios não desdenháveis. Para Cunha, na "avaliação de programas, estão incorporadas, possivelmente,

---

[34] BAPTISTA, Patrícia. *Transformações do direito administrativo*. Rio de Janeiro: Renovar, 2003, p. 22.
[35] MOREIRA NETO, Diogo de Figueiredo. *O direito administrativo no século XXI*. Belo Horizonte: Fórum, 2018, p. 231.
[36] LIMA Luiz Henrique. *Controle externo:* teoria e jurisprudência para os tribunais de contas. 10. ed. Rio de Janeiro: Forense, 2023, p. 35.
[37] BRASIL. *Manual de Auditoria Operacional*. 4. ed. Brasília, DF, 2020, p. 141. Disponível em: https://portal.tcu.gov.br/data/files/F2/73/02/68/7335671023455957E18818A8/Manual_auditoria_operacional_4_edicao.pdf. Acesso em: 30 jul. 2020.
[38] BATALHA, Luciano Morandi. BATALHA, Luciano Morandi. *O Tribunal de Contas operacional*: contexto, conceito e conteúdo. Belo Horizonte: Fórum, 2024, p. 86.
[39] WILLEMMAN, Marianna Montebello. *Accountability democrática e o desenho institucional dos Tribunais de Contas no Brasil*. 2. ed. Belo Horizonte: Fórum, 2020, p. 282.

as maiores dificuldades em todo o universo da auditoria operacional, uma vez que não envolve somente aspectos internos ou instrumentais, a exemplo dos recursos aplicados ou da produção mensurada, mas os efeitos que a ação do órgão auditado causou no seu ambiente externo".[40]

A complexidade da avaliação pressupõe a existência de corpo técnico especializado em condições de realizar a análise com a profundidade e precisão que se requer, e nesse ponto os Tribunais de Contas enfrentam as dificuldades inerentes ao processo de crescente ampliação do universo de ação do Estado. Em geral, os órgãos administrativos responsáveis pelos programas de governo são criados para atender áreas específicas. Para auditar sua *performance* é curial que o próprio Tribunal de Contas possua nível de conhecimento específico apropriado para tanto, o que nem sempre é possível, dada a limitação de recursos humanos e o grande leque de áreas sujeitas ao controle. Em suma, limitações na capacidade institucional do controle externo podem conter o potencial das auditorias de *performance*.

Outro ponto de atenção é o tempo do controle. O primeiro desafio, das restrições quanto à capacidade institucional, levará ao maior tempo de planejamento e aprendizado, porque os auditores terão de conhecer melhor o objeto da auditoria. Isso gera o risco de descompasso com o tempo da execução da política pública, dinâmico por natureza. Somados o tempo do planejamento, da execução, da resposta do gestor, da nova análise, da decisão, da apresentação, aprovação e execução do plano de ação, a fiscalização pode delongar-se demasiadamente, até mesmo com o risco de desatualização da auditoria.

Em suma, a auditoria operacional é de grande valia. No entanto, é fundamental que faça parte de um planejamento bem definido da instituição. Recomendável seja integrada a planos de fiscalização de médio e longo prazo, até mesmo para que a política pública seja acompanhada em série histórica. Para tanto, pertinente que bases de dados sejam bem utilizadas pelo órgão de controle ao longo do tempo, principalmente para que o olhar sobre uma política seja um filme, e não um retrato de determinado momento.

Tomados os devidos cuidados, a auditoria operacional qualifica a atividade do controle em matérias complexas e sensíveis, a exemplo de problemas multifatoriais relacionados a mais de um poder do Estado, como o que será descrito no tópico a seguir.

---

[40] CUNHA, Milene Dias da. A *accountability* como sustentáculo da democracia e sua relação com os órgãos de controle externo tendo a legitimidade do gasto público como parâmetro de controle. *Revista Técnica dos Tribunais de Contas*. Belo Horizonte, ano 3, n.1, dez. 2016, p. 201.

3 A auditoria operacional da judicialização da saúde em Santa Catarina

Preceitua o art. 196 da CRFB que "A saúde é direito de todos e dever do Estado, garantido mediante políticas sociais e econômicas que visem à redução do risco de doença e de outros agravos e ao acesso universal e igualitário às ações e serviços para sua promoção, proteção e recuperação".[41] O direito à saúde é objeto de intensos debates de longa data, em especial no que tange à existência de direito subjetivo titularizado individualmente, tendo ofertado a jurisprudência resposta positiva. Por exemplo, o julgado abaixo:

> Consolidou-se a jurisprudência desta Corte no sentido de que, embora o art. 196 da Constituição de 1988 traga norma de caráter programático, o Município não pode furtar-se do dever de propiciar os meios necessários ao gozo do direito à saúde por todos os cidadãos. Se uma pessoa necessita, para garantir o seu direito à saúde, de tratamento médico adequado, é dever solidário da União, do Estado e do Município providenciá-lo.[42]

A abordagem da questão sob a lente do direito individual mereceu reservas, por não privilegiar a dicção constitucional de que a saúde é assegurada mediante políticas públicas. Por esse entendimento, "[a]prisiona-se o interesse social e concede-se realce ao direito individual".[43] Farias[44] reconhece a saúde como um direito subjetivo, contudo, afirma que "uma determinada política social não pode ser objeto de qualquer avaliação, dissociada de sua relação com o tempo e com os aspectos financeiros",[45] a sinalizar para a delimitação da esfera de proteção do direito preocupada com aspectos estruturais.

O que importa para o tema do artigo é o potencial da auditoria operacional de oferecer alternativas para o equacionamento do problema

---

[41] BRASIL. *Constituição da República Federativa do Brasil*. Brasília, 1988. Disponível em: https://www.planalto.gov.br/ccivil_03/constituicao/constituicao.htm. Acesso em: 27 jul. 2024.

[42] BRASIL. Supremo Tribunal Federal. *Agravo Regimental no Agravo de Instrumento n° 550.530*. Segunda Turma. Relator Ministro Joaquim Barbosa. Brasília, DF. Julgado em 26.06.2012. DJE de 16.08.2012. Disponível em: https://jurisprudencia.stf.jus.br/pages/search?classeNumeroIncidente=%22AI%20550530%22&base=acordaos&sinonimo=true&plural=true&pagina=1&pageSize=10&sort=_score&sortBy=desc&isAdvanced=true. Acesso em: 31 jul. 2024.

[43] NUNES, António José Avelãs; SCAFF, Fernando Facury. *Os tribunais e o direito à saúde*. Porto Alegre: Livraria do Advogado Editora, 2011, p. 109.

[44] FARIAS, Luciano Chaves de. *Mínimo existencial*: um parâmetro para o controle judicial das políticas sociais de saúde. Belo Horizonte: Fórum, 2015, p. 48.

[45] FARIAS, Luciano Chaves de. *Mínimo existencial*: um parâmetro para o controle judicial das políticas sociais de saúde. Belo Horizonte: Fórum, 2015, p. 57.

público causado pelo reconhecimento do direito subjetivo à saúde, cujos aspectos são variados e de difícil solução. A fiscalização operacional é capaz de obter dados inalcançáveis em processos individuais e propor soluções de maior abrangência, não comportadas nos limites da discussão judicial delimitada pela lide particularizada. Ilustra essa possibilidade a auditoria operacional efetuada pelo Tribunal de Contas de Santa Catarina sobre a judicialização da saúde e os seus impactos na gestão estadual.

O processo @RLA 18/00189572[46] teve como Relator o Conselheiro Substituto Cleber Muniz Gavi. O objetivo geral da auditoria foi sintetizado em 3 questões: a) como se dá o controle das demandas judiciais cujo objeto é o fornecimento de medicamentos, nas etapas de recebimento, acompanhamento e encaminhamento; b) a forma de controle das ações judiciais referentes aos medicamentos nas etapas de estoque, distribuição e dispensação pela Secretaria de Estado da Saúde; b) qual o apoio técnico-científico oferecido aos juízes e quais as medidas adotadas pelo Poder Executivo e pelo Poder Judiciário para facilitar a resolução administrativa dos conflitos. A auditoria foi incluída na programação da fiscalização do Tribunal de Contas para os anos de 2017-2018 e levantou dados sobre a judicialização da saúde desde 2010, com distintos recortes.

Em seu voto, o Relator principiou a fundamentação com ampla análise da política de saúde. Realçou que "Os dados sobre a judicialização da saúde no Brasil atingiram um escalada exponencial, tornando o Poder Judiciário um verdadeiro gestor na alocação de recursos escassos do SUS, porém, de uma forma muitas vezes injusta com a coletividade e ineficiente com o próprio sistema de saúde",[47] e citou decisões do Supremo Tribunal Federal que procuraram dar respostas ao problema da judicialização.[48]

---

[46] BRASIL. Tribunal de Contas de Santa Catarina. Auditoria Operacional. *Processo n° @ RLA 18/00189572*. Tribunal Pleno. Relator Conselheiro Substituto Cleber Muniz Gavi. Florianópolis, SC. Julgado em: 07 jul.2020. Publicado no Diário Oficial Eletrônico (DOTC-e) de 17.11.2020.

[47] BRASIL. Tribunal de Contas de Santa Catarina. Auditoria Operacional. *Processo n° @ RLA 18/00189572*. Tribunal Pleno. Relator Conselheiro Substituto Cleber Muniz Gavi. Florianópolis, SC. Julgado em: 07 jul.2020. Publicado no Diário Oficial Eletrônico (DOTC-e) de 17.11.2020. p.2140.

[48] BRASIL. Tribunal de Contas de Santa Catarina. Auditoria Operacional. *Processo n° @ RLA 18/00189572*. Tribunal Pleno. Relator Conselheiro Substituto Cleber Muniz Gavi. Florianópolis, SC. Julgado em: 07 jul.2020. Publicado no Diário Oficial Eletrônico (DOTC-e) de 17.11.2020, p. 2142 - 2143.

O Relator mencionou que parte dos problemas advém da má gestão de recursos públicos e falhas no fornecimento de prestações na área da saúde, aspecto sobre o qual incidiu a auditoria, "que buscou mapear a situação da judicialização da saúde em Santa Catarina a partir da unidade gestora SES e propor soluções que a minimizem".[49] O Conselheiro Substituto Cleber Muniz Gavi assim sumariou os achados da auditoria:

> No âmbito do Sistema de Saúde, especialmente da SES [Secretaria de Estado da Saúde], merecem ser destacadas as seguintes situações encontradas pelos auditores: deficiências na utilização de indicadores para avaliação e monitoramento das demandas judiciais de medicamentos; ausência de rotina de cruzamento de dados como mecanismos de prevenção e detecção de fraudes ou riscos de conflitos de interesse relacionados à judicialização; deficiências e falhas de sincronização nos sistemas de informação utilizados pela SES para acompanhamento das ações judiciais; impossibilidade de extração de relatórios completos nos sistemas informatizados; deficiências relacionadas aos registros de pacientes falecidos nos sistemas do órgão; falhas na comprovação da entrega de medicamentos pelo Estado; fragilidades no controle e na execução de ressarcimento de valores devidos ao Estado pela União.[50]

E prosseguiu o Relator:

> Além disso, destacam-se a ausência de controle efetivo sobre a fiscalização da prestação de contas dos valores sequestrados por meio de ordens judiciais; deficiências no controle e gerenciamento do estoque de medicamentos judiciais, com descontinuidade no abastecimento de determinados itens de saúde, impossibilitando o atendimento das demandas judiciais; expressivo volume (e valor financeiro) de devoluções de itens de saúde judiciais das Regionais em Municípios; fragilidades no controle da dispensação de itens de saúde adquiridos pelo Estado para atender às demandas judiciais; insuficiente estrutura do NAT-JUS/SC para apoio técnico a todas as comarcas do Estado; ausência de sistema informatizado que permita o registro, o controle e a avaliação de todas as demandas e da produção do NAT-JUS/SC; atendimento intempestivo

---

[49] BRASIL. Tribunal de Contas de Santa Catarina. Auditoria Operacional. *Processo n° @ RLA 18/00189572*. Tribunal Pleno. Relator Conselheiro Substituto Cleber Muniz Gavi. Florianópolis, SC. Julgado em: 07 jul.2020. Publicado no Diário Oficial Eletrônico (DOTC-e) de 17.11.2020, p. 2143.

[50] BRASIL. Tribunal de Contas de Santa Catarina. Auditoria Operacional. *Processo n° @ RLA 18/00189572*. Tribunal Pleno. Relator Conselheiro Substituto Cleber Muniz Gavi. Florianópolis, SC. Julgado em: 07 jul.2020. Publicado no Diário Oficial Eletrônico (DOTC-e) de 17.11.2020, p. 2143 – 2144.

às solicitações do TJSC e insuficiência de mecanismos para a resolução administrativa de conflitos.[51]

O Conselheiro Substituto Cleber Muniz Gavi chamou a atenção para o problema do descumprimento de contrato de prestação de serviços firmado entre a Secretaria de Estado de Saúde e empresa contratada para a prestação de serviços especializados de gestão e operação logística do fluxo de medicamentos e licença de uso de sistema de gestão de logística hospitalar, incluindo módulo de farmácia judicial, e aludiu que grande parte dos problemas encontrados possivelmente teria sido solucionada com a implantação do sistema.[52]

A auditoria operacional sobre a judicialização da saúde explorou com acuidade as virtudes da fiscalização dessa natureza, sem esbarrar nas prováveis dificuldades passíveis de surgimento na hipótese de má definição das questões de auditoria. Afinal, são essas que orientarão o trabalho dos auditores, e incorreções nos questionamentos são capazes de comprometer a qualidade do resultado.

As questões de auditoria apontaram para particularidades afeitas à *expertise* consolidada dos Tribunais de Contas, facilitando avaliações de maior profundidade. Abordaram o controle das demandas judiciais relativas a medicamentos, os custos decorrentes e possíveis distorções, e fluxo de processamento administrativo, abrangendo desde o recebimento da decisão judicial até o controle de estoque, além do apoio técnico fornecido pela Secretaria de Estado da Saúde ao Poder Judiciário para a avaliação dos pleitos judiciais e as medidas adotadas para a resolução administrativa de conflitos.[53] O controle deu-se sobre pontos da gestão que, não obstante as particularidades da judicialização, são inarredáveis e habituais na administração pública, porque tratam de fluxo de requisições, compras para o atendimento, entrega ao beneficiário, registro e controle de todo o processo.

---

[51] BRASIL. Tribunal de Contas de Santa Catarina. Auditoria Operacional. *Processo n° @ RLA 18/00189572*. Tribunal Pleno. Relator Conselheiro Substituto Cleber Muniz Gavi. Florianópolis, SC. Julgado em: 07 jul.2020. Publicado no Diário Oficial Eletrônico (DOTC-e) de 17.11.2020, p. 2144.

[52] BRASIL. Tribunal de Contas de Santa Catarina. Auditoria Operacional. *Processo n° @ RLA 18/00189572*. Tribunal Pleno. Relator Conselheiro Substituto Cleber Muniz Gavi. Florianópolis, SC. Julgado em: 07 jul.2020. Publicado no Diário Oficial Eletrônico (DOTC-e) de 17.11.2020. p. 2144.

[53] BRASIL. Tribunal de Contas de Santa Catarina. Auditoria Operacional. *Processo n° @ RLA 18/00189572*. Tribunal Pleno. Relator Conselheiro Substituto Cleber Muniz Gavi. Florianópolis, SC. Julgado em: 07 jul.2020. Publicado no Diário Oficial Eletrônico (DOTC-e) de 17.11.2020, p. 2146.

Foram excluídas questões mais amplas, como a própria discussão das causas da judicialização e possíveis incompreensões do direito à saúde na sua relação com a política pública, entre outras particularidades. Ainda que sejam indagações merecedoras de resposta, a abertura das questões aumentaria o tempo de planejamento e os riscos de respostas incorretas ou superficiais, prejudicando a análise de circunstâncias básicas e essenciais em igual medidas. Investigações abrangentes sobre as causas da judicialização merecem trabalhos específicos, e para uma primeira fiscalização sobre a judicialização da saúde a melhor opção era enxergar como os trâmites administrativos estavam ocorrendo. Identificar os fluxos e ajustá-los no que não estivessem a contento, e insistir na implantação e melhoria de sistemas, providência essencial para a obtenção de dados estruturados e confiáveis, era o passo inicial para avançar sobre pontos expressamente excluídos na auditoria, tais como o fornecimento de procedimentos médicos, órteses e próteses.[54] Na decisão plenária, por proposição do Conselheiro Luiz Eduardo Cherem acolhida pelo Relator, o tema foi incluído como recomendação para futura auditoria.

Percebe-se que a auditoria teve questões menos abrangentes do que aquelas propostas em auditoria operacional do Tribunal de Contas da União concernente ao mesmo tema, que procurou identificar o perfil das demandas judiciais, o impacto financeiro para a União, Distrito Federal, Estados e Municípios selecionados, as medidas adotadas para aprimorar a atuação do Poder Judiciário, e as ações do Ministério da Saúde e dos órgãos do Distrito Federal, Estados e Municípios para mitigar os efeitos negativos da judicialização da saúde.[55] Não há como concluir pela melhor delimitação das questões de uma outra auditoria, sendo impossível a comparação. O que deve ser enfatizado é que a formulação das questões supõe o reconhecimento dos objetivos institucionais de médio e longo prazo da fiscalização, assim como da capacidade institucional, entendida essa como a disponibilidade de

---

[54] BRASIL. Tribunal de Contas de Santa Catarina. Auditoria Operacional. *Processo n° @ RLA 18/00189572*. Tribunal Pleno. Relator Conselheiro Substituto Cleber Muniz Gavi. Florianópolis, SC. Julgado em: 07 jul.2020. Publicado no Diário Oficial Eletrônico (DOTC-e) de 17.11.2020, p. 2147.

[55] BRASIL. Tribunal de Contas da União. *Relatório de Auditoria Processo n° 009.253/2015-7*. Acórdão n° 1787/2017. Plenário. Relator Ministro Bruno Dantas. Sessão de 16.08.2017. Disponível em: https://pesquisa.apps.tcu.gov.br/documento/acordao-completo/*/NUM ACORDAO:1787%20ANOACORDAO:2017%20COLEGIADO:'Plen%C3%A1rio'/DT RELEVANCIA%20desc,%20NUMACORDAOINT%20desc/0. Acesso em: 30 jul. 2024.

tempo, pessoas e conhecimento especializado para enfrentar o tema e as questões postas. Cada Tribunal examinará suas particularidades, seus objetivos e prioridades e definirá o foco da sua auditoria. Determinante é que esse juízo seja consciente e baseado em estratégias de controle orientadas para a garantia de continuidade do controle no tempo, com aprendizado institucional crescente.

Sobre os achados da auditoria operacional do Tribunal de Contas de Santa Catarina, o voto do Relator analisou em detalhes inúmeras situações que revelaram a fragilidade dos sistemas de informações, inexistindo "rotina de cruzamento de dados nos trabalhos da Secretaria com a finalidade de identificar redes de relacionamentos entre médicos, advogados e pacientes, por exemplo, assim como situações outras que possam representar riscos de conflitos de interesses e incentivos à judicialização" e possibilidade de dispensação de medicamentos a pacientes falecidos e fragilidades em cadastros,[56] problemas do acompanhamento dos medicamentos devolvidos,[57] além de divergências no controle de valores de ressarcimento devidos pela União,[58] e falta de normas e procedimentos para a fiscalização da prestação de contas de valores sequestrados da administração pública por ordem judicial.[59] O Relator descreveu impropriedades preocupantes, ilustrativas de deficiências sérias no controle da aplicação de recursos públicos em uma amostra de valores liberados a pacientes, alcançando R$884.000,00 (oitocentos e oitenta e quatro mil reais) em um único caso.

Particularidade que chamou a atenção na auditoria foi a dificuldade de obter a percepção dos médicos sobre a dificuldade na nomeação de peritos para atender às demandas dos juízes que atuam

---

[56] BRASIL. Tribunal de Contas de Santa Catarina. Auditoria Operacional. *Processo n° @ RLA 18/00189572*. Tribunal Pleno. Relator Conselheiro Substituto Cleber Muniz Gavi. Florianópolis, SC. Julgado em: 07 jul.2020. Publicado no Diário Oficial Eletrônico (DOTC-e) de 17.11.2020, p. 2155 – 2161.

[57] BRASIL. Tribunal de Contas de Santa Catarina. Auditoria Operacional. *Processo n° @ RLA 18/00189572*. Tribunal Pleno. Relator Conselheiro Substituto Cleber Muniz Gavi. Florianópolis, SC. Julgado em: 07 jul. 2020. Publicado no Diário Oficial Eletrônico (DOTC-e) de 17.11.2020, p. 2187.

[58] BRASIL. Tribunal de Contas de Santa Catarina. Auditoria Operacional. *Processo n° @ RLA 18/00189572*. Tribunal Pleno. Relator Conselheiro Substituto Cleber Muniz Gavi. Florianópolis, SC. Julgado em: 07 jul. 2020. Publicado no Diário Oficial Eletrônico (DOTC-e) de 17.11.2020, p. 2165.

[59] BRASIL. Tribunal de Contas de Santa Catarina. Auditoria Operacional. *Processo n° @ RLA 18/00189572*. Tribunal Pleno. Relator Conselheiro Substituto Cleber Muniz Gavi. Florianópolis, SC. Julgado em: 07 jul. 2020. Publicado no Diário Oficial Eletrônico (DOTC-e) de 17.11.2020, p. 2157 – 2172.

na área da saúde. Conforme o voto do Relator, Conselheiro Substituto Cleber Muniz Gavi:

> Para verificar a percepção dos profissionais médicos sobre a judicialização da saúde, em especial daqueles que atuam como peritos nas ações judiciais, os auditores solicitaram informações à Associação Catarinense de Médicos, ao Conselho Regional de Medicina e ao Sindicato dos Médicos do Estado de Santa Catarina. A Associação Catarinense de Médicos e o Conselho Regional de Medicina não responderam aos ofícios (fls. 80-81) e não se manifestaram quanto à nomeação de peritos para as demandas sobre medicamentos. O Sindicato dos Médicos de Santa Catarina, por sua vez, respondeu ao ofício (fl.82), mas se absteve de opinar sobre a situação dos peritos. Logo, não foi possível verificar a visão das categorias médicas sobre o problema (fl. 2073).[60]

O fato descortina elemento sensível para o sucesso das auditorias operacionais. Por se tratar de ações de fiscalização de cunho dialógico, a coleta das percepções do gestor, da sociedade civil e de todos os atores relevantes é condição para o resultado almejado. Os achados da auditoria são problemas identificados na gestão pública que reclamarão medidas corretivas, e, se os interessados não externarem suas opiniões, o risco da emissão pelo Tribunal de Contas de recomendações ou determinações fundadas em análises parciais aumenta.

Ao final, o Plenário do Tribunal de Contas de Santa Catarina aprovou a emissão de quatorze determinações à Secretaria de Estado da Saúde e uma recomendação ao Tribunal de Justiça de Santa Catarina. Atualmente, as determinações e recomendações são objeto do processo nº @PMO 23/00534244, para a verificação das providências adotadas pelos gestores.

Um dos resultados da auditoria de maior proeminência foi o avanço na articulação interinstitucional, outra fragilidade registrada pelos auditores no relatório de auditoria. Poder Judiciário, Tribunal de Contas, Assembleia Legislativa e Ministério Público instituíram grupo de trabalho para propor ao Poder Executivo Estadual soluções para problemas relacionados à judicialização da saúde.[61] Posteriormente,

---

[60] BRASIL. Tribunal de Contas de Santa Catarina. Auditoria Operacional. Processo nº @RLA 18/00189572. Tribunal Pleno. Relator Conselheiro Substituto Cleber Muniz Gavi. Florianópolis, SC. Julgado em: 07 jul.2020. Publicado no Diário Oficial Eletrônico (DOTC-e) de 17.11.2020, p. 2207.

[61] PJSC, TCE/SC, Alesc e MPSC buscam soluções conjuntas para a "judicialização da saúde". Florianópolis, 19 ago. 2020. Disponível em: https://www.tjsc.jus.br/web/imprensa/-/tce-sc-alesc-tjsc-e-mpsc-buscam-solucoes-conjuntas-para-a-judicializacao-da-saude-. Acesso em:

o Poder Executivo assinou protocolo de intenções com o Tribunal de Justiça e o Tribunal de Contas, para estudos sobre o assunto e busca de soluções.[62]

Portanto, a auditoria operacional sobre a judicialização da saúde e seus reflexos na gestão estadual de Santa Catarina, além de descrever falhas de procedimentos de gestão e consolidar vários dados fundamentais para o entendimento do problema, abriu alternativas para o diálogo institucional e demonstrou como fiscalizações dessa espécie permitem o enfrentamento de dificuldades estruturais de elevada complexidade, mediante um procedimento flexível e dinâmico, capaz de transpor os limites da formalidade processual.

4 Considerações finais

A competência para a fiscalização operacional da administração pública atribuída ao controle externo abre possibilidades para a ampliação das abordagens nos trabalhos de auditoria e permite a superação de visões unicamente formais da atividade controladora. Entretanto, para o exercício pleno e eficaz da competência, a clareza sobre os objetivos da fiscalização perseguidos pela instituição de controle, o conhecimento de sua capacidade institucional e boas estratégias de comunicação com os atores envolvidos são pontos de atenção salutares.

Independente do tema da auditoria e das questões identificadas, a correta compreensão dessa ferramenta para a fiscalização operacional e seu significado não apenas para o controle, como para a administração pública do Estado de Direito, permitem que os Tribunais de Contas tenham plenas condições de fornecer leituras da realidade governamental e propor soluções. Mais do que apontar problemas, indicar alternativas reforça a autoridade do órgão controlador e sua credibilidade perante os órgãos e agentes interessados. Por isso, o envolvimento do Tribunal de Contas de Santa Catarina na rede instituída para definir medidas de enfrentamento do problema público sem, obviamente, substituir o administrador, robustece o papel da auditoria operacional e o seu significado para a concretização dos direitos fundamentais e para a boa

---

31 jul. 2024.

[62] GOVERNO do Estado e Poder Judiciário assinam protocolo para diminuir judicialização da saúde. Florianópolis, 27 out. 2023. Disponível em: https://www.saude.sc.gov.br/index.php/noticias-geral/todas-as-noticias/1673-noticias-2023/14493-governo-do-estado-e-poder-judiciario-assinam-protocolo-para-diminuir-judicializacao-da-saude. Acesso em: 31 jul. 2024.

gestão pública. Em outro vértice, facilita a identificação de distorções geradas por práticas que, conquanto supostamente alicerçadas no discurso dos direitos, levem ao menoscabo das diretrizes das políticas públicas e, como efeito adverso, ao sacrifício injustificado dos direitos dos demais cidadãos e até mesmo a práticas atentatórias aos princípios da administração pública.

Passada a fase inicial de louvor à competência para a fiscalização operacional, exige-se a reflexão sobre os trabalhos de auditoria, suas virtudes, possibilidades de melhoria e dificuldades para alcançar máxima efetividade. Juízos críticos sobre a auditoria operacional robustecerão o instrumento e a própria missão institucional dos Tribunais de Contas. Fortalecerão a especialidade dos auditores e dos órgãos julgadores nas políticas públicas analisadas e evitarão o risco de limitação do resultado de auditorias supostamente de desempenho que, em verdade, apresentam achados formais ou de regularidade, sem discutir medidas de gestão.

A auditoria sobre a judicialização da saúde em Santa Catarina forneceu subsídios para a discussão que o texto trouxe à baila, com decisões sobre os rumos do controle e resultados que bem demonstram o caminho a ser seguido para o robustecimento da fiscalização operacional.

Referências

ASSIS, Machado de. *Pai contra mãe.* Texto-base digitalizado por NUPILL – Núcleo de Pesquisas em Informática, Literatura e Linguística Universidade Federal de Santa Catarina. Disponível em: http://www.dominiopublico.gov.br/download/texto/bv000245.pdf. Acesso em: 19 jul. 2024.

BAPTISTA, Patrícia. *Transformações do direito administrativo.* Rio de Janeiro: Renovar, 2003.

BATALHA, Luciano Morandi. *O Tribunal de Contas operacional:* contexto, conceito e conteúdo. Belo Horizonte: Fórum, 2024.

BRASIL. *Constituição da República Federativa do Brasil.* Brasília, 1988. Disponível em: https://www.planalto.gov.br/ccivil_03/constituicao/constituicao.htm. Acesso em: 27 jul. 2024.

BRASIL. Supremo Tribunal Federal. *Agravo Regimental no Agravo de Instrumento n° 550.530.* Segunda Turma. Relator Ministro Joaquim Barbosa. Julgado em 26.06.2012. DJE de 16.08.2012. Disponível em: https://jurisprudencia.stf.jus.br/pages/search?classeNumeroIncidente=%22AI%20550530%22&base=acordaos&sinonimo=true&plural=true&page=1&pageSize=10&sort=_score&sortBy=desc&isAdvanced=true. Acesso em: 31 jul. 2024.

BRASIL. Tribunal de Contas da União. *Relatório de Auditoria Processo n° 009.253/2015-7.* Acórdão n° 1787/2017. Plenário. Relator Ministro Bruno Dantas. Sessão de 16.08.2017. Disponível em: https://pesquisa.apps.tcu.gov.br/documento/acordao-completo/*/

NUMACORDAO:1787%20ANOACORDAO:2017%20COLEGIADO:'Plen%C3%A1rio'/DTRELEVANCIA%20desc,%20NUMACORDAOINT%20desc/0. Acesso em: 30 jul. 2024.

BRASIL. *Manual de Auditoria Operacional*. 4. ed. Brasília, DF, 2020. Disponível em: https://portal.tcu.gov.br/data/files/F2/73/02/68/7335671023455957E18818A8/Manual_auditoria_operacional_4_edicao.pdf. Acesso em: 30 jul. 2020.

BRASIL. Tribunal de Contas de Santa Catarina. Auditoria Operacional. *Processo n° @ RLA 18/00189572*. Tribunal Pleno. Relator Conselheiro Substituto Cleber Muniz Gavi. Florianópolis, SC. Julgado em: 07 jul.2020. Publicado no Diário Oficial Eletrônico (DOTC-e) de 17.11.2020.

BRESSER-PEREIRA, Luiz Carlos. Uma nova gestão para um novo Estado: liberal, social e republicano. *Revista do Serviço Público*, ano 52, n. 1, jan.-mar.2001. p. 5-24. Disponível em: https://revista.enap.gov.br/index.php/RSP/article/view/298. Acesso em: 30 jul. 2024.

BRESSER-PEREIRA, Luiz Carlos. Reforma da gestão pública: agora na agenda da América Latina, no entanto... *Revista do Serviço Público*, ano 53, n.1, jan.-mar. 2002. p. 5-27. Disponível em: https://revista.enap.gov.br/index.php/RSP/article/view/278. Acesso em: 30 jul. 2024.

BRESSER-PEREIRA, Luiz Carlos. A crise financeira global e depois: um novo capitalismo? *Novos Estudos CEBRAP*, edição 86, vol. 29, n. 1, mar. 2010. p. 51-72. Disponível em: https://doi.org/10.1590/S0101-33002010000100003. Acesso em: 26 jul. 2024.

COSTA, Armindo Fernandes da; PEREIRA, José Manuel; BLANCO, Silvia Ruiz. Auditoria do sector público no contexto da nova gestão pública. *Tékhne – Revista de Estudos Politécnicos*. Vol. III, n. 5/6, 2006, p. 201-225. Disponível em: https://scielo.pt/scielo.php?script=sci_arttext&pid=S1645-99112006000100010. Acesso em: 31 jul. 2024.

CUNHA, Milene Dias. A *accountability* como sustentáculo da democracia e sua relação com os órgãos de controle externo tendo a legitimidade do gasto público como parâmetro de controle. *Revista Técnica dos Tribunais de Contas*. Belo Horizonte, ano 3, n.1, dez. 2016 p. 189-205.

FARIAS, Luciano Chaves de. *Mínimo existencial:* um parâmetro para o controle judicial das políticas sociais de saúde. Belo Horizonte: Fórum, 2015.

FURTADO, Celso. *Transformação e crise na economia mundial*. Rio de Janeiro: Paz e Terra, 2006.

GABARDO, Emerson. *Eficiência e legitimidade do Estado*. Barueri: Manole, 2003.

GENERAL ACCOUNTING OFFICE. *Standards for Audit of Governmental Organizations, Programs, Activities & Functions*, 2023. Disponível em: https://www.gao.gov/assets/yellowbook1972.pdf. Acesso em: 29 jul. 2024.

GODINHO, Heloísa Helena Antonacio M. Godinho. Ideias no lugar: as decisões condenatórias proferidas pelos Tribunais de Contas. *In:* LIMA, Luiz Henrique; SARQUIS, Alexandre Manir Figueiredo (Coord.). *Processos de controle externo:* estudos de ministros e conselheiros substitutos dos Tribunais de Contas. Belo Horizonte: Fórum, 2019. p. 213-235.

GOVERNO do Estado e Poder Judiciário assinam protocolo para diminuir judicialização da saúde. Florianópolis, 27 out. 2023. Disponível em: https://www.saude.sc.gov.br/index.php/noticias-geral/todas-as-noticias/1673-noticias-2023/14493-governo-do-estado-e-poder-judiciario-assinam-protocolo-para-diminuir-judicializacao-da-saude. Acesso em: 31 jul. 2024.

HABERMAS, Jüergen. *Direito e democracia*: entre facticidade e validade. Vol. II. Trad. de Flávio Beno Siebenecheiner. Rio de Janeiro: Tempo Brasileiro, 1997.

INSTITUTO RUI BARBOSA. *Normas Brasileiras de Auditoria do Setor Público* – NBASP 3000. Norma para Auditoria Operacional. 2021. Disponível em: https://nbasp.irbcontas.org.br/wp-content/uploads/2022/11/NBASP-3000-Norma-de-Auditoria-Operacional.pdf. Acesso em: 19 jul. 2024.

INSTITUTO RUI BARBOSA. *Normas Brasileiras de Auditoria do Setor Público* – NBASP 300. Princípios de auditoria operacional. 2021. Disponível em: https://nbasp.irbcontas.org.br/nbasp/principios-de-auditoria-operacional/. Acesso em: 19 jul. 2024.

INTERNATIONAL ORGANIZATION OF SUPREME AUDIT INSTITUTIONS (INTOSAI). *INTOSAI – Members*. Disponível em: https://www.intosai.org/about-us/members.html. Acesso em: 31 jul.2024.

LIMA, Luiz Henrique. *Controle externo*: teoria e jurisprudência para os tribunais de contas. 10. ed. Rio de Janeiro: Forense, 2023.

MOREIRA NETO, Diogo de Figueiredo. *O direito administrativo no século XXI*. Belo Horizonte: Fórum, 2018.

MELLO, Daniel. Controle externo brasileiro e a auditoria operacional com instrumento de atuação fiscalizatória concomitante: construção de um arcabouço teórico acerca da ferramenta auditoria operacional. *In*: LIMA, Edilberto Carlos Pontes (Coord.). *Os Tribunais de Contas e as políticas públicas*. Belo Horizonte: Fórum, 2023 (Coleção Fórum IRB, v. 5), p. 107-161.

NUNES, António José Avelãs; SCAFF, Fernando Facury. *Os tribunais e o direito à saúde*. Porto Alegre: Livraria do Advogado Editora, 2011.

OYEZ. *Brown v. Board of Education of Topeka (2)*. Disponível em: https://www.oyez.org/cases/1940-1955/349us294. Acesso em: 31 jul.2024.

PECI, Alketa; PIERANTI, Octavio Penna; RODRIGUES, Silvia. Governança e New Public Management: convergências e contradições no contexto brasileiro. *Organizações e Sociedade*. Vol. 15, n. 46, p. 39-55. Disponível em: https://doi.org/10.1590/S1984-92302008000300002. Acesso em: 27 jul. 2024.

PJSC, TCE/SC, Alesc e MPSC buscam soluções conjuntas para a "judicialização da saúde". Florianópolis, 19 ago. 2020. Disponível em: https://www.tjsc.jus.br/web/imprensa/-/tce-sc-alesc-tjsc-e-mpsc-buscam-solucoes-conjuntas-para-a-judicializacao-da-saude-. Acesso em: 31 jul. 2024.

SILVA, Marco Aurélio Souza da. *Tribunais de Contas*: teoria e prática da responsabilização de agentes públicos e privados por infração administrativa. Rio de Janeiro: Lumen Juris, 2017.

STREECK, Wolfgang. *Tempo comprador*: a crise adiada do capitalismo democrático. Trad. de Marian Toldy e Teresa Toldy. São Paulo: Boitempo, 2018.

UNITED STATES OF AMERICA. The U.S. National Archives and Records Administration. Milestone Documents. *Biographies of Key Figures in Brown v. Board Of Education*. Disponível em: https://www.archives.gov/education/lessons/brown-v-board/bios.html. Acesso em: 30 jul. 2024.

UNITED STATES OF AMERICA. The U.S. National Archives and Records Administration. Milestone Documents. *Plessy V. Ferguson (1896)*. Disponível em: https://www.archives.gov/milestone-documents/plessy-v-ferguson. Acesso em: 31 jul. 2024.

UNITED STATES OF AMERICA. The U.S. National Archives and Records Administration. Milestone Documents. *Brown v. Board of Education (1954)*. Disponível em: https://www.archives.gov/milestone-documents/brown-v-board-of-education. Acesso em: 31 jul. 2024.

WILLEMAN, Marianna Montebello. Accountability *democrática e o desenho institucional dos Tribunais de Contas no Brasil*. 2. ed. Belo Horizonte: Fórum, 2020.

Informação bibliográfica deste livro, conforme a NBR 6023:2018 da Associação Brasileira de Normas Técnicas (ABNT):

SICCA, Gerson dos Santos. O controle operacional realizado pelos Tribunais de Contas e a auditoria sobre a judicialização da saúde em Santa Catarina: potencialidades e desafios para o enfrentamento de problemas complexos da administração pública contemporânea. *In:* LIMA, Luiz Henrique; CUNDA, Daniela Zago Gonçalves da (coord.). *Controle externo e as mutações do direito público*: inovações jurisprudenciais e aprimoramento da gestão pública – Estudos de ministros e conselheiros substitutos dos Tribunais de Contas. Belo Horizonte: Fórum, 2025. p. 67-89. ISBN 978-65-5518-949-0.

CONCRETISMO DAS POLÍTICAS PÚBLICAS DE RESÍDUOS SÓLIDOS E O PAPEL INDUTOR DOS TRIBUNAIS DE CONTAS PARA UMA MAIOR SUSTENTABILIDADE E EQUIDADE INTRA E INTERGERACIONAL[1]

DANIELA ZAGO GONÇALVES DA CUNDA

LETÍCIA AYRES RAMOS

Augusto de Campos, 1965.

---

[1] Texto em homenagem a todas as vítimas das tragédias ambientais, sobretudo aos atingidos pelas enchentes ocorridas no Estado do Rio Grande do Sul em 2023 e em maio de 2024, com votos de dias melhores! Registros de agradecimentos aos debates com os colegas da Comissão Permanente de Sustentabilidade do TCE/RS e do Comitê de Meio Ambiente e Sustentabilidade do Instituto Rui Barbosa e da Atricon. Gratidão pela leitura atenta e considerações críticas dos seguintes colegas da rede de controle: Procurador do MPC/AM Ruy Marcelo de Mendonça, das Auditoras de Controle Carina Franceschini e Flávia Burmeister Martins.

Considerações iniciais

Em meados do Século XX, um dos principais poemas representativos do movimento literário denominado *Concretismo* foi escrito por Augusto de Campos, que representou a palavra "lixo" utilizando-se de inúmeras palavras "luxo". Visualizado de longe, vê-se apenas o "lixo"; olhando-se atentamente, percebe-se sua constituição pelas inúmeras palavras "luxo", representadas com fonte pequena. As inúmeras mensagens repassadas pela *Poesia Concreta*, como a do "lixo que há dentro do luxo", ou do "luxo" que poderá ter origem do "lixo", assim como as críticas quanto aos hábitos de consumo já no século anterior, muito têm relação com a necessidade da mais urgente *concretização* das políticas públicas relacionadas aos resíduos sólidos e respectivos monitoramento e fiscalização pelos Tribunais de Contas e Ministério Público de Contas.

Considerando-se as emergências climáticas, agravadas no Século XXI, e a conexão com o tema a ser desenvolvido, sem maiores esforços, depreende-se que não são mais admissíveis omissões ou apenas soluções tradicionais. Tais como as poesias e respectivas métricas avançaram com o passar do tempo, são necessárias políticas públicas de vanguarda e com o colorido da sustentabilidade multidimensional, mediante enfoque nas clássicas dimensões ambiental e social, assim como também pautadas na dimensão ética, na dimensão da governança multinível, na dimensão fiscal e/ou financeira, com ênfase na economia circular e em tantas outras previsões legais que salvaguardam melhores destinações dos resíduos sólidos (*v.g.* compostagens, perspectivas de atuações dos catadores, entre outras). Como será demonstrado no transcorrer da pesquisa, não faltam normativos pátrios e/ou internacionais, todavia há necessidade de uma maior *concretização* (neste texto, em razão do diálogo proposto entre o Direito e a Literatura, denominado de *concretismo*, por abarcar o adjetivo "vanguarda" que lhe é implícito), por todos os entes da federação e monitoramento pelas instituições de controle.

Diante do estado de emergência climática e limites planetários na nova época geológica do Antropoceno, com riscos de atingir-se o "Ponto de não retorno", ou *Tipping point,* considerando-se o pouco tempo disponível para ações corretivas (tal como afirmado no Relatório Nosso Futuro Comum de 1987), discutirem-se temáticas interligadas ao Estado de Direito Democrático, Social e Ecológico é, além de oportuno, extremamente relevante, ainda mais no país que será sede da 30ª Conferência da ONU sobre Mudanças Climáticas (COP 30), a ser realizada em novembro de 2025 em Belém, Pará.

Recentemente, o Ministro do Supremo Tribunal Federal Luiz Edson Fachin, no julgamento da ADPF 708/DF (j. 01.07.2022), afirmou que a "emergência climática é a antessala de todas as outras" e não há como enfrentá-la, ou contorná-la, sem a concretização da Política Nacional de Resíduos Sólidos pelos entes federativos. O presente capítulo aprofunda essas temáticas, detalhando as políticas públicas relacionadas aos resíduos sólidos sob a perspectiva dos direitos e deveres fundamentais e de forma precursora detalhará julgados e outras possibilidades de atuação dos Tribunais de Contas nesse contexto, com proposições de aprimoramento do controle externo como instituição guardiã do *dever fundamental de sustentabilidade* e de uma maior equidade intra e intergeracional.

Tendo-se em mente que as *políticas públicas de resíduos sólidos* são *transterritoriais*, é inegável a necessidade de conexão das instituições e a importância de transformação do controle externo, com ênfase em seu papel pedagógico (*v.g.* mediante diretrizes temáticas do Comitê de Sustentabilidade do IRB/Atricon), migrando-se para *Tribunais de Contas e Ministérios Públicos de Contas Planetários,* com atuações em rede (*v.g.* parceria interinstitucional com a Agência Nacional de Águas, Rede Governança Brasil, Intosai, entre outras), para além dos limites territoriais de outrora, tal como já afirmado em estudos anteriores que serão revisitados.

O objetivo central do presente estudo, portanto, será identificar as possibilidades de *concretismo*[2] das políticas públicas de resíduos sólidos, observados a Constituição da República Federativa do Brasil (CRFB), legislações que regulamentam as políticas públicas de resíduos sólidos, assim como os Objetivos de Desenvolvimento Sustentável, e respectivas metas, da Agenda da ONU para 2030, bem como as possibilidades de atuação dos Tribunais de Contas nesse contexto. Nesse percurso da pesquisa, serão respondidas as seguintes questões intermediárias: O *dever fundamental de sustentabilidade* irradia diretrizes à Administração Pública e também para o setor privado quanto à correta destinação dos resíduos sólidos? Quais os dispositivos constitucionais e infraconstitucionais atinentes aos resíduos sólidos e sua visualização como políticas públicas a propiciar uma maior equidade intra e intergeracional? Pode-se afirmar existir um *direito humano à sustentabilidade e equidade intra e intergeracional* sob a perspectiva dos ODS 06, 11, 12 e 13

---

[2] No sentido de concretização e aliada ao inspirador "concretismo" literário, que denota um olhar atento e inovador.

da Agenda 2030 da ONU e os demais Objetivos de Desenvolvimento Sustentável e metas que lhe são interligados? Qual o papel dos Tribunais de Contas do Brasil nesse contexto? A abordagem resulta em um primeiro diagnóstico sobre boas práticas a serem ampliadas no Brasil e em outros países e *cases jurisprudenciais* e as perspectivas de impacto das decisões das Cortes de Contas, com ênfase na atuação dos Conselheiros e Ministros Substitutos.

Quanto aos fins, a pesquisa realizada será *descritiva*, *explicativa* e *prática*; quanto aos meios, desenvolver-se-á com supedâneo *bibliográfico*, *documental e jurisprudencial*. A investigação seguirá, portanto, a abordagem *qualitativa*.

Ademais, nessas primeiras linhas introdutórias, oportuno o registro de que em tempos que a litigância climática avoluma-se, é demasiado conveniente demonstrar à sociedade que também poderá socorrer-se e aliar-se aos Tribunais de Contas e Ministérios Públicos de Contas, todos como partícipes do *concretismo* das políticas públicas de resíduos sólidos e de uma sustentabilidade mais ampla a serviço dos seres humanos e do meio ambiente onde estão inseridos.

1 O *dever fundamental* de sustentabilidade irradia diretrizes à Administração Pública e também para o setor privado quanto à correta destinação dos resíduos sólidos

Por motivos preocupantes, como as catástrofes ambientais e as emergências climáticas, a necessária proteção ao meio ambiente passou a ser amplamente debatida no meio acadêmico, nas instituições públicas e privadas e na sociedade. Muito se tem abordado a perspectiva de que todos têm *direito ao meio ambiente ecologicamente equilibrado* e mais recentemente também se postula um *direito fundamental à segurança climática*. Por outro lado, pouco se tem tratado do *dever fundamental* para que tais direitos sejam efetivados. Há um inegável dever de tutela do meio ambiente pelos órgãos públicos, assim como pela própria sociedade, que deverão interagir para a obtenção de melhores resultados e no desenvolvimento das várias políticas públicas interligadas ao tema, nas quais estão inseridas a correta destinação dos resíduos sólidos e o consumo sustentável. Há, portanto, uma *responsabilidade compartilhada de tutela ambiental* pelo Estado e pela sociedade, que necessita ter acesso aos dados públicos ambientais[3] e a notícias confiáveis, como forma de também exercer seus deveres ambientais.

Diante dos normativos constitucionais a seguir expostos, considerados conjuntamente com a cláusula de abertura constante no §2º do art. 5º da Constituição da República Federativa do Brasil, não haveria necessidade de previsão constitucional explícita – do direito ao meio ambiente ecologicamente equilibrado –, no *caput* e incisos do art. 5º. Independentemente de estar listado no *núcleo essencial* do rol de direitos fundamentais, que por consequência ensejam deveres fundamentais a concretizá-los, as políticas públicas interligadas aos resíduos sólidos são deveres constitucionais, também detalhadas em várias normas infraconstitucionais. De qualquer forma, prudentemente, há proposta de Emenda Constitucional em tramitação no Legislativo federal – PEC 37/2021[4] – visando a incluir no *caput* do artigo 5º da CRFB o meio ambiente ecologicamente equilibrado e a segurança climática no rol dos direitos fundamentais. Também no artigo 170, propõe-se o acréscimo do inciso X, com o objetivo de "manutenção da segurança climática, com garantia de ações de mitigação e adaptação às mudanças climáticas" como mais um dos princípios da Ordem Econômica e Financeira Nacional. Complementarmente, no §1º do artigo 225 planeja-se estabelecer expressamente a incumbência ao poder público de "adotar ações de mitigação às mudanças climáticas, e adaptação aos seus efeitos adversos", com vistas a assegurar o direito ao meio ambiente ecologicamente equilibrado de que trata o *caput*, temáticas todas interligadas à necessária atenção às políticas públicas referentes aos resíduos sólidos.

Os Tribunais de Contas desempenham papel importante na fiscalização das políticas públicas.[5] Todavia, a gestão pública e o

---

[3] Tema desenvolvido no seguinte estudo mais específico: CUNDA, Daniela Zago G. da; BLIACHERIENE, A. C. Leis de Acesso a Informações para um Estado (T)Ec(n)ológico e Democrático de Direito. *Lei de Acesso a Informações*: estudos em homenagem aos 10 anos da Lei nº 12.527/2011. 1. ed. Porto Alegre: Fundação Fênix (Série Direito), 2022, v. 1, p. 225-245. https://www.fundarfenix.com.br/ebook/187leideacesso Acesso em: 30 ago. 2024.

[4] Disponível em https://www.camara.leg.br/proposicoesWeb/fichadetramitacao?idProposicao=2304959 e também https://www.congressonacional.leg.br/materias/materias-bicamerais/-/ver/pec-37-2021. Acesso em: 30 jun. 2024.

[5] Importante uma visualização das políticas públicas tendo em mente a sustentabilidade e a solidariedade intergeracional, nos termos propostos por: FREITAS, Juarez. *O controle dos atos administrativos*. 5. ed. São Paulo: Ed. Malheiros, 2013, p. 458, nos seguintes termos: "as políticas públicas são concebidas como programas de Estado Constitucional (mais do que de governo), formulados e implementados pela Administração Pública, que intentam, por meio de articulação eficiente e eficaz dos meios estatais e sociais, cumprir os objetivos vinculantes da Carta, em ordem a assegurar, com hierarquizações fundamentadas, a efetividade do complexo de direitos fundamentais das gerações presentes e futuras".

respectivo controle externo, nos termos ora desempenhados, ensejam amplificações, inclusive com preocupações quanto à concretização da solidariedade entre gerações. O princípio da sustentabilidade redefine o papel e as funções do Estado agregando uma missão de curadoria[6] tanto ao Estado (administração e órgãos de controle – *controles interno e externo*), como à sociedade (mediante o *controle social*). Mais recentemente surge uma nova dimensão de solidariedade,[7] em sede específica e inicialmente ambiental – a *solidariedade intergeracional* –, que está interligada e se confunde, de certo modo, com a sustentabilidade (outro postulado do Direito Internacional do Ambiente). De fato, "se a preocupação dos defensores do princípio da solidariedade intergeracional (*intergenerational equity*) é assegurar o aproveitamento racional dos recursos ambientais, de forma a que as gerações futuras também possam deles tirar proveito, então a coincidência entre ambas as noções é grande".[8]

Na Constituição da República Federativa do Brasil, o *princípio da solidariedade* entre gerações está previsto no *caput* do art. 225, em conjunto com o art. 170, VI, que consubstancia *o princípio da sustentabilidade*[9] com

---

[6] BOSSELMANN, Klaus. *O princípio da sustentabilidade:* transformando direito e governança. Tradução de Phillip Gil França. Título original: The principle of sustainability. São Paulo: Editora Revista dos Tribunais, 2015, p. 23.

[7] Sobre a noção de solidariedade sob a ótica do Direito Administrativo e positivação da solidariedade no âmbito do Direito Público: REAL FERRER, Gabriel. La solidariedad em derecho administrativo. *Revista de administración pública (RAP)*, nº 161, mayo-agosto 2003. Disponível no site: https://dialnet.unirioja.es/descarga/.../721284.pdf. Acesso em: 20 maio 2024.

[8] AMADO GOMES, Carla. *Risco e modificação do acto autorizativo concretizador de deveres de protecção do ambiente*. Coimbra: Coimbra Editora, 2007, (versão *Ebook*), p. 155. Informa a Autora que "a noção é importada do Direito Internacional, em cujo âmbito teve a sua primeira aparição, mais concretamente nos princípios 1 e 2 da Declaração de Estocolmo, de 1972", também em vários outros instrumentos de Direito Internacional do Ambiente: "princípio 3º da Declaração do Rio, o art. 3, §1º, da Declaração das Nações Unidas sobre as alterações climáticas, o art. 2º da Convenção das Nações Unidas para a protecção da biodiversidade, o capítulo 8º, pontos 7 e 31, da Agenda 21".

[9] Também previstos em várias outras Cartas Constitucionais, como na Constituição da República de *Portugal*, constando no art. 66º/2/d. O art. 20 da Lei Fundamental da *Alemanha* prevê a proteção ambiental como tarefa ou objetivo estatal de proteção ambiental, de maneira a vincular os Poderes Públicos (sem, contudo, prever uma dimensão subjetiva, ou um direito fundamental ao ambiente). Na *Espanha*, o direito ao ambiente constitui previsto no art. 45 da Constituição de 1978 (junto aos princípios destinados à política social e econômica). Na *França*, há uma específica Carta Constitucional de Meio Ambiente – "*Charte de L'Environnement*", de 2004, com *status* constitucional, mediante o reconhecimento de um *direito fundamental* (e também um direito humano) ao ambiente, assim como consta previsto no art. 7º da Carta Constitucional da *Bélgica*. Na América Latina, dentre outros exemplos, consta no texto constitucional da *Argentina*, o art. 41 que enuncia o *dever fundamental de preservar o ambiente* atribuído às gerações presentes, com destaque ao

várias de suas dimensões interligadas à temática dos resíduos sólidos, com ênfase à *dimensão ecológica, dimensão econômica* (sobretudo sob a perspectiva da economia circular), *dimensão social* (*v.g.* o zelo à inserção dos catadores, destinação correta dos resíduos sólidos disponível para todos), *dimensão fiscal*[10] (com dotações orçamentárias adequadas para o desenvolvimento das políticas públicas necessárias, sem renúncia de receitas quanto ao pagamento por serviços ambientais) e *dimensão ética* (todos assumindo suas responsabilidades com o futuro do Planeta Terra, também no sentido de responsabilidade quanto aos contratos a serem firmados,[11] sem superfaturamentos e com óbices a atuações das "máfias do lixo").

No Brasil,[12] a sustentabilidade, assim como o dever de proteção do ambiente, recebe tratamento de dever constitucional, com possibilidade de visualização como *dever fundamental*[13] e encontra-se prevista já no

---

direito à informação e à educação ambiental. Na Constituição do *Equador* há, inclusive, previsão de "Direitos da Natureza", nos arts. 71 a 74. De maneira idêntica, é a previsão constante nos artigos 33 e 34 da Constituição da *Bolívia*, com a determinação de deveres do Estado e da sociedade para assegurar tais direitos da natureza. Na *África*, também é crescente a previsão constitucional do *direito/dever ao ambiente equilibrado*. Na Constituição Sul-Africana de 1996 consta previsto no catálogo dos direitos fundamentais (Seção 26), como direito fundamental subjetivo do indivíduo e também tarefa constitucional de tutela ao ambiente (dimensão objetiva).

[10] Sobre o controle financeiro da Administração Pública, *vide*: Sobre o princípio do desenvolvimento nacional sustentável nas licitações e contratos, *vide*: DI PIETRO, Maria Sylvia Zanella. *Direito administrativo*. 37. ed., rev., atual. e ampl. Rio de Janeiro: Forense, 2024, p. 832 e ss.

[11] Sobre o princípio do desenvolvimento nacional sustentável nas licitações e contratos, *vide*: DI PIETRO, Maria Sylvia Zanella. *Direito Administrativo*. 37. ed., rev., atual. e ampl. Rio de Janeiro: Forense, 2024, p. 382 e ss.

[12] Em Portugal previsto no art. 66º da Constituição, desde 1976. *vide* considerações e questionamentos quanto à (in)existência de um "direito fundamental ao ambiente", na seguinte obra: AMADO GOMES, Carla. *Risco e modificação do acto autorizativo concretizador de deveres de protecção do ambiente*. Coimbra: Coimbra Editora, 2007, p. 70 e ss. (versão Ebook). A autora refere que a quarta revisão constitucional voltou a mexer nos artigos 9º e 66º de forma de inserir a alínea "d" e como tarefa fundamental do Estado a categoria de "direitos fundamentais". Sustenta que "o artigo 66º passou a incluir uma referência à ambígua fórmula do "desenvolvimento sustentável" e no "nº 2; estabeleceu a relação entre aproveitamento racional dos recursos naturais e solidariedade intergeracional", de maneira a reforçar a "horizontalidade da política ambiental". A Constituição da República Federativa do Brasil também seguiu a alerta constante na Constituição Portuguesa da necessidade de "promover a educação ambiental" (alínea g, art. 66º).

[13] Sobre as especificidades dos "deveres fundamentais" e as características do dever de proteção do ambiente *vide* o Capítulo II da seguinte obra: AMADO GOMES, Carla. *Risco e modificação do acto autorizativo concretizador de deveres de protecção do ambiente*. Coimbra: Coimbra Editora, 2007. *vide* também: CASALTA NABAIS, José. *O dever fundamental de pagar impostos*: contributo para a compreensão constitucional do estado fiscal contemporâneo. Coimbra: Almedina, 1998. Ainda, do mesmo autor: CASALTA NABAIS, José. A face oculta dos direitos fundamentais: os deveres e os custos dos direitos. *Revista da AGU*. Brasília, n. Especial, p. 73-92, jun. 2002.

preâmbulo, recebendo destaque nos artigos 225, art. 3º e 170, inciso VI. No preâmbulo,[14] o constituinte refere que será assegurado o "desenvolvimento" em conjunto com o bem-estar, exercício dos direitos sociais e individuais, igualdade e justiça, de maneira a possibilitar visualização do desenvolvimento sustentável (na concepção ampla de sustentabilidade). Na mesma linha, com enfoque na sustentabilidade multidimensional (com ênfase nas dimensões social e econômica), o art. 3º estabelece como objetivos fundamentais da República construir uma sociedade livre, justa e solidária (inc. I), garantir o desenvolvimento nacional (inc. II), reduzir desigualdades sociais e regionais (inc. III) e promover o bem de todos (inc. IV). O art. 170 determina que a ordem econômica, conforme os ditames da justiça social, deverá fundar-se na defesa do meio ambiente (inclusive mediante tratamento diferenciado, conforme o impacto ambiental dos produtos e serviços).

Entende-se que a interpretação que deverá ser concedida à sustentabilidade, em regra,[15] é a da necessária primazia à dimensão ecológica, dentre as demais dimensões da sustentabilidade, o que fica ainda mais evidente no art. 225 da Constituição da República Federativa do Brasil, que traz várias diretrizes atinentes à concepção original de sustentabilidade,[16] ou seja, em sua dimensão ecológica, assim como prevê explicitamente a solidariedade (ou equidade) intergeracional. O Capítulo destinado ao "Meio Ambiente" estabelece, no artigo referido, o dever de defesa e preservação do ambiente às presentes e futuras gerações, estabelecendo como destinatários desse dever constitucional o Poder Público e a sociedade, mediante responsabilidade compartilhada. O parágrafo primeiro do art. 225 estabelece diretrizes visando à efetividade do dever de tutela ao ambiente, de maneira a preservar e restaurar os processos ecológicos de manejo ecológico das espécies e ecossistemas, patrimônio genético, determinação de áreas a serem protegidas, estudo prévio de impacto ambiental, controle da poluição, proteção da fauna e da flora, educação ambiental em todos os níveis de ensino e conscientização da sociedade para a preservação do ambiente, temáticas que têm capilaridade com os resíduos sólidos.

---

[14] Comentários sobre o valor normativo do preâmbulo, *vide*: SILVA, Ildete Regina Vale da; BRANDÃO, Paulo de Tarso. *Constituição e fraternidade*: o valor normativo do preâmbulo da Constituição. Curitiba: Juruá, 2015.

[15] Adota-se como regra geral a tendência de primazia da dimensão ambiental, considerando o caráter de urgência do dever fundamental de tutela ao ambiente, ainda mais se forem consideradas as mudanças climáticas. Todavia, entende-se que no caso concreto as dimensões da sustentabilidade deverão ser sempre sopesadas.

[16] Nos termos que foi prevista na Declaração de Estocolmo (1972).

Também visando a operacionalizar a tutela ao ambiente e à sustentabilidade, há os seguintes dispositivos constitucionais (que procuraram definir competências): art. 21 (é competência exclusiva da União), inc. XVIII (planejar e promover a defesa permanente contra as calamidades públicas, especialmente as secas e as inundações) e inc. XX (instituir diretrizes para o desenvolvimento urbano, inclusive habitação, saneamento básico e transportes urbanos). Além dos principais dispositivos constitucionais referidos, distribuídos na Constituição da República Federativa do Brasil, encontram-se vários outros atinentes às demais dimensões da sustentabilidade, como, por exemplo, a tutelar sustentabilidade fiscal e a respectiva responsabilidade na gestão fiscal, como os art. 163 e seguintes.[17]

Até ao presente momento, espera-se ter ficado clara a ideia de sustentabilidade como *dever constitucional*, também passível de ser visualizada como "princípio estruturante"[18] ou como "princípio fundamental"[19] a ditar novas diretrizes de governança.[20] Adota-se, portanto, neste estudo a noção *de sustentabilidade* de Juarez Freitas como "princípio constitucional-síntese" que determina "a universalização concreta e eficaz do respeito às condições multidimensionais da vida de qualidade, com o pronunciado resguardo do direito ao futuro".[21] Em outras palavras, o autor deixa claro tratar-se de um "princípio constitucional" a determinar "com eficácia direta e imediata, a responsabilidade do Estado e da sociedade pela concretização solidária do desenvolvimento material e imaterial, socialmente inclusivo, durável e equânime, ambientalmente limpo, inovador, ético e eficiente".[22] Conjuntamente se extrai a noção de "dever constitucional" atrelado à tutela das gerações presentes e futuras.[23]

---

[17] Com as alterações trazidas pela Emenda Constitucional nº 86, de 17 de março de 2015, que alterou os arts. 165, 166 e 198 da CRFB, para tornar obrigatória a execução da programação orçamentária.
[18] Segundo Wolfgang Kahl *in* "*Nachhaltigkeit als Verbundbergriff.*" Tübingen: Mohr Siebeck, 2008. Temáticas a serem retomadas logo a seguir, na análise da sustentabilidade como princípio e princípios correlatos de destaque.
[19] Expressão de Klaus Bosselmann. No Brasil, sobre princípio estruturante e princípio fundamental, *vide*: CRUZ, Paulo Márcio. *Fundamento do direito constitucional.* Curitiba: Juruá, 2002, p. 36 e ss.
[20] BOSSELMANN, Klaus. *O princípio da sustentabilidade,* p. 19. Mais adiante, o autor refere que o princípio da sustentabilidade "é amplo e fundamental como outros pilares da sociedade moderna, nomeadamente, justiça, igualdade e liberdade. E, na ampliação de sua dimensão espacial e temporal, impacta o significado de justiça, igualdade e liberdade".
[21] FREITAS, Juarez. *Sustentabilidade:* direito ao futuro, p. 73.
[22] FREITAS, Juarez. *Sustentabilidade:* direito ao futuro, p. 41.
[23] FREITAS, Juarez. *Sustentabilidade:* direito ao futuro, p. 133 (conceito de sustentabilidade).

Oportuno ser reiterado conceito apresentado em estudos anteriores, que se entende por sustentabilidade o dever constitucional e fundamental que objetiva tutelar direitos fundamentais (com destaque ao ambiente ecologicamente equilibrado e aos direitos fundamentais sociais), também princípio instrumento a dar-lhes efetividade, ou seja, princípio que vincula o Estado (e suas instituições) e a sociedade, mediante responsabilidade partilhada, e redesenha as funções estatais, que deverão ser planejadas não apenas para atender demandas de curto prazo, mas também providenciar a tutela das futuras gerações. Pretende-se com o referido conceito abordar as duas noções de sustentabilidade: sentido amplo (englobando as dimensões: ambiental, social, ética, fiscal, econômica e jurídico-política)[24] e o sentido mais específico (denominado por Bosselmann como sustentabilidade forte),[25] que, em regra, dá primazia à dimensão ecológica (interligada ao dever fundamental de tutela ao ambiente natural ecologicamente equilibrado).[26]

As políticas públicas interligadas aos resíduos sólidos, na realidade, antecedem, por vezes, até mesmo a produção dos resíduos, perpassando pelas necessárias reflexões na lógica de um consumo sustentável, tanto pela iniciativa pública como pelo setor privado. Sustenta Juarez Freitas que "o consumo e a produção precisam ser reestruturados completamente, numa alteração inescapável do estilo de vida".[27] O referido *consumo sustentável*[28] *deverá ser implementado pela Administração Pública de maneira direta*, mediante sua própria preferência por contratações de produtos e serviços sustentáveis, *e também de maneira indireta, ou seja, fomentando o consumo sustentável pelos particulares*. A probabilidade de

---

[24] Nos termos propostos por FREITAS, Juarez Freitas. *Sustentabilidade:* direito ao futuro. 3. ed. Belo Horizonte: Fórum, 2016, SACHS, Ignacy. *Caminhos para o desenvolvimento sustentável.* 3. ed. Rio de Janeiro: Ed. Garamond, 2008.

[25] BOSSELMANN, Klaus. *O princípio da sustentabilidade*, p. 47 e 27, 28, 36, 42.

[26] Quanto à natureza de direito e também dever, *vide*: MEDEIROS, Fernanda Fontoura. *Meio ambiente. direito e dever fundamental.* Porto Alegre: Livraria do Advogado, 2004. Quanto ao "ambiente como bem jurídico", enquanto direito e dever e tutela em sentido objetivo e subjetivo, *vide* também: SARAIVA, Rute Neto Cabrita e Gil. *A Herança de Quioto em clima de incerteza:* análise jurídico-econômica do mercado de emissões num quadro de desenvolvimento sustentado, p. 195 e ss. E ainda: ANTUNES, Tiago. Ambiente: um direito mas também um dever. *In: Estudos em memória do Professor Doutor António Marques dos Santos*, vol. II. Coimbra.

[27] FREITAS, Juarez. Sustentabilidade: direito ao futuro, p. 65 e 66.

[28] Especificamente sobre o tema: AMADO GOMES, Carla. *Consumo sustentável*: ter ou ser, eis a questão. Disponível: *rmp.smmp.pt/wp-content/uploads/2014/02/2.RMP_N136_CarlaAmado-Gomes.pdf*. Acesso em: 02 jul. 2024. *Vide* também: LEMOS, Patrícia Fraga Iglecias. Consumo sustentável e desmaterialização no âmbito do direito brasileiro. *CEDOUA. Revista do Centro de Estudos de Direitos do Ordenamento, Urbanismo e Ambiente*, Coimbra, Ano 15, n. 29, 2012, p. 25-40.

que o consumidor esteja disposto a atender à relevância das questões ambientais sem a prévia sensibilização por campanhas educativas é reduzida. Também o consumidor deverá estar devidamente informado e ter segurança de um eficiente controle de que os "custos de medidas pró-ambientais" tiveram sua aplicação específica e concreta, assim como também não se está a tratar de "simples publicidade de pseudo 'produtos verdes', do tão eficaz e lucrativo expediente do '*eco-labeling*', mais uma manifestação do dinamismo da concorrência monopolística".[29]

Sob a perspectiva mais ampla e internacional, pode-se também afirmar a existência de um *direito humano ao meio ambiente ecologicamente equilibrado*, assim como também à *segurança climática*, que por consequência enseja cumprimento de deveres e políticas públicas globais. Em termos de Agenda da Organização das Nações Unidas para 2030, é importante ressaltar que a temática de resíduos sólidos tem correlação com o saneamento básico abrangida pelo ODS 6,[30] sendo que a aderência ao ordenamento jurídico brasileiro fica concretizada nas Leis 11.445/07, 12.305/10 e 14.026/20 e respectivas atualizações. A relação do ODS 6 com os ODS 12 e 13 também é possível de estabelecer, principalmente ao se analisar os dados sobre a gestão dos resíduos sólidos referidos no tópico a seguir. A título de exemplo, uma das metas do ODS 12 é de reduzir até 2030 a geração de resíduos por meio da prevenção, redução, reciclagem e reúso, situações que são previstas como objetivos da Política Nacional de Resíduos Sólidos. Além disso, a conexão do ODS 6 com o 13 fica clara ao se avaliar as diretrizes estabelecidas pela Lei 12.608/2012, que trata da Política Nacional de Proteção e Defesa Civil, e pela Lei 14.904/2024, que trata da elaboração de planos de adaptação à mudança do clima. Os serviços inseridos no saneamento básico são estratégicos do ponto de vista de enfrentamento a desastres naturais,[31] assim como faz parte de item primordial da fase

---

[29] A respeito do mercado de emissões e sistemas de mercado e certificados verdes, *vide*: SARAIVA, Rute Neto Cabrita e Gil. *A herança de Quioto em clima de incerteza*: análise jurídico-económica do mercado de emissões num quadro de desenvolvimento sustentado, p. 752 e ss. *Vide* também: ARAÚJO, Fernando. *Introdução à economia*, p. 542. O autor aborda outras questões comportamentais, afirmando que a "causa ambiental" poderá induzir à formação de "meta-preferências", pertencimento a determinada cultura, classe, que espelha o "politicamente correto", ou ainda a "vaidade de se participar de uma "boa causa" (o *warmglow effect*).

[30] ODS 6: Objetivo 6. Assegurar a disponibilidade e gestão sustentável da água e saneamento para todas e todos.

[31] Lei 14.904/24:
Art. 3º Os planos de adaptação à mudança do clima assegurarão a adequada implementação das estratégias traçadas, prioritariamente nas áreas de:

de resposta a desastres presente na Lei 12.608/12.[32] Por outro lado, o que pode parecer extremamente teórico em termos de conexões necessárias entre os objetivos 6, 11, 12 e 13, na prática, é fácil perceber a urgência da necessidade de ações coordenadas quando se trata de serviços públicos e atendimento a desastres, questões a serem detalhadas nos tópicos a seguir.

No Brasil, em particular, a Política Nacional de Resíduos Sólidos, no âmbito da economia circular, prevê a inserção dos catadores na cadeia de reciclagem, para o que se envolve responsabilidade dos poderes públicos nacional, estadual e municipal, bem como do setor produtivo (art. 7º, XII; art. 8º, IV; art. 15, V; art. 17, V, art. 19, V, XI, §3º, I; art. 33, §3º, III; art. 36, §1º; art. 42, III; art. 44, II; art. 50). Essa robusta previsão se alinha a vários ODS, considerando que é um instrumento de inclusão social, de geração de trabalho e renda e, portanto, de erradicação da pobreza (ODS 1), de redução da fome (ODS 2), de redução das desigualdades (ODS 10), de promoção da sustentabilidade (ODS 11) e do consumo e produção responsáveis (ODS 12). No que

---

I – infraestrutura urbana e direito à cidade, incluídos habitação, áreas verdes, transportes, equipamentos de saúde e educação, saneamento, segurança alimentar e nutricional, segurança hídrica e transição energética justa, entre outros elementos com vistas ao desenvolvimento socioeconômico resiliente à mudança do clima e alinhados à redução das desigualdades sociais;

[32] Lei 12.608/2012:
Art. 1º Esta Lei institui a Política Nacional de Proteção e Defesa Civil - PNPDEC, dispõe sobre o Sistema Nacional de Proteção e Defesa Civil - SINPDEC e o Conselho Nacional de Proteção e Defesa Civil - CONPDEC, autoriza a criação de sistema de informações e monitoramento de desastres e dá outras providências.
Parágrafo único. Para os fins desta Lei, considera-se: (Redação dada pela Lei nº 14.750, de 2023)
(...)
XI – recuperação: conjunto de ações de caráter definitivo tomadas após a ocorrência de acidente ou desastre, destinado a restaurar os ecossistemas, a restabelecer o cenário destruído e as condições de vida da comunidade afetada, a impulsionar o desenvolvimento socioeconômico local, a recuperar as áreas degradadas e a evitar a reprodução das condições de vulnerabilidade, incluídas a reconstrução de unidades habitacionais e da infraestrutura pública e a recuperação dos serviços e das atividades econômicas, entre outras ações definidas pelos órgãos do Sinpdec; (Incluído pela Lei nº 14.750, de 2023)
XII – resposta a desastres: ações imediatas com o objetivo de socorrer a população atingida e restabelecer as condições de segurança das áreas atingidas, incluídas ações de busca e salvamento de vítimas, de primeiros-socorros, atendimento pré-hospitalar, hospitalar, médico e cirúrgico de urgência, sem prejuízo da atenção aos problemas crônicos e agudos da população, de provisão de alimentos e meios para sua preparação, de abrigamento, de suprimento de vestuário e produtos de limpeza e higiene pessoal, de suprimento e distribuição de energia elétrica e água potável, de esgotamento sanitário, limpeza urbana, drenagem das águas pluviais, transporte coletivo, trafegabilidade e comunicações, de remoção de escombros e desobstrução das calhas dos rios, de manejo dos mortos e outras estabelecidas pelos órgãos do Sinpdec; (Incluído pela Lei nº 14.750, de 2023)

tange à compostagem, é preconizada pela PNRS como destinação final ambientalmente adequada (art. 3º, VII) de responsabilidade do poder municipal (art. 36, V). O Decreto 10936/2022 regulamenta a coleta seletiva definindo a coleta de orgânicos de forma segregada dos rejeitos e dos secos (art. 8°, II), e a compostagem (art. 86, II, d). A compostagem de resíduos orgânicos se relaciona ao ODS 2, na promoção da agricultura familiar e orgânica, ao ODS 3 na promoção da saúde, ao ODS 12, no consumo e produção responsáveis, ao ODS 11, no alinhamento à sustentabilidade das comunidades, ao ODS 13, na ação contra a mudança do clima em razão de reduzir as emissões de metano – CH4 – em aterros sanitários).

Demonstrados os *dois lados da moeda*, do direito e do dever a políticas públicas a promoverem uma maior sustentabilidade multidimensional, assim como zelosas com a equidade intra e intergeracional, que estão interligadas às políticas públicas setoriais atinentes aos resíduos sólidos, passa-se a analisar mais detalhadamente o referido objeto central deste estudo.

2 Resíduos sólidos e sua visualização como políticas públicas a propiciar uma maior equidade intra e intergeracional

No tópico anterior, foram abordados os Objetivos de Desenvolvimento Sustentável da Agenda da ONU para 2030 que têm conexão com a temática de resíduos sólidos. No ordenamento jurídico pátrio, a Lei 12.305/2010, que instituiu a Política Nacional de Resíduos Sólidos, trouxe instrumentos vanguardistas, com destaque às diretrizes quanto à economia circular, à coleta seletiva, possibilidade de controle social, destinação ambientalmente adequada (com ênfase na reutilização, reciclagem, compostagem e aproveitamento energético), logística reversa, padrões sustentáveis de produção e consumo e responsabilidade compartilhada pelo ciclo de vida dos produtos. Dentre os princípios previstos no art. 6º da Lei em comento, merecem destaque as previsões explícitas do desenvolvimento sustentável, da prevenção e da precaução, da responsabilidade compartilhada, da cooperação entre os entes federativos, com respeito às diversidades locais e regionais e sobretudo o direito da sociedade à informação e ao controle social (com estímulo ao consumo sustentável). Entre os instrumentos previstos no art. 8º, constam previstos a educação ambiental, planos de resíduos sólidos, incentivo a cooperativas, coleta seletiva, logística reversa, incentivos fiscais, financeiros e creditícios e os vários sistemas de informações. Há, conjuntamente, uma ordem de prioridades estabelecida no art. 9º, iniciando pela não geração de resíduo, quando não possível, sua redução, seguida da reutilização, da reciclagem, do tratamento dos resíduos sólidos e, ao final, disposição final ambientalmente adequada dos rejeitos. Esses detalhamentos normativos demonstram a íntima conexão com várias das metas previstas na Agenda da ONU para 2030, assim como também são elucidadas as várias dimensões da sustentabilidade (ecológica, social, econômica, fiscal/financeira, político/jurídica, ética, tecnológica). Todavia, no contexto climático que se concretiza, várias dessas diretrizes ensejam maior prevenção, adaptações e amplitude de atuação, como contextualizado a seguir.

Em reportagem do jornal Zero Hora do dia 28.08.2024, uma frase parece resumir o atual estado da Política Nacional de Resíduos Sólidos: "nossas leis são muito adequadas, mas devemos cumpri-las, e não o estamos fazendo".[33] Como o próprio nome diz, uma política sobre resíduos engloba uma série de ações a serem realizadas pelas pessoas físicas e jurídicas, públicas ou privadas, com o objetivo de tratarmos os resíduos gerados pelas atividades desempenhadas no território nacional. Esse gerenciamento tem como um dos objetivos reduzir impactos ambientais, sociais e econômicos, sem descurar da necessidade do estímulo à adoção de práticas mais sustentáveis.

Os dados relativos à gestão dos resíduos sólidos[34] disponíveis pelo Sistema Nacional de Informações sobre Saneamento (SNIS)[35] demonstram que há ainda um caminho longo a ser percorrido. Os resultados do último levantamento consolidado de dados são de 2022 e abrangem 90,8% dos municípios do país e que corresponde a 96,8% da população.[36] No Estado do Rio Grande do Sul, 96,6% dos municípios participaram da coleta de dados, o que corresponde a 98,8% da população. No que diz respeito à existência do Plano Municipal de Gestão Integrada de Resíduos Sólidos, 51,1% dos municípios do Brasil afirmam possuir, sendo que há relevante diferença ao se comparar os

---

[33] Frase do Professor Doutor Gino Gehling na Engenharias e Arquitetura da UFRGS, em reportagem de Zero Hora, dia 28.08.2024.

[34] O manejo de resíduos sólidos faz parte do rol dos serviços públicos relativos ao saneamento básico, conforme o que dispõe a Lei nº 11.445/2007.

[35] O SNIS (Sistema Nacional de Informações sobre Saneamento) foi substituído pelo Sinisa a partir de 2024, conforme o que dispõe a Lei nº 14.026/2020.

[36] BRASIL. Ministério das Cidades. *Diagnóstico temático* – manejo de resíduos sólidos urbanos. Brasília, 2023, p. 18.

resultados da macrorregião Sul, que é de 67,3%, com a região Nordeste, que apresenta 31% dos municípios com esse plano.[37] Quanto aos resíduos sólidos urbanos, no ano de 2022 foram coletados 63,8 milhões de toneladas desses resíduos gerados pelos 5.060 municípios participantes da coleta de dados do SNIS.[38] Veja-se que ainda há um número muito baixo de resíduos coletados seletivamente no Brasil, que está na ordem de 1,87 milhão de tonelada/ano,[39] situação que indica o tanto de trabalho ainda por fazer em termos de educação ambiental e condições estruturais para atender a demanda.

O Estado do Rio Grande do Sul passou por um evento climático de grandes proporções em 2024, que bem demonstrou a importância de planejamento quanto à prevenção, recuperação e resposta a desastres. O Estado teve a situação de calamidade pública declarada em função das fortes chuvas pelo Decreto Estadual nº 57.596/2024,[40] hipótese em que a resposta ao desastre necessitou de auxílio dos demais entes da Federação.[41]

No dia 03.05.2024, o caos instalou-se na cidade de Porto Alegre, sendo que alguns acontecimentos revelaram a urgência: acesso à Região Sul do Estado totalmente bloqueado, Aeroporto Internacional de Porto Alegre fechado, nível do Guaíba atingiu marca histórica (ultrapassando a marca da enchente de 1941), com no mínimo 265 municípios e 351.639 pessoas afetados,[42] entre outros.

No que tange aos resíduos sólidos, várias questões precisaram ser resolvidas no decorrer da resposta do Poder Público à situação de calamidade.

Os resíduos sólidos urbanos (cerca de 1.700 toneladas/dia) de Porto Alegre, capital do Estado, foram levados para um aterro licenciado localizado aproximadamente a 113 quilômetros da capital. Com o bloqueio do principal acesso rodoviário ao aterro, os resíduos

---

[37] BRASIL. Ministério das Cidades. *Diagnóstico temático...*, p. 41.
[38] BRASIL. Ministério das Cidades. *Diagnóstico temático...*, p. 78.
[39] BRASIL. Ministério das Cidades. *Diagnóstico temático...*, p. 87.
[40] Disponível em: https://www.diariooficial.rs.gov.br/materia?id=997980. Acesso em: 05 set. 2024.
[41] Conforme o que dispõe o artigo 1º, parágrafor único, VI, da Lei nº 12.608/2012.
[42] Disponível em: https://www.estado.rs.gov.br/defesa-civil-atualiza-balanco-das-enchentes-no-rs-3-5-18h. Acesso em: 05 set. 2024. No dia 17/05, balanço divulgado pela Defesa Civil indicava 461 municípios atingidos, 78.165 pessoas em abrigos, 540.188 desalojados, 82.666 pessoas resgatadas, entre outros. Conforme consulta em: https://www.defesacivil.rs.gov.br/defesa-civil-atualiza-balanco-das-enchentes-no-rs-17-5-18h. Acesso em: 05 set. 2024.

precisaram ser acumulados na estação de transbordo, a fim de aguardar rota alternativa. Alguns dias depois, o caminho possível ao aterro totalizava 141 km, mas com a necessidade de se otimizar o envio, em função da alta utilização das rotas disponíveis para o acesso a Porto Alegre,[43] a coleta de resíduos na cidade foi afetada nos bairros em que não havia acesso seguro aos trabalhadores nas áreas alagadas, ou seja, propiciando todos os problemas inerentes ao acúmulo de resíduos em termos de saúde.

De acordo com a Secretaria Municipal de Meio Ambiente, Urbanismo e Sustentabilidade, dos 94 bairros de Porto Alegre, 46 foram alagados total ou parcialmente, afetando 94 mil domicílios, sendo 21 mil desses correspondentes a moradores em situação de vulnerabilidade social. Em termos de população e estrutura afetados, quando a cota do Rio Guaíba estava em 5,35 metros, havia o total de 160.210 habitantes atingidos e 39.422 edificações impactadas.[44] Após vários dias de áreas alagadas, o cenário que se formou era desolador. Casas, indústrias, escolas, postos de saúde, estabelecimentos comerciais e muitos danos eram vistos à medida que as águas baixavam. Com o retorno da população às suas residências, na urgência de remoção dos destroços, uma extraordinária quantidade de resíduos, principalmente móveis, foi tomando conta das ruas, e a sua remoção exigiu uma operação de guerra, enfrentando, como primeiro desafio, a indisponibilidade de equipamentos no Estado. Muitos dos caminhões de coleta de Porto Alegre foram danificados pelas cheias, e a demanda em todo o Estado foi extraordinária. Os equipamentos tiveram que ser trazidos de outros Estados, alguns vieram do Estado da Bahia. A operação envolveu, além dos contratos regulares do DMLU, a contratação de 210 caminhões e carretas, 126 máquinas pesadas (pá carregadeira, trator de esteira, escavadeiras, retroescavadeiras, entre outros), 571 pessoas, além dos militares e equipamentos do exército também mobilizados. Além da coleta, a limpeza das ruas exigiu um grande esforço de trabalho, pois na medida que eram recolhidos, novos destroços eram dispostos nas ruas. Foram retiradas mais de 90 mil toneladas de resíduos das ruas de Porto Alegre, com uma despesa superior a 80 milhões de reais.

Não havendo previsão para esse tipo de geração, posto que Porto Alegre contava com um supostamente eficiente sistema de contenção de

---

[43] Disponível em: https://www.osul.com.br/lixo-retirado-de-porto-alegre-tem-a-br-116-como-caminho-alternativo-para-aterro-sanitario/. Acesso em: 04 set. 2024.

[44] Disponível em: https://storymaps.arcgis.com/stories/02d01e5f3a2b423893a2b2560fa8ecce. Acesso em: 05 set. 2024.

cheias, não se dispunha de um plano de contingência[45] para gerenciamento de resíduos de enchentes. Além disso, o referencial legal existente para contratações públicas em situação de emergência não foi suficiente para atender situação de tamanha magnitude. Com esse objetivo, um verdadeiro "marco legal de calamidade pública" foi inaugurado pela edição da MP 1.221/2024,[46] de 17.05.2024, ao tratar sobre medidas excepcionais para a aquisição de bens e a contratação de obras e de serviços, inclusive de engenharia, destinados ao enfrentamento de impactos decorrentes da enchente. Num primeiro momento, os resíduos foram sendo depositados próximos às fontes geradoras, principalmente nas ruas. A etapa seguinte foi a remoção dos resíduos das ruas e o envio para depósitos temporários. Foram necessárias 9 áreas de bota-espera para possibilitar a rápida remoção dos resíduos e seu armazenamento temporário até que a destinação final fosse viabilizada. Cabe ressaltar que o depósito temporário foi crucial para fins de trazer algum aspecto de normalidade na vida das pessoas, como pode ser observado em matéria veiculada na imprensa.[47] Num terceiro momento, os resíduos que não puderam ser aproveitados para outro uso foram encaminhados a aterros licenciados pelo Órgão Ambiental do Estado.

A destinação final foi possível em um aterro para resíduos inertes na cidade de Gravataí, localizada a 42km de Porto Alegre, em uma operação diária de 80 viagens, com uma média de 800 a 1.000 toneladas/dia de resíduos compostos principalmente por madeira, coletados com o cuidado de segregar a coleta de eventuais resíduos orgânicos. No entanto, em razão das condições operacionais precárias, o aterro de inertes de Gravataí foi interditado no dia 19 de julho de 2024, passando, então, maior tempo de bota-espera e a posterior condução dos resíduos para o Aterro Sanitário de Minas do Leão.

No dia 17.05.2024, cartilha[48] foi produzida pelo Ministério Público do Rio Grande do Sul, Secretaria do Meio Ambiente e Infraestrutura

---

[45] A Lei nº 14.750/2023 incluiu na Lei nº 12.608/2012 a necessidade de Plano de Contingência para atender situações de emergência.

[46] Numa ação conjunta da Procuradoria-Geral do Estado com os órgãos federais competentes, entre os quais a Advocacia-Geral da União, Controladoria-Geral da União e o Ministério da Gestão da Inovação em Serviços Públicos, foi editada a MP 1.221/2024. Conforme retratado em: https://www.pge.rs.gov.br/upload/arquivos/202406/11181959-parecer-juridico-referencial-n-20680-24.pdf. Acesso em: 05 set. 2024.

[47] Disponível em: https://www.bbc.com/portuguese/articles/c3gg9qzg1y3o. Acesso em: 05 set. 2024.

[48] Disponível em: https://www.fepam.rs.gov.br/sema-fepam-e-mprs-lancam-cartilha-com-orientacoes-gerais-sobre-destinacao-de-residuos-da-enchente. Acesso em: 05 set. 2024.

e Fundação Estadual de Proteção Ambiental do Rio Grande do Sul (FEPAM), com orientações gerais sobre a destinação dos resíduos.

Interligado ao *concretismo* das políticas públicas atinentes aos resíduos sólidos, garimpando-se o "luxo" que poderá estar contido no "lixo", para fins de possível aproveitamento dos resíduos, é fundamental que sejam separados quando gerados, pois, após a mistura, o aproveitamento fica prejudicado diante da impossibilidade de se caracterizar o resíduo e direcioná-lo para aplicação mais adequada. Os resíduos de construção civil, por exemplo, podem ser moídos e reaproveitados. Em relação a resíduos de madeira, importante iniciativa da Portaria FEPAM nº 431, de 29.05.2024,[49] autorizou o uso como biomassa para queima em caldeiras e fornos. Medidas que vão ao encontro dos objetivos da Política Nacional de Resíduos Sólidos (reciclagem). A magnitude do evento climático foi tão expressiva, que, além dos resíduos gerados pelos eventos em si, quando a água baixou, uma nova quantidade expressiva precisou ser gerenciada.[50] Ainda no cenário de tragédia ambiental descrito, sob a perspectiva social e emocional, as riquezas históricas, culturais, familiares e de outras naturezas, em poucos dias, "do luxo" migraram para o "lixo" e ao apagamento transtemporal.

As políticas públicas interligadas à correta destinação dos resíduos sólidos têm reflexos quanto à equidade intrageracional e na concretização do ODS 11 da ONU, referente às cidades sustentáveis e resilientes. Depreende-se que na maioria das cidades brasileiras os serviços públicos de coleta de lixo são, por vezes, com qualidade diferenciada, comparando-se os bairros e o poder aquisitivo de seus moradores. As problemáticas de bueiros sem o adequado funcionamento em razão de resíduos sólidos com destinação incorreta também costumam ser distintas conforme a região das cidades e metrópoles. A atuação dos catadores e das cooperativas de reciclagem, em contexto de emergência climática, sofrem consequências que deverão ser objeto de zelo pelos gestores públicos. Questões exemplificativas que corroboram a conexão das dimensões da sustentabilidade (ecológica, social, econômica, ética e de governança) e o necessário zelo para evitar o agravamento das iniquidades sociais a incluir o *racismo ecológico*, também previsto no Objetivo de Desenvolvimento Sustentável 18 em desenvolvimento.[51]

---

[49] Disponível em: https://www.legisweb.com.br/legislacao/?id=459939. Acesso em: 05 set. 2024.

[50] Disponível em: https://www.ufrgs.br/iph/inundacoes-no-rio-grande-do-sul-quantificacao-preliminar-de-entulho-de-construcao-na-bacia-do-lago-guaiba/ Acesso em: 28 ago. 2024.

[51] Sobre o ODS 18 proposto recentemente para igualdade étnico-racial, em dezembro de 2023 foi instituída a Comissão Nacional dos ODS (Decreto 11.704/2023), com formação

Além das ponderações centradas nas dimensões social, ecológica e ética da sustentabilidade, há necessidade de um repensar quanto às dimensões econômica e fiscal, que deverão assumir o papel de *dimensões instrumentais da sustentabilidade*.

A sustentabilidade econômica dos serviços de saneamento é preconizada pela Lei 11.445/2007, requisito ainda distante de cumprimento em especial no que se refere à drenagem urbana. A regulação dos serviços de drenagem, outro requisito legal, colabora com a redução do ônus político que a cobrança representa, bem como possibilita uma orientação técnica para a definição do preço tarifário e para a aplicação dos recursos auferidos pela cobrança.

A hipótese de "pagamento por serviços ambientais", que teve origem no domínio da tutela da biodiversidade, estendendo-se à gestão da água e resíduos sólidos, é considerada como mecanismo que põe em prática a solidariedade intra e intergeracional,[52] concorrendo identicamente para a promoção da sustentabilidade ecológica.[53]

---

paritária – 84 membros, sendo metade de representantes de governo e metade da sociedade civil. Com a reinstalação da CNODS, foi criada a Câmara Temática para o ODS 18 (Resolução nº 2/2023) para dar continuidade às discussões sobre o ODS 18 e apresentar um Plano de Trabalho referente a um ODS para igualdade étnico-racial. *Vide*: https://www.gov.br/igualdaderacial/pt-br/assuntos/ods18. Acesso em: 30 jun. 2024. Uma das metas em desenvolvimento é de "assegurar moradias adequadas, seguras e sustentáveis aos povos indígenas e afrodescendentes, incluindo comunidades tradicionais, favelas e comunidades urbanas, com garantia de equipamentos e serviços públicos de qualidade, com especial atenção à população em situação de rua". Disponível em: https://www.gov.br/igualdaderacial/pt-br/assuntos/ods18/metas-preliminares Acesso em: 30 jun. 2024.

[52] Também sobre justiça intra e intergeracional: SARAIVA, Rute Neto Cabrita e Gil. *A herança de Quioto em clima de incerteza*: análise jurídico-económico do mercado de emissões num quadro de desenvolvimento sustentado, p. 323 e ss.

[53] Abordando o assunto: AMADO GOMES, Carla. *Consumo sustentável*: ter ou ser, eis a questão? Também: *Sustentabilidade ambiental*: missão impossível? Afirma a autora portuguesa que "a ideia é recompensar pessoas ou populações que, por razões pessoais ou de destino se encontram numa posição de controlo da qualidade de determinados bens ambientais (situadas na nascente de um curso de água, detentores de terras em áreas florestais ou em zonas de biodiversidade protegida) pela promoção da qualidade ecossistémica desses bens ou por abdicarem de toda ou parte da capacidade de aproveitamento em prol de comunidades mais vastas ou do próprio ecossistema por si só. Esses esquemas estão em franco crescimento nos países em desenvolvimento, na medida em que constituem incentivos à adoção de boas práticas ambientais e geram consciência de necessidade de gestão racional dos recursos". *Vide* também: EZZINE DE BLAS Driss, RICO L., RUIZ PÉREZ M., MARIS V. 2011. La biodiversidad en El universo de los pagos por servicios ambientales: Desentrañando lo inextricable. *Revista Española de Estudios Agrosociales y Pesqueros* (228): p. 139-162. Disponível no site: http://agritrop.cirad.fr/558617/1/document_558617.pdf. Acesso em: 01 jul. 2024. Ainda sobre o tema: AMADO GOMES, Carla. (coord). *Compensação ecológica, serviços ambientais e protecção da biodiversidade*. Lisboa: ICJP, 2014. Disponível em: http://www.icjp.pt/sites/default/files/publicacoes/files/ebook_comp_eco.pdf. Acesso em: 30 maio 2024.

A sessão II da Lei nº 12.305/2010 trata especificamente da Economia Circular, determinando investimentos no *"ecodesign"* visando a propiciar a redução, reutilização e reciclagem de embalagens pós-consumo, consolidando a reinserção das embalagens no ciclo produtivo (art. 31 e 32). A lei determina, também, a responsabilidade do setor produtivo pela logística reversa das embalagens colocadas no mercado (§1º do art. 33, regulamentado pelo Decreto nº 10.388/2020).

Na realidade, constituem incentivos à adoção de boas práticas ambientais, ou seja, uma espécie de fomento às externalidades positivas, de maneira a corroborar a necessidade de gestão racional dos recursos. Não obstante as críticas no sentido de "mercantilização da Natureza", tal como afirma Carla Amado Gomes, é inegável que alternativas como o pagamento de serviços ambientais fomentam "a sua capacidade de gerar emprego no âmbito da *economia verde*, a sua aptidão de concretização de uma justiça distributiva ecológica entre Estados com diferentes níveis de desenvolvimento".[54]

Na presente abordagem da *dimensão econômica*, conjuntamente, merece ênfase a *economia circular* como *uma das possibilidades de operacionalização da sustentabilidade*, com destaque particular à tutela na eficiência de criação de produtos e reaproveitamento de resíduos sólidos. Tanto no cenário nacional, como no internacional,[55] pode-se afirmar que dentre os principais objetivos da *"circular economy"*[56] constam principalmente listados a utilização de produtos recicláveis e não perigosos, reintrodução dos resíduos sólidos na cadeia produtiva (mediante tratamento e reaproveitamento), energias renováveis e produtos tecnológicos com baixo consumo de energia. Há que se ter, portanto, duas premissas em mente: *i)* o crescimento econômico não se alcança sem sustentabilidade ambiental, assim como também *ii)* a proteção ambiental não é alcançável sem crescimento econômico.[57]

---

[54] AMADO GOMES, Carla. *Consumo sustentável:* ter ou ser, eis a questão. Também: *Sustentabilidade ambiental*: missão impossível?

[55] Na Alemanha: Kreislaufwirtschaft (economia circular), também conhecida como Abfallwirtschaft (economia do lixo). Em Portugal há o "mercado de resíduos", criado pelo DL 210/2009, com modelo de agilização da negociação de diversos tipos de resíduos e sua reintrodução no mercado, propiciando a diminuição da procura de matérias-primas.

[56] *"The circular economy is a generic term for an economy that is regenerative by design. Materials flows are of two types, biological materials, designed to reenter the biosphere, and technical materials, designed to circulate with minimal loss of quality, in turn entraining the shift towards an economy ultimately powered by renewable energy."* Disponível em: http://www.ellenmacarthurfoundation.org. Acesso em: 30 maio 2024.

[57] Nesse sentido: ARAÚJO, Fernando. *Introdução à economia.* 3. ed. Coimbra: Editora Almedina, 2005, p. 598.

De fato, nos países menos desenvolvidos, com menores recursos, fica difícil conceber que seria dada primazia à tutela ambiental em prejuízo da satisfação de uma série de outras demandas sociais, em tese, consideradas mais urgentes. Há que se ter um mínimo de prosperidade, de satisfação de demandas mínimas, para se viabilizar a adoção de medidas de redução da degradação ambiental.

Pelo exposto, depreende-se a urgência de conexão das políticas públicas setoriais interligadas ao tema em estudo, assim como o necessário repensar da atuação de todos os atores envolvidos, que abarcam instituições públicas e privadas e que ensejam conhecimento, informações, educação ambiental e sobre sustentabilidade, monitoramento e fiscalização, ações interligadas às missões constitucionais dos Tribunais de Contas, como será abordado na sequência.

3 Papel dos Tribunais de Contas do Brasil nesse contexto

A atuação dos Tribunais de Contas, no que tange às medidas de tutela das diversas dimensões da sustentabilidade, somente poderá ser efetiva mediante o reconhecimento de sua independência,[58] assim como também da atuação com respectivas garantias constitucionais de seus membros, a incluir os Conselheiros e Ministros Substitutos e Procuradores do Ministério Público de Contas, bem como de seus servidores públicos preferencialmente com carreiras estáveis.

Nos parâmetros constitucionais, há previsão de competência, no sentido de *dever constitucional*, aos Tribunais de Contas para fiscalização de maneira a concretizar políticas públicas (nacionais e internacionais) na tutela do meio ambiente. Além dos dispositivos constitucionais acima referidos, cumpre destacar a necessária leitura do art. 71 (com destaque aos incisos, IV, VIII, IX e X) com os parâmetros trazidos no art. 225, todos da Constituição da República Federativa do Brasil. Somente haverá uma eficiente gestão operacional e patrimonial quando forem levadas em consideração as dimensões da sustentabilidade.

---

[58] Uma exposição detalhada sobre o controle externo no transcorrer dos tempos não é o propósito desta obra. Para uma abordagem mais detalhada, *vide*: CUNDA, Daniela Zago Gonçalves da. *O dever fundamental à saúde e o dever fundamental à educação na lupa dos Tribunais (para além) de Contas.* E-book, Porto Alegre: Editora Simplíssimo Livros, 2013. Registre-se, exemplificativamente, referenciais teóricos que tratam do tema: MILESKI, Helio Saul. *O controle da gestão pública.* 2. ed. Belo Horizonte: Fórum, 2011. SCHMITT, Rosane Heineck. *Tribunais de Contas no Brasil e controle de constitucionalidade.* E-Book. São Paulo: Ed. Atlas, 2015.

Na análise das possibilidades de *controle de sustentabilidade*, cumpre ser observado o papel dos Tribunais de Contas como indutor da concretização do *marco regulatório do saneamento e da gestão de resíduos sólidos*,[59] de maneira a tutelar preventivamente o *direito fundamental à saúde*, o *direito ao ambiente equilibrado e à segurança climática*, tarefa que poderá ser executada mediante a fiscalização prévia de editais, fiscalização das contas municipais com ênfase na averiguação da gestão ambiental. Deverão ser fiscalizados os planos municipais de saneamento básico e a questão nodal dos serviços de coleta de lixo que são os contratos firmados. As Cortes de Contas também deverão averiguar, no âmbito municipal: a) a extinção dos lixões a céu aberto (assim como interrupção de lançamentos de resíduos em mar, praias, rios, queimadas);[60] b) a promoção de educação ambiental visando à redução, reutilização e reciclagem dos resíduos, em observância à priorização da gestão de resíduos sólidos urbanos; c) a disposição final ambientalmente adequada, a observância dos critérios da licença ambiental e a adoção de soluções compartilhadas visando à economicidade da destinação final de resíduos sólidos municipais; d) a existência e adequação do Plano Municipal de Resíduos Sólidos às metas de universalização com horizonte no ano de 2033; e) a previsão, nos contratos de prestação dos serviços, das metas de universalização e dos investimentos requeridos, com especial atenção ao atendimento da coleta na zona rural; f) a existência de contrato de regulação dos serviços de manejo dos resíduos sólidos urbanos; g) a instituição de tarifa/taxa em valor que garanta a sustentabilidade econômica da prestação dos serviços de manejo dos resíduos domiciliares e da concretização das respectivas metas de universalização;[61] h) a coleta seletiva de resíduos recicláveis; i) a inserção dos catadores de materiais recicláveis na

---

[59] Adota-se como conceito de resíduos sólidos o constante na norma ABNT, NBR 10.004:2004, ou seja, aqueles que "resultam de atividades de origem industrial, doméstica, hospitalar, comercial, agrícola, de serviços e de varrição. Ficam incluídos nesta definição os lodos provenientes de sistemas de tratamento de água, aqueles gerados em equipamentos e instalações de controle de poluição, bem como determinados líquidos cujas particularidades tornem inviável o seu lançamento na rede pública de esgotos ou corpos de água, ou exijam para isso soluções, técnica e economicamente, inviáveis em face à melhor tecnologia disponível".

[60] Nesse sentido, são as propostas/objetivos das Nações Unidas para o desenvolvimento sustentável, como o item 6 (gestão sustentável da água e saneamento para todos) – "*Ensure availability and sustainable management of water and sanitation for all*". Disponível em: http://www.un.org/sustainabledevelopment. Acesso em: 02 ago. 2024.

[61] Com o respaldo trazido pela Súmula Vinculante nº 19 do Supremo Tribunal Federal, assim como art. 29 da Lei nº 11.445/2007 e normativos posteriores.

cadeia de reciclagem e tratamento diferenciado nos termos da nova lei de licitações;⁶² j) a responsabilização de grandes geradores, incluindo resíduos de construção civil, pelo manejo de seus resíduos; k) plena atenção na fiscalização quanto à elaboração do *Plano de Saneamento Básico* e do *Plano Municipal de Gestão Integrada de Resíduos Sólidos*; l) averiguação se houve ampliação do Plano Municipal de Gestão Integrada para além dos aspectos formais de contratação, de maneira a fomentar o potencial econômico (dos resíduos que deixarão de ser "apenas lixo") mediante parcerias entre o Poder Público e a iniciativa privada; m) possibilidade da adoção de "aterros compartilhados", de maneira a minimizar custos, quando não for possível adoção de medidas prioritárias; n) averiguação se os municípios não estão deixando de receber financiamentos junto à União em razão da não edição do Plano Municipal de Gestão Integrada de Resíduos Sólidos, entre outros.⁶³

Ainda oportuno não ser olvidado que os Tribunais de Contas deverão estar atentos à função regulatória do Estado no que tange ao manejo dos resíduos, conferindo efetividade ao regime legal de responsabilidade compartilhada pelo ciclo de vida dos produtos, que impõe ao comércio e à indústria o custeio e organização de uma rede de logística reversa para reaproveitamento dos resíduos reciclados no setor produtivo, independentemente do serviço público municipal, mas com o devido monitoramento por todos.

Ademais, a capilaridade dos Tribunais de Contas no Brasil permite que sejam difundidos conhecimentos e adoção de boas práticas nas mais diversas áreas. Para além da função fiscalizadora, sancionadora e reintegradora, os tribunais têm um papel crucial em termos pedagógico, colaborativo e de indução na concretização de políticas públicas.⁶⁴

Duas leis recentes reforçam a *importância da educação ambiental* prevista no inc. VI do §1º do art. 225 da CRFB e previsões infraconstitucionais previstas na Lei 9.795/99, com atenção especial à segurança climática e à conscientização pública sobre as medidas de adaptação

---

⁶² Sobre o tema licitações públicas e as novas diretrizes trazidas pelas Leis 14.133/2021 e 14.770/2023, *vide*: DI PIETRO, Maria Sylvia Zanella. *Direito administrativo*. 37. ed., rev., atual. e ampl. Rio de Janeiro: Forense, 2024, p. 382 e ss.

⁶³ Rol com sugestões exemplificativas constante no seguinte estudo: CUNDA, Daniela Zago G. da. *Controle de sustentabilidade pelos Tribunais de Contas*. 2016. Tese (Doutorado em Direito) – Pontifícia Universidade Católica do Rio Grande do Sul, Porto Alegre, 2016.

⁶⁴ Sobre as funções dos Tribunais de Contas, *vide*: GODINHO, Heloísa Helena; MOTTA, Fabrício Motta. Interesse Público e Processo de Modernização e Novas Funções dos Tribunais de Contas. *CONJUR*. Disponível em: https://www.conjur.com.br/2022-ago-04/interesse-publico-processo-modernizacao-novas-funcoes-tribunais-contas/. Acesso em: 06 set. 2024.

e resiliência dos ambientes vulneráveis à mudança do clima e, por consequência, aprimoramento das políticas públicas para a destinação sustentável dos resíduos sólidos: a Lei nº 14.904, de 27 de junho de 2024,[65] e a Lei nº 14.926, de 17 de julho de 2024.[66] Trata-se de normativos a serem fomentados, monitorados e fiscalizados pelos Tribunais de Contas e Ministérios Públicos de Contas.

Considerando a necessária conexão entre os Objetivos de Desenvolvimento Sustentável 6, 11, 12 e 13, aliados à educação de qualidade, inclusiva e para a sustentabilidade (ODS 5), diretrizes importantes em termos de resíduos sólidos foram definidas pelo Plano Nacional de Resíduos Sólidos (Planares), instituído pelo Decreto nº 11.043, de abril de 2022. Conforme o decreto, a gestão integrada dos resíduos sólidos é um caminho importante para desenvolver os objetivos da Política Nacional de Resíduos Sólidos. Dados disponíveis no SNIS indicam que são coletados seletivamente no Brasil apenas 1,87 milhão de tonelada/ano dos 63,8 milhões de toneladas de resíduos, o que perfaz aproximadamente 3%. O Planares estabeleceu, como meta, recuperar até 48,1% da massa de resíduo sólido enviado para aterro ambientalmente adequado. Veja-se que essa meta está intrinsecamente ligada a um dos princípios da política dos resíduos sólidos, que é o de *reconhecer o resíduo como bem econômico e de valor social, gerador de trabalho e renda e promotor da cidadania*, assim como também perpassa por uma questão de educação e ética. A correta e eficaz destinação dos resíduos sólidos é um excelente exemplo da necessária conexão das dimensões da sustentabilidade multidimensional e do necessário controle de sustentabilidade pelos

---

[65] Estabelece, em seu art. 2º, as diretrizes dos planos de adaptação à mudança do clima, e por consequência o respectivo monitoramento, em seu inc. X, refere a promoção de pesquisa, desenvolvimento e inovação orientados a: a) busca de novas tecnologias que contribuam para sua adaptação; b) monitoramento dos impactos das adaptações adotadas nos âmbitos local, municipal, estadual, regional e nacional; c) divulgação e difusão de dados, informações, conhecimentos e tecnologias, de forma a promover o intercâmbio entre cientistas e técnicos; d) promoção da informação, da educação, da capacitação e da conscientização públicas sobre as medidas de adaptação e sobre seus benefícios para promover a resiliência dos ambientes vulneráveis à mudança do clima.

[66] A partir de 2025, as escolas brasileiras deverão passar a trabalhar os temas mudanças do clima e proteção da biodiversidade. A norma teve origem no PL 6.230/2023, aprovado pelo Senado. A nova lei modifica a Política Nacional de Educação Ambiental (PNEA – Lei 9.795, de 1999), acrescentando o estudo desses assuntos entre os objetivos da educação ambiental nacional. Pelo texto, as escolas deverão estimular estudantes a participarem de ações de prevenção e diminuição das mudanças climáticas. O objetivo da inclusão dos novos temas na lei é garantir que os projetos pedagógicos, na educação básica e no ensino superior, contem com atividades relacionadas aos riscos e emergências socioambientais e a outros aspectos relacionados à questão ambiental e climática, incluindo melhor destinação dos resíduos sólidos.

Tribunais de Contas.⁶⁷ Ações nesse sentido estão sendo ampliadas e necessitam ser compartilhadas e tornarem-se prioridade nas 33 Cortes de Contas do Brasil. No item a seguir, serão explicitadas algumas boas práticas como mais uma forma de fomentar o *concretismo* das políticas públicas a promover a correta destinação dos resíduos sólidos.

4 Diagnóstico de boas práticas a serem ampliadas no Brasil e outros países e *cases jurisprudenciais* e as perspectivas de impacto das decisões das Cortes de Contas

No Planeta Terra, a rigor, não existe a "ação de jogar fora o lixo". Os resíduos terão necessariamente destinação – ou correta ou incorreta nos termos ambientais. Ademais, como já abordado, o que outrora se considerava "lixo", desprovido de valor, requer reavaliação e tratativas para que seja resíduo que deverá ter destinação correta, com reaproveitamento, sempre que possível, com verificação das perspectivas de gerar lucro (pela reutilização ou pelas taxas dos serviços), ou mediante descarte adequado, não prejudicial ambientalmente, e nos termos das demais coordenadas constantes no Planares. No *iter* sustentável dos produtos, nas várias etapas, há possibilidades de atuações dos Tribunais de Contas, a iniciar-se pelo zelo, ou redução, dos próprios resíduos produzidos pela instituição. Como em várias outras atuações, as boas práticas deverão ter início no âmbito interno, induzindo-se bons exemplos, seguidas de atuações dialógicas com a sociedade e jurisdicionados, com ênfase no papel educacional (nos termos constitucionais e infraconstitucionais, como antes referido) e pedagógico.

Com o objetivo de verificar a Política Nacional dos Resíduos Sólidos, o *Tribunal de Contas da União* efetuou auditoria operacional de relatoria do Ministro Substituto Marcos Bemquerer,⁶⁸ que redundou em diversas recomendações e determinações, bem como envio do acórdão aos Tribunais de Contas, Poder Legislativo e Órgãos do Governo Federal envolvidos na concretização da Política Nacional

---

⁶⁷ Nos termos já detalhados em estudos anteriores: CUNDA, Daniela Zago G. da. *Controle de sustentabilidade pelos Tribunais de Contas*. 2016. Tese (Doutorado em Direito) – Pontifícia Universidade Católica do Rio Grande do Sul, Porto Alegre, 2016.

⁶⁸ BRASIL. Tribunal de Contas da União. *Auditoria Operacional na Política Nacional de Resíduos Sólidos*. 2023. Disponível em: https://sites.tcu.gov.br/relatorio-de-politicas/08-auditoria-operacional-na-politica-nacional-de-residuos-solidos.html. Acesso em: 06 set. 2024.

de Resíduos Sólidos. Um aspecto a ser destacado no acórdão foi que *apenas 33,2%[69] dos municípios do Brasil instituíram algum tipo de cobrança pelo serviço de gestão e manejo dos resíduos sólidos*. Depreende-se que poderá ser ampliada, portanto, a rentabilidade oriunda dos resíduos sólidos também sob a perspectiva de tributação, na lógica "do luxo/taxa obtido do lixo", que poderá financiar políticas públicas a promoverem maior equidade. Outro dado preocupante é o grau de sustentabilidade econômica da cobrança. Segundo dados do Sistema Nacional de Informações sobre Saneamento (SNIS),[70] a autossuficiência financeira da cobrança está na ordem de apenas 53,8% das despesas totais. Outro aspecto levantado pela Auditoria diz respeito à governança e gestão dos resíduos sólidos, situação que necessita de aprimoramento. Em termos de órgão regulador, de um total de 5.060 municípios participantes do SNIS, apenas 504 possuem vínculo com Agência Reguladora quanto manejo de resíduos sólidos. Além disso, o marco legal do saneamento adotou como premissa a formação de arranjos regionais para fins de prestação de serviços públicos do saneamento.

Nesse aspecto, *os Tribunais de Contas podem auxiliar para o aumento da suficiência de recursos para a área de gestão dos resíduos sólidos*. O artigo 35[71] da Lei nº 11.445/2007 estabelece que a cobrança sobre o manejo de resíduos sólidos é obrigatória, sob pena de configurar renúncia de receita, entretanto não é a única exigência, uma vez que necessária a autossuficiência, cujo índice ainda é bem baixo, conforme demonstrado acima.

O marco legal do saneamento fez algumas modificações no que diz respeito à gestão, uma vez que unificou na Agência Nacional de Água a integração da gestão de recursos hídricos e saneamento, inserindo para a agência a incumbência de editar normas de referência

---

[69] Os dados do SNIS de 2023 indicam o percentual de 39,9% de municípios com cobrança, conforme:
BRASIL. Ministério das Cidades. *Diagnóstico temático* – manejo de resíduos sólidos urbanos. Brasília, 2023, p. 54.

[70] BRASIL. Ministério das Cidades. *Diagnóstico temático* – manejo de resíduos sólidos urbanos. Brasília, 2023, p. 53.

[71] Art. 35. As taxas ou as tarifas decorrentes da prestação de serviço de limpeza urbana e de manejo de resíduos sólidos considerarão a destinação adequada dos resíduos coletados e o nível de renda da população da área atendida, de forma isolada ou combinada, e poderão, ainda, considerar: (Redação pela Lei nº 14.026, de 2020)
(...)
§2º A não proposição de instrumento de cobrança pelo titular do serviço nos termos deste artigo, no prazo de 12 (doze) meses de vigência desta Lei, configura renúncia de receita e exigirá a comprovação de atendimento, pelo titular do serviço, do disposto no art. 14 da Lei Complementar nº 101, de 4 de maio de 2000, observadas as penalidades constantes da referida legislação no caso de eventual descumprimento. (Redação pela Lei nº 14.026, de 2020)

no setor.⁷² Com o objetivo de regular o serviço de manejo, *a ANA editou a Norma nº 1, que dispõe sobre o regime, a estrutura e os parâmetros da cobrança pela prestação do serviço público de manejo de resíduos sólidos urbanos*. Outro aspecto importante do marco legal foi o de atribuir caráter obrigatório para a adoção das normas regulamentadoras⁷³ para fins de acessar recursos federais para a área federal. Importante incentivo à centralização regulatória, que amplia a segurança jurídica na prestação do serviço.⁷⁴ Assim, considerando que a sustentabilidade da cobrança pelo serviço de manejo ainda apresenta níveis baixos, importante que se compartilhe conhecimento sobre o tema num primeiro momento, para que posteriormente sejam realizados trabalhos de diagnóstico e acompanhamentos de ações propostas aos jurisdicionados.

Nesse sentido, verifica-se a iniciativa da Rede Integrar que reúne IRB, Atricon, TCU e Tribunais de Contas aderentes com o objetivo de⁷⁵ "(...) estabelecer cooperação técnica para fiscalização e aperfeiçoamento do ciclo de implementação de políticas públicas descentralizadas no Brasil".

Uma das temáticas a terem compartilhamento de ações no controle externo é a temática de sustentabilidade econômico-financeira dos serviços de manejo de resíduos.⁷⁶ Veja-se que a capacitação dos Tribunais e a posterior fiscalização de aspectos relativos à universalização do saneamento básico são práticas indutoras para a implementação dos serviços públicos relativos ao tema.

---

⁷² Para maiores reflexões sobre o tema, ver:
RAMOS, Letícia Ayres; Martins, Flávia Burmeister. Encontros e desencontros do saneamento básico no Brasil em uma visão conjunta com a implementação do ODS 6 da Agenda 2030 da ONU. *In*: WARPECHOWSKI, Ana Cristina Moraes; GODINHO, Heloísa Helena Antonacio Monteiro; IOCKEN, Sabrina Nunes. (Org.). *Políticas públicas e os ODS da Agenda 2030*. 1. ed. Belo Horizonte: Fórum, 2021, v. I, p. 213-229.

⁷³ Art. 50. A alocação de recursos públicos federais e os financiamentos com recursos da União ou com recursos geridos ou operados por órgãos ou entidades da União serão feitos em conformidade com as diretrizes e objetivos estabelecidos nos arts. 48 e 49 desta Lei e com os planos de saneamento básico e condicionados:
(...)
III – à observância das normas de referência para a regulação da prestação dos serviços públicos de saneamento básico expedidas pela ANA (Redação pela Lei nº 14.026, de 2020)

⁷⁴ RAMOS, Letícia Ayres; Martins, Flávia Burmeister. Encontros e desencontros do saneamento básico no Brasil em uma visão conjunta com a implementação do ODS 6 da Agenda 2030 da ONU. *In*: WARPECHOWSKI, Ana Cristina Moraes; GODINHO, Heloísa Helena Antonacio Monteiro; IOCKEN, Sabrina Nunes. (Org.). *Políticas públicas e os ODS da Agenda 2030*. 1ed.Belo Horizonte: Fórum, 2021, v. I, p. 222.

⁷⁵ Disponível em: https://redeintegrar.irbcontas.org.br/. Acesso em: 06 set. 2024.

⁷⁶ Disponível em: https://redeintegrar.irbcontas.org.br/wp-content/uploads/2024/07/relatorio-parcial-julho-2024.pdf. Acesso em: 06 set. 2024.

Para além das auditorias municipais, em 2021, o *Tribunal de Contas do Estado do Rio Grande do Sul* realizou um diagnóstico estadual da situação dos municípios em relação à gestão de resíduos sólidos urbanos, identificando as principais lacunas dos municípios nesse modal de saneamento.

Outra iniciativa encontrada foi a fiscalização ordenada realizada *pelo Tribunal de Contas de Santa Catarina*,[77] mediante ação que busca coletar informações e elaborar um diagnóstico da situação para fins de subsidiar a programação de fiscalização bem como formação de base de conhecimento na área de resíduos sólidos. A mesma prática pode ser encontrada *nos Tribunais de Contas de São Paulo*,[78] *Piauí*[79] e *Pernambuco*.[80]

No *Tribunal de Contas do Estado do Espírito Santo*, foi elaborado um levantamento dos 78 municípios capixabas no que concerne à entidade responsável pela regulação dos serviços,[81] bem como quanto ao estabelecimento de cobrança para o serviço de manejo com vista a assegurar a sustentabilidade do sistema. Os achados demonstraram que não havia um diagnóstico preciso de cobrança nos municípios, a maioria não possuía conhecimento acerca da entidade reguladora, carência de planejamento objetivando o atingimento da sustentabilidade econômico-financeira da prestação do serviço, entre outras questões. Ao final do processo, foram expedidos determinações, recomendações e alertas aos municípios.

O *Tribunal de Contas do Maranhão* realizou auditoria operacional com foco no saneamento básico e resíduos sólidos em municípios do estado. Após a conclusão, com providências mediante relatório com recomendações e determinações à Secretaria Estadual de Cidades e Desenvolvimento Urbano, providenciou-se monitoramento do cumprimento dos itens observados.[82]

---

[77] SANTA CATARINA. Tribunal de Contas de Santa Cataria. *Fiscalização ordenada sobre resíduos sólidos*. 2023. Disponível em: https://virtual.tce.sc.gov.br/pwa/#/processo. Acesso em: 06 set. 2024.

[78] Conforme pode ser verificado em: https://painel.tce.sp.gov.br/pentaho/api/repos/%3Apublic%3AFiscaOrde%3AFiscaOrde.wcdf/generatedContent?userid=anony&password=zero. Acesso 06 set. 2024.

[79] Disponível em: https://www.tcepi.tc.br/controle-externo/fiscalizacoes-ordenadas/#:~:text=As%20Fiscaliza%C3%A7%C3%B5es%20Ordenadas%20s%C3%A3o%20atividades,Entidades%20do%20Estado%20do%20Piau%C3%AD. Acesso em: 06 set. 2024.

[80] Disponível em: https://www.tcepe.tc.br/internet/docs/tce/Consolidado-VF.pdf. Acesso em: 06 set. 2024.

[81] Disponível em: https://www.tcees.tc.br/consultas/processo/detalhar-processo/?numero=1673&ano=2022&key=ecc8b57073231946cbe097cdef26d19f53a4d3590e00771c3758b6438fe388e46c88ebd955c956b1639818193230276ec2b96445a887f8ee798b5f0f7003cfc2. Acesso em: 06 set. 2024.

[82] Tribunal de Contas do Estado do Maranhão. TCE realiza auditoria operacional com foco em Saneamento Básico e Resíduos Sólidos. 2023c. Disponível em: https://www.tcema.tc.br/

Importante trabalho foi realizado pelo *Tribunal de Contas do Estado do Mato Grosso do Sul* com a publicação "Indicadores de Resíduos Sólidos nos Municípios do MS". Referida obra concentrou-se na "busca de medidas visando à sustentabilidade financeira dos serviços de coletas e destinação dos resíduos e ao fortalecimento da reciclagem".[83] A segunda edição, datada de 2023, evidenciou melhorias no sistema, que demonstram o papel indutor do Tribunal de Contas do desenvolvimento sustentável.

Os *cases* acima, exemplificativos e ressaltados, de uma série de outras atuações,[84] demonstram a preocupação dos Tribunais de Contas em fazer levantamentos, produzir informações de qualidade para auxiliar a formulação, execução das políticas públicas e também para contribuir com o controle social. É de se ressaltar que a fase de monitoramento das políticas, já realizada por alguns tribunais, contribui para uma melhoria contínua no desempenho das atividades administrativas e, consequentemente, da vida das pessoas das atuais gerações, com zelo pelo legado a ser deixado para as gerações futuras.

Considerações finais

A hora de agir é agora! Dessa forma, em texto de 1973, em publicação no livro *Fim do Futuro?*, José Lutzenberger dirigiu-se aos "jovens ainda não acomodados e aos não jovens ainda idealistas, aos intelectualmente alertas e dispostos a fazer sacrifícios por um mundo melhor, mais sábio". O ambientalista gaúcho, a serviço do planeta Terra, mencionava que "essa crise refuta as premissas básicas da sociedade de consumo, com sua ideologia de expansão e esbanjamento ilimitados" e de forma profética referiu que se continuássemos com "a nossa atual cegueira ambiental e a exploração irresponsável de nosso outrora pródigo meio natural, serão inevitáveis calamidades de magnitude nunca vista".[85]

Nas reflexões desenvolvidas, reafirmou-se que o *dever fundamental de sustentabilidade* irradia diretrizes à Administração Pública e também para o setor privado quanto à correta destinação dos resíduos

---

index.php/noticias/2737-tce-realiza-auditoria-operacional-com-foco-em-saneamento-basico-e-residuos-solidos. Acesso em: 06 set. 2024.

[83] Disponível em: https://portal-services.tce.ms.gov.br/portal-services/files/arquivo/nome/25846/6609556662b3125bd3f4c5a0eb5bc199.pdf. Acesso em: 06 set. 2024.

[84] Também indicadas nas referências do presente estudo.

[85] Informações obtidas na recente obra: *LUTZ: a visão e as previsões de José Lutzenberger*. Organização Lúcia Brito. 1. ed. Porto Alegre: Almalinda – Sonhos Editoriais, 2024, p. 32 e 33.

sólidos; foram demonstrados os dispositivos constitucionais (incluídos projetos de emendas constitucionais) e infraconstitucionais atinentes aos resíduos sólidos e sua visualização como políticas públicas a propiciarem uma maior equidade intra e intergeracional, bem como segurança climática. Sob a perspectiva internacional, abordou-se o *direito humano à sustentabilidade e equidade intra e intergeracional*, com ênfase aos ODS 06, 11, 12 e 13 da Agenda 2030 da ONU e os demais Objetivos de Desenvolvimento Sustentáveis e metas interligados ao tema.

Em termos institucionais, ratificou-se a missão dos Tribunais de Contas e Ministério Públicos de Contas na concretização das dimensões ecológica, social, ética, fiscal e econômica da sustentabilidade, mediante ações pedagógicas e de controle de sustentabilidade. Foram demonstradas boas práticas a serem ampliadas no Brasil e outros países e *cases jurisprudenciais* de monitoramento, fomento e fiscalização das políticas públicas interligadas à correta destinação dos resíduos sólidos, que têm relação direta com a emergência climática, concebida como a "antessala de todas as outras", conforme julgados do Supremo Tribunal Federal. A compilação das possibilidades de atuações dos Tribunais de Contas (item 3)[86] e das principais *boas práticas* (item 4), com ênfase no necessário diálogo com a dimensão fiscal e econômica e o *dever de (auto) financiamento*, apresentadas na presente pesquisa, poderão ser objeto de debate na esfera nacional, resultante *v.g.* em nota recomendatória conjunta das associações da Rede de Controle Externo, nos moldes de outras diretrizes anteriores quanto às temáticas ambientais e para uma maior segurança climática.[87] Poderão também ser objeto de averiguação no Marco de Medição de Desempenho dos Tribunais de Contas (MMD-TC), projeto da Associação dos Membros dos Tribunais de Contas do Brasil (Atricon) para avaliar o desempenho dos órgãos de controle externo e propor melhorias e inovações.

Na perspectiva internacional, entende-se que as *boas práticas* apresentadas no presente estudo poderiam ser objeto de análise junto ao *Climate Scanner*, ainda mais considerando a conexão que o tema tem com as mudanças climáticas e observando-se os três eixos constantes na

---

[86] Somadas as atuações selecionadas e constantes nas referências do presente estudo.

[87] Sobre a Nota Recomendatória Conjunta nº 01/2024, para maiores detalhes dos debates e da íntegra das diretrizes, *vide*: https://irbcontas.org.br/sustentabilidade-comite-tecnico-do-irb-debate-acoes-de-enfrentamento-aos-desastres-ambientais/ Acesso em: 30 jun. 2024. Referente à Nota Recomendatória Conjunta nº 04/2024, *vide*: https://atricon.org.br/entidades-emitem-recomendacao-com-foco-em-acoes-contra-impactos-das-queimadas/ Acesso em: 01 out. 2024.

plataforma: *financiamento, governança* e *ação*.[88] Um prévio *Mapeamento Climático Nacional*, com o auxílio dos demais 32 Tribunais de Contas do Brasil, em parceria com o Tribunal de Contas da União, mediante averiguação das previsões orçamentárias, gestão de riscos, transparência dos dados ambientais, reunião dos normativos ambientais, averiguação da adaptação e mitigação, que perpassam por políticas públicas interligadas aos resíduos sólidos, seria deveras profícuo.

Alinhado ao propósito da presente obra em apresentar as mutações do Direito e novas perspectivas de atuações dos Tribunais de Contas e Ministérios Públicos de Contas, em sintonia e com as palavras inspiradoras de Lutzenberger, afirma-se que a intenção do presente estudo não foi de "preparar um receituário detalhado de soluções para a crise ambiental", mas sim "indicar os novos rumos onde procurar soluções. Elas decorrerão do novo paradigma, e esse novo paradigma é a visão ecológica das coisas". Nesses termos, o ***concretismo*** *das políticas públicas interligadas à destinação correta dos resíduos sólidos,* no sentido de concretização aliada ao "concretismo" literário, que denota um olhar atento e inovador, *necessariamente deverá conceder primazia às dimensões ecológica e social da sustentabilidade, devidamente (auto)financiadas, assim como ser visionário e atento a uma maior equidade intra e intergeracional.*

Referências

ACRE. Tribunal de Contas do Estado do Acre. *Área técnica do TCE inspeciona implementação da Lei de Resíduos Sólidos no município*. 2023. Disponível em: https://tceac.tc.br/site/?p=6930. Acesso em: 21 abr. 2024.

ALMEIDA, Camila Parente. *A política nacional de resíduos sólidos no antropoceno*: o papel dos Tribunais de Contas na Amazônia Legal. Rio de Janeiro, 2021.

ALMEIDA, Camila Parente. O esverdeamento dos Tribunais de Contas: a garantia de uma atuação sustentável. *Revista Técnica do Tribunal de Contas do Estado de Mato Grosso*, 13. ed., p. 154-158, 2018. Disponível em: https://www.tce.mt.gov.br/publicontas/detalhe Publicacao?publicacao=226. Acesso em: 29 abr. 2024.

ALMEIDA, Camila Parente; MEDEIROS, Aline Pacheco. A tríplice atuação dos Tribunais de Contas para concretização da Agenda 2030. *Revista Técnica dos Tribunais de Contas – RTTC*. Instituto Rui Barbosa. Vol. 06, n. 1 (nov. 2021/ nov. 2023), p. 87 – 108. Fortaleza: IRB, 2023. Disponível em: https://irbcontas.org.br/wp-content/uploads/2023/12/rrtcc-ano6.pdf. Acesso em: 07 abr. 2024.

AMADO GOMES, Carla. *Risco e modificação do acto autorizativo concretizador de deveres de protecção do ambiente*. Coimbra: Coimbra Editora, 2007, (versão *E-book*).

---

[88] Disponível em: https://sites.tcu.gov.br/climatescanner/. Acesso em: 30 maio 2024.

AMADO GOMES, Carla. (coord). *Compensação ecológica, serviços ambientais e protecção da biodiversidade*. Lisboa: ICJP, 2014. Disponível em: http://www.icjp.pt/sites/default/files/publicacoes/files/ebook_comp_eco.pdf. Acesso em: 02 maio 2024.

AMAZONAS. Tribunal de Contas do Estado do Amazonas. *Relatório Conclusivo de Auditoria Operacional – Resíduos Sólidos Urbanos – RSU*. 2011. Disponível em: https://www2.tce.am.gov.br/portal/wp-content/uploads/relatorio_RSU.pdf. Acesso em: 24 abr 2024.

AMAZONAS. Tribunal de Contas do Estado do Amazonas. *Relatório Conclusivo de Auditoria Operacional de Resíduos Sólidos – Programa Manaus Mais Limpa*. 2011. Disponível em: https://www2.tce.am.gov.br/portal/wp-content/uploads/relatorio_RSU.pdf. Acesso em: 21 mar. 2024.

AMAZONAS. Tribunal de Contas do Estado do Amazonas. *Tribunal expõe sua contribuição com a Política Nacional de Resíduos Sólidos*. 2012. Disponível em: https://www2.tce.am.gov.br/?p=2401. Acesso em: 20 abr. 2024.

AMAZONAS. Tribunal de Contas do Estado do Amazonas. *Tribunal de Contas sedia 3ª audiência do Fórum de Logística Reversa*. Manaus, 2019. Disponível em: https://www2.tce.am.gov.br/?p=31305. Acesso em: 12 abr. 2024.

AMAZONAS. Tribunal de Contas do Estado do Amazonas. *TCE lança aplicativo "Sou Eco" para receber denúncias sobre crimes ambientais*. Manaus, 2019. Disponível em: https://www2.tce.am.gov.br/?p=32509. Acesso em: 10 abr. 2024.

AMAZONAS. Tribunal de Contas do Estado do Amazonas. *Tribunal de Contas aprova auditoria em serviços de limpeza e coleta de resíduos em Manaus e nove cidades do interior*. 2021. Disponível em: https://www2.tce.am.gov.br/?p=44516. Acesso em: 12 abr. 2024.

ARAGÃO, Maria Alexandra de Sousa. *O direito dos resíduos*. Coimbra: Editora Almedina, 2003.

ARAGÃO, Maria Alexandra de Sousa. *O princípio do nível elevado de proteção e a renovação ecológica do direito do ambiente e dos resíduos*. Coimbra: Editora Almedina, 2006.

ARAÚJO, Fernando. *Introdução à Economia*. 3. ed. Coimbra: Editora Almedina, 2005, p. 598.

ASSOCIAÇÃO BRASILEIRA DE EMPRESAS DE LIMPEZA PÚBLICA E RESÍDUOS ESPECIAIS. *Estimativas dos custos para viabilizar a universalização da destinação adequada de resíduos sólidos no Brasil*. ABRELPE, 2015a. Disponível em: https://bit.ly/3y4Ur7P. Acesso em: 28 abr. 2024.

ASSOCIAÇÃO DOS MEMBROS DOS TRIBUNAIS DE CONTAS. *Resolução n° 07, de 30 de novembro de 2018*. Aprova as Diretrizes de Controle Externo Atricon nº 3216/2018 relacionadas à temática "Controle externo na gestão de resíduos sólidos". 2018. Disponível em: https://bit.ly/364LPly. Acesso em: 19 abr. 2024.

ASSOCIAÇÃO DOS MEMBROS DOS TRIBUNAIS DE CONTAS. *Arquivos: Acervo Técnico dos Tribunais de Contas sobre saneamento e resíduos sólidos* https://atricon.org.br/biblioteca-virtual-itens/?bva_categorias=saneamento-basico-e-residuos-solidos Acesso em: 29 abr. 2024

AYALA, Patryck de Araújo. Direito fundamental ao ambiente e a proibição de regresso nos níveis de proteção ambiental na Constituição brasileira. *In*: BRASIL. Congresso Nacional. Senado Federal. Comissão de Meio Ambiente, Defesa do Consumidor e Fiscalização e Controle. *Colóquio Internacional sobre o princípio da proibição do retrocesso ambiental*, Brasília, p. 207-246, 2012. Disponível em: https://www2.senado.leg.br/bdsf/handle/id/242559. Acesso em: 15 abr. 2024.

BAUMAN, Zygmunt. *Vida para consumo*: a transformação das pessoas em mercadoria. Rio de Janeiro: Editora Schwarcz S.A., 2008.

BECK, Ulrich. *Sociedade de risco*: rumo a uma outra modernidade. 2. ed. São Paulo: Editora 34, 2011.

BENJAMIN, Antônio Herman de Vasconcellos e. Direito Constitucional Ambiental Brasileiro. *In:* CANOTILHO, José Joaquim Gomes; LEITE, José Rubens Morato (Orgs.). *Direito constitucional ambiental brasileiro*. São Paulo: Saraiva, 2007.

BERTICELLI, Ritielli. *Gestão integrada de resíduos sólidos urbanos*: análise de viabilidade econômica de cenários para um município de médio porte. Dissertação de Mestrado, UPF, Observatório de Gestão e Políticas Públicas do TCE-RS, 2016. https://tcers.tc.br/trabalho-academico-observa-rs/gestao-integrada-de-residuos-solidos-urbanos-analise-de-viabilidade-economica-de-cenarios-para-um-municipio-de-medio-porte/ Acesso em: 29 abr. 2024.

BRASIL. Ministério das Cidades. *Diagnóstico temático* – manejo de resíduos sólidos urbanos. Brasília, 2023, p. 18.

BRASIL. Constituição (1988)]. *Constituição da República Federativa do Brasil de 1988*. Brasília, DF: Presidência da República, [2021]. Disponível em: http://www.planalto.gov.br/ccivil_03/constituicao/constituicao.htm. Acesso em: 20 abr. 2024.

BRASIL. *Lei nº 9.795, de 27 de abril de 1999*. Dispõe sobre a educação ambiental, institui a Política Nacional de Educação Ambiental e dá outras providências. 1999a. Disponível em: http://www.planalto.gov.br/ccivil_03/LEIS/L9795.htm. Acesso em: 20 abr. 2024.

BRASIL. Ministério do Meio Ambiente. *Gestão integrada de resíduos sólidos na Amazônia*: a metodologia e os resultados da sua aplicação. Rio de Janeiro: IBAM, 1999b. Disponível em: http://www.ibam.org.br/media/arquivos/estudos/girs_amazonia_1.pdf. Acesso em: 29 abr. 2024.

BRASIL. *Lei nº 10.257, de 10 de julho de 2001*. Regulamenta os arts. 182 e 183 da Constituição Federal, estabelece diretrizes gerais da política urbana e dá outras providências. Disponível em: http://www.planalto.gov.br/ccivil_03/leis/leis_2001/l10257.htm. Acesso em: 23 abr. 2024.

BRASIL. Ministério do Meio Ambiente. *Gestão integrada de resíduos sólidos na Amazônia como lidar com o lixo de maneira adequada*. Rio de Janeiro: IBAM, 2002. Disponível em: http://www.ibam.org.br/media/arquivos/estudos/girs_amazonia2_1.pdf. Acesso em: 29 abr. 2024.

BRASIL. *Lei nº 10.650, de 16 de abril de 2003*. Dispõe sobre o acesso público aos dados e informações existentes nos órgãos e entidades integrantes do Sisnama. Brasília, 2003.

BRASIL. *Lei nº 11.445, de 05 de janeiro de 2007*. Estabelece diretrizes nacionais para o saneamento básico; altera as Leis nº 6.766, de 19 de dezembro de 1979, 8.036, de 11 de maio de 1990, 8.666, de 21 de junho de 1993, 8.987, de 13 de fevereiro de 1995; revoga a Lei nº 6.528, de 11 de maio de 1978; e dá outras providências. Disponível em: http://www.planalto.gov.br/ccivil_03/_ato2007-2010/2007/lei/l11445.htm. Acesso em: 29 abr. 2024.

BRASIL. *Lei nº 12.187, de 29 de dezembro de 2009*. Institui a Política Nacional sobre Mudança do Clima – PNMC e dá outras providências. Brasília, 2009.

BRASIL. *Lei nº 12.305, de 02 de agosto de 2010*. Institui a Política Nacional de Resíduos Sólidos; altera a Lei nº 9.605, de 12 de fevereiro de 1998; e dá outras providências. 2010b. Disponível em: http://www.planalto.gov.br/ccivil_03/_ato2007-2010/2010/lei/l12305.htm. Acesso em: 29 abr. 2024.

BRASIL. Tribunal de Contas Da União. *Auditoria Coordenada em Unidades de Conservação da Amazônia*. 2013. Disponível em: https://portal.tcu.gov.br/biblioteca-digital/auditoria-coordenada-em-unidades-de-conservacao-da-amazonia.htm. Acesso em: 26 abr. 2024.

BRASIL. *Lei nº 14.026, de 15 de julho de 2020*. Atualiza o marco legal do saneamento básico e altera a Lei nº 9.984, de 17 de julho de 2000, para atribuir à Agência Nacional de Águas e Saneamento Básico (ANA) competência para editar normas de referência sobre o serviço de saneamento, a Lei nº 10.768, de 19 de novembro de 2003, para alterar o nome e as atribuições do cargo de Especialista em Recursos Hídricos, a Lei nº 11.107, de 6 de abril de 2005, para vedar a prestação por contrato de programa dos serviços públicos de que trata o art. 175 da Constituição Federal, a Lei nº 11.445, de 5 de janeiro de 2007, para aprimorar as condições estruturais do saneamento básico no País, a Lei nº 12.305, de 2 de agosto de 2010, para tratar dos prazos para a disposição final ambientalmente adequada dos rejeitos, a Lei nº 13.089, de 12 de janeiro de 2015 (Estatuto da Metrópole), para estender seu âmbito de aplicação às microrregiões, e a Lei nº 13.529, de 4 de dezembro de 2017, para autorizar a União a participar de fundo com a finalidade exclusiva de financiar serviços técnicos especializados. Brasília, 2020.

BRASIL. *Lei nº 14.129, de 29 de março de 2021*. Dispõe sobre princípios, regras e instrumentos para o Governo Digital e para o aumento da eficiência pública e altera a Lei nº 7.116, de 29 de agosto de 1983, a Lei nº 12.527, de 18 de novembro de 2011 (Lei de Acesso à Informação), a Lei nº 12.682, de 9 de julho de 2012, e a Lei nº 13.460, de 26 de junho de 2017. Disponível em: https://www.in.gov.br/en/web/dou/-/lei-n-14.129-de-29-de-marco-de-2021-311282132. Acesso em: 10 abr. 2024.

BRASIL. *Decreto nº 10.936, de 12 de janeiro de 2022*. Regulamenta a Lei nº 12.305, de 2 de agosto de 2010, que institui a Política Nacional de Resíduos Sólidos. Disponível em: https://www.planalto.gov.br/ccivil_03/_ato2019-2022/2022/decreto/D10936.htm. Acesso em: 13 abr. 2024.

BRASIL. *Decreto nº 11.403, de 13 de abril de 2022*. Aprova o Plano Nacional de Resíduos Sólidos. Disponível em: https://www.planalto.gov.br/ccivil_03/_ato2019-2022/2022/decreto/d11043.htm. Acesso em: 13 abr. 2024.

BRASIL. Tribunal de Contas da União. *Auditoria Operacional na Política Nacional de Resíduos Sólidos*. 2023. Disponível em: https://sites.tcu.gov.br/relatorio-de-politicas/08-auditoria-operacional-na-politica-nacional-de-residuos-solidos.html. Acesso em 06 set. 2024.

BRASIL. Tribunal de Contas da União. *Acórdão nº 1752/2011 – Plenário*. Avaliação das ações adotadas pela administração pública federal acerca do uso racional e sustentável de recursos naturais. Pertinência, atualidade e relevância do tema. Relator: Min. André de Carvalho. Processo: 017.517/2010-9. Data da sessão: 29.06.2011. Disponível em: https://bit.ly/3nbBlwF. Acesso em: 24 abr. 2024.

BRASIL. Tribunal de Contas da União. *Acórdão nº 1056/2017 – Plenário*. Apreciação de auditoria operacional realizada por força do Acórdão n. 833/2014-TCU-Plenário, com objetivo de avaliar em que medidas as *ações adotadas pela Administração Pública Federal nas áreas de redução de consumo próprio de papel, energia elétrica e de água* evoluíram em relação ao observado quando do Acórdão n. 1.752/2011-TCU-Plenário. Relator: Min. André de Carvalho. Processo: 006.615/2016-3. Data da sessão: 24.05.2017a. Disponível em: https://encr.pw/UD0kF. Acesso em: 20 abr. 2024.

BRASIL. Tribunal de Contas da União. *Sustentabilidade na Administração Pública Federal*. Tribunal de Contas da União. Relator Ministro-Substituto André Luís de Carvalho. Brasília: TCU, Secretaria de Controle Externo da Agricultura e do Meio Ambiente (SecexAmbiental), 2017. Disponível em: https://acesse.one/ aqV2t. Acesso em: 20 abr. 2024.

BOSSELMANN, Klaus. *O princípio da sustentabilidade:* transformando direito e governança. Tradução de Phillip Gil França. Título original: The principle of sustainability. São Paulo: Editora Revista dos Tribunais, 2015.

BRITO, Lúcia (organizadora). *LUTZ:* visão e as previsões de José Lutzenberger. Organização Lúcia Brito. 1. ed. Porto Alegre: Almalinda – Sonhos Editoriais, 2024.

CASALTA NABAIS, José. *O dever fundamental de pagar impostos:* contributo para a compreensão constitucional do estado fiscal contemporâneo. Coimbra: Almedina, 1998.

CASALTA NABAIS, José. A face oculta dos direitos fundamentais: os deveres e os custos dos direitos. *Revista da AGU.* Brasília, n. Especial, p. 73-92, jun. 2002.

CORTE INTERAMERICANA DE DIREITOS HUMANOS. *Opinião Consultiva nº 23/2017 sobre Meio Ambiente e Direitos Humanos.* 2017. Disponível em: http://www.corteidh.or.cr/docs/opiniones/seriea_23_esp.pdf. Acesso em: 28 abr. 2024.

CUNDA, Daniela Zago G. da. *Prefácio à Política Nacional de Resíduos Sólidos no Antropoceno:* o papel dos Tribunais de Contas na Amazônia Legal de autoria de ALMEIDA, Camila Parente. (Prefácio sob a perspectiva dos ODS da Agenda da ONU para 2030). 2. ed. Rio de Janeiro: Lumen Juris, 2024.

CUNDA, Daniela Zago G. da. *Controle de sustentabilidade pelos Tribunais de Contas.* 2016. Tese (Doutorado em Direito) – Pontifícia Universidade Católica do Rio Grande do Sul, Porto Alegre, 2016.

CUNDA, Daniela Zago G. da; BLIACHERIENE, A. C. Leis de Acesso a Informações para um Estado (T)Ec(n)ológico e Democrático de Direito. *Lei de Acesso a Informações*: estudos em homenagem aos 10 anos da Lei nº 12.527/2011. 1. ed. Porto Alegre: Fundação Fênix (Série Direito), 2022, v. 1, p. 225-245. https://www.fundarfenix.com.br/ebook/187leideacesso Acesso em 30 ago. 2024

CUNDA, Daniela Zago Gonçalves. Controle de políticas públicas pelos Tribunais de Contas: tutela da efetividade dos direitos e deveres fundamentais. *Revista Brasileira de Políticas Públicas*, v. 1, n. 2, p. 111-147, jul./dez. 2011. Disponível em: https://www.publicacoes.uniceub.br/RBPP/article/view/1270. Acesso em: 21 abr. 2024.

CUNDA, Daniela Zago G. da. Os deveres das gerações presentes para com as futuras gerações: atuação dos tribunais (para além) de contas como provedoras do princípio da solidariedade intergeracional. *Revista Técnica do Tribunal de Contas do Mato Grosso do Sul*, v. 1, p. 1-28, 2015. Disponível em: http://www.tce.ms.gov.br/portal/revistaeletronica2/doc1/04.pdf. Acesso em: 09 abr. 2024.

CUNDA, Daniela Zago G. da. Controle da sustentabilidade pelos Tribunais de Contas e a necessária ênfase à dimensão ambiental. *In*: MIRANDA, Jorge; AMADO GOMES, Carla; BORRÀS, Susana (Org.). *Diálogo ambiental, constitucional e internacional.* Rio de Janeiro: Editora Lumen Juris, 2018.

CUNDA, Daniela Zago G. da. Controle de Sustentabilidade (T)Ec(n) lógico Pelos Tribunais de Contas do Brasil e da Espanha e um breve diálogo com Cervantes. *Intellegentiae artificialis, imperium et civitatem*, p. 121-141, 2022. Disponível em: https://shre.ink/rHpn. Acesso em: 07 mar. 2024.

CUNDA, Daniela Zago G. da; VILLAC, Tereza. Contratações públicas sustentáveis e a atuação da advocacia pública e dos Tribunais de Contas. *In*: WARPECHOWSKI, Ana; GODINHO, Heloísa; IOCKEN, Sabrina. (Org.). *Políticas públicas e os ODS da Agenda 2030*. 1. ed. Belo Horizonte: Editora Fórum, 2021, v. 1, p. 383-399.

CRUZ, Paulo Márcio. *Fundamento do direito constitucional.* Curitiba: Juruá, 2002, p. 36 e ss.

DE ANDRADE FERNANDES, Natália. Os reflexos da modernidade na geração de resíduos: uma análise do fenômeno da globalização à luz da Política Nacional de Resíduos Sólidos. *In:* LEITE, José Rubens Morato; BELCHIOR, Germana Parente Neiva (Org.). *Resíduos sólidos e políticas públicas*: diálogos entre universidade, poder público e empresas. Florianópolis: Insular, 2014.

DE ANDRADE FERNANDES, Natália. Os reflexos da modernidade na geração de resíduos: uma análise do fenômeno da globalização à luz da Política Nacional de Resíduos Sólidos. *Resíduos Sólidos e Políticas Públicas: Diálogos entre Universidade, Poder,* p. 125, 2014. Disponível em: http://www.planetaverde.org/arquivos/biblioteca/arquivo_20140226151318_3810.pdf#page=125. Acesso em: 28 abr. 2024.

DI PIETRO, Maria Sylvia Zanella. *Direito administrativo.* 37. ed., rev., atual. e ampl. Rio de Janeiro: Forense, 2024.

EZZINE *DE BLAS Driss, RICO L., RUIZ PÉREZ M., MARIS*. La biodiversidad em El universo de los pagos por servicios ambientales: Desentrañando lo inextricable. *Revista Española de Estudios Agrosociales y Pesqueros* (228): p. 139-162. Disponível no site: http://agritrop.cirad.fr/558617/1/document_558617.pdf. Acesso em: 02 jul. 2024).

FREITAS, Juarez. *Direito fundamental à boa administração pública.* 2. ed. São Paulo: Editora Malheiros, 2009.

FREITAS, Juarez. *Sustentabilidade*: direito ao futuro. Belo Horizonte: Editora Fórum, 2016.

FREITAS, Juarez. *O controle dos atos administrativos.* 5. ed. São Paulo: Ed. Malheiros, 2013.

GARCIA, Denise Schmitt Siqueira. A necessidade do alcance do mínimo existencial ecológico para garantia da dimensão social da sustentabilidade. *Revista Direito à Sustentabilidade,* v. 1, n. 1, p. 139-155, 2014. Disponível em: http://e-revista.unioeste.br/index.php/direitoasustentabilidade/article/view/11054. Acesso em: 29 abr. 2024.

GARCIA, Heloise Siqueira. *Avaliação ambiental estratégica e política nacional de resíduos sólidos*: uma análise da aplicação em suas ações estratégicas no contexto do Brasil e da Espanha. 1. ed. Florianópolis: Empório do Direito, 2015.

GRANATO, Nelson. Validação do IEGM – Questões adicionais. *Rede Nacional de Indicadores Públicos,* 2019. Disponível em: https://bit.ly/3hlVfyv. Acesso em: 10 abr. 2024.

GODINHO, Heloísa Helena; MOTTA, Fabrício Motta. Interesse Público e Processo de Modernização e Novas Funções dos Tribunais de Contas. *Conjur.* Disponível em: https://www.conjur.com.br/2022-ago-04/interesse-publico-processo-modernizacao-novas-funcoes-tribunais-contas/. Acesso em: 06 set. 2024.

INSTITUTO RUI BARBOSA. *NBASP 12: Valor e benefícios da avaliação dos Tribunais de Contas para a sociedade.* Brasília, DF, 2020. Disponível em: https:// encr.pw/Su0Fy. Acesso em: 27 abr. 2024.

INSTITUTO RUI BARBOSA. *Rede Integrar.* Disponível em: https://redeintegrar.irbcontas.org.br/. Acesso em: 06 set. 2024.

INSTITUTO RUI BARBOSA. *IEGM*. 2021. Disponível em: https://irbcontas.org.br/iegm. Acesso em: 10 mar. 2024.

ISSAI. Normas Internacionais das Entidades Fiscalizadoras Superiores. *ISSAI 300 – Performance audit principles.* 2019a. Disponível em: https://www.issai.org/?s=issai+300. Acesso em: 22 abr. 2024.

ISSAI. *ISSAI 5201 – Environmental Auditing in The Context of Financial and Compliance Audits.* 2019. Disponível em: https://www.issai.org/?s=5120. Acesso em: 12 abr. 2024.

JONAS, Hans. *Ensaios filosóficos*: da crença antiga ao homem tecnológico. São Paulo: Paulus, 2017.

LEITE, José Rubens Morato; AYALA, Patryck de Araújo. *Direito ambiental na sociedade de risco.* 2. ed. Rio de Janeiro: Forense Universitária, 2004.

LEITE, José Rubens Morato; SILVEIRA, Paula Galbiatti. A ecologização do estado de direito: uma ruptura ao direito ambiental e ao antropocentrismo vigentes. *In:* CAVEDON-CAPEDEVILLE, Fernanda. *A ecologização do direito ambiental vigente*: rupturas necessárias. Rio de Janeiro: Lumen Juris, 2018.

LEMOS, Patrícia Faga Iglesias. *Resíduos sólidos e responsabilidade civil pós-consumo.* 2. ed. São Paulo: Editora Revistas dos Tribunais, 2012.

LEOPOLDO E SILVA, Franklin. *Descartes*: a metafísica da modernidade. São Paulo: Moderna, 1993.

LIMA, Luiz Henrique. *Controle do patrimônio ambiental brasileiro*: a contabilidade como condição para o desenvolvimento sustentável. Rio de Janeiro: Ed. UERJ, 2001.

LIMA, Luiz Henrique. *Controle externo:* teoria e jurisprudência para os Tribunais de Contas. 6. ed. Rio de Janeiro: Forense; São Paulo: Método, 2015.

LIPOVETSKY, Gilles. *A felicidade paradoxal:* ensaio sobre a sociedade de hiperconsumo. São Paulo: Companhia das Letras, 2007.

LOUREIRO, Violeta Refkalefsky Loureiro. *A Amazônia no Século XXI*: novas formas de desenvolvimento. São Paulo: Editora Empório do Livro, 2009.

LUTZ, José. *A visão e as previsões de José Lutzenberger.* Organização Lúcia Brito. 1. ed. Porto Alegre: Almalinda – Sonhos Editoriais, 2024.

MARANHÃO. Tribunal de Contas do Estado do Maranhão. *TCE realiza auditoria operacional com foco em Saneamento Básico e Resíduos Sólidos.* 2023c. Disponível em: https://www.tcema.tc.br/index.php/noticias/2737-tce-realiza-auditoria-operacional-com-foco-em-saneamento-basico-e-residuos-solidos. Acesso em: 06 set. 2024.

MARTINS, Alexandra Facciolli. A gestão adequada dos resíduos sólidos no contexto das mudanças climáticas. *In:* GAIO, Alexandre (Org*.). A política nacional de mudanças climáticas em ação*: a atuação do Ministério Público. 1. ed. Belo Horizonte: Abrampa, 2021.

MARTINS, Flávia Burmeister; BRIDI, Clauber. *Cenário de resíduos sólidos no Rio Grande do Sul. PPT.* XVII SINAOP – Obras Públicas: Planejamento, Controle e Efetividade, 2018. Disponível em: https://site.ibraop.org.br/wp-content/uploads/sites/6/2018/11/P12-Apresentacao_Residuos_TCE_RS_XVIII_Sinaop_2018.pdf. Acesso em: 29 abr. 2024.

MATO GROSSO. Tribunal de Contas do Estado de Mato Grosso. Tribunal de Contas do Estado de Mato Grosso. TCE-MT divulga Carta de intenções e Boas Práticas do IV Fórum Municípios e Soluções: Desafios e boas práticas na implementação das políticas de saneamento básico e resíduos sólidos em Mato Grosso. 2015. Disponível em: https://www.tce.mt.gov.br/conteudo/show?cid=41503. Acesso em: 28 mar. 2024.

MATO GROSSO. Tribunal de Contas do Estado de Mato Grosso. *TCE inicia auditorias em saneamento e lixo dos municípios do Pantanal.* 2019. Disponível em: https://www.tce.mt.gov.br/conteudo/show/sid/73/cid/48899/t/TCE+inicia+auditorias+em+saneamento+e+lixo+dos+munic%EDpios+da+regi%E3o+do+Pantanal. Acesso em: 28 mar. 2024.

MATO GROSSO. Tribunal de Contas do Estado de Mato Grosso. *Auditoria Operacional – Proc. n° 26.914-0/2017.* Relator: Luiz Carlos Azevedo Costa Pereira. 2017. Disponível em: https://www.tce.mt.gov.br/protocolo/detalhe/num/269140/ano/2017. Acesso em: 22 mar. 2021.

MATO GROSSO DO SUL. *Decreto Legislativo nº 15.340, de 23 de dezembro de 2019.* Define as diretrizes para implantação e implementação da logística reversa de embalagens em geral no Estado de Mato Grosso do Sul, e dá providências. Campo Grande, 2019. Disponível em: https://www.imasul.ms.gov.br/wp-content/uploads/2020/10/Estadual-MS_2019_Decreto-no-15.340_Logistica-Reversa-de-Embalagens-em-Geral.pdf. Acesso em: 20 ago. 2024.

MEDEIROS, Aline Pacheco. A gestão sustentável e os Tribunais de Contas. *Os Tribunais de Contas e as políticas públicas.* Edilberto Carlos Pontes Lima (Coord.). Belo Horizonte: Fórum, 2023, p. 65 – 82. Disponível em: https://irbcontas.org.br/wp-content/uploads/2024/01/OsTribunaisDeContasEd5.pdf. Acesso em: 07 maio 2024.

MEDEIROS, Fernanda Fontoura. *Meio ambiente. direito e dever fundamental.* Porto Alegre: Livraria do Advogado, 2004.

MCNEILL, J. R.; ENGELKE, Peter. *The great acceleration:* na environmental history of the anthropocene since 1945. Cambridge: Harvard University Press, 2014.

MILESKI, Helio Saul. *O controle da gestão pública.* 2. ed. Belo Horizonte: Fórum, 2011.

ORGANIZAÇÃO DAS NAÇÕES UNIDAS. *Transformando nosso mundo*: a agenda 2030 para o desenvolvimento sustentável. 2015. Disponível em: http://www.itamaraty.gov.br/images/ed_desenvsust/Agenda2030-completo-site.pdf. Acesso em: 30 abr. 2024.

PARÁ. *Cases de sustentabilidade*: exemplos de boas práticas na implementação da Agenda 2030 no Brasil. 2019. Disponível em: https://www.tce.pa.gov.br/index.php/comunicacao/noticias/4737-cases-de-sustentabilidade-exemplos-de-boas-praticas-na-implementacao-da-agenda-2030-no-brasil. Acesso em: 20 mar. 2021.

PARÁ. Tribunal de Contas do Estado do Pará. *Palestra sobre sustentabilidade apresenta "Cases de Sucesso" aos Conselheiros e servidores do TCE-PA.* 2023. Disponível em: https://www.tcepa.tc.br/comunicacao/noticias/7100-palestra-sobre-sustentabilidade-apresenta-cases-de-sucesso-aos-conselheiros-e-servidores-do-tce-pa. Acesso em: 15 maio 2024.

PERALTA, Carlos E. Desafios para construir uma nova racionalidade ambiental no Antropoceno: o esverdeamento da economia como caminho para incentivar a sustentabilidade. In: DINNEBIER, Flávia França; LEITE, José Rubens Morato (Orgs.). *Estado de direito ecológico*: conceito, conteúdo e novas dimensões para a proteção da natureza. São Paulo: Instituto O Direito por um Planeta Verde, 2017.

RAMOS, André de Carvalho. *Curso de direitos humanos.* 3. ed. São Paulo: Saraiva, 2016.

RAMOS, Letícia Ayres; Martins, Flávia Burmeister. Encontros e desencontros do saneamento básico no Brasil em uma visão conjunta com a implementação do ODS 6 da Agenda 2030 da ONU. In: WARPECHOWSKI, Ana Cristina Moraes; GODINHO, Heloísa Helena Antonacio Monteiro; IOCKEN, Sabrina Nunes. (Org.). *Políticas públicas e os ODS da Agenda 2030.* 1. ed. Belo Horizonte: Fórum, 2021, v. I, p. 213-229.

REAL FERRER, Gabriel. La solidariedad em derecho administrativo. *Revista de administración pública (RAP),* Nº 161, mayo-agosto 2003. Disponível no site: https://dialnet.unirioja.es/descarga/.../721284.pdf Acesso em: 20 ago. 2024

RIO GRANDE DO SUL. Tribunal de Contas do Estado do Rio Grande do Sul. *Orientação técnica serviços de coleta de resíduos sólidos domiciliares:* Projeto, contratação e fiscalização, 2019. 2. ed. https://tcers.tc.br/repo/orientacoes_gestores/Coleta-de-Residuos-S%C3%B3lidos.pdf. Acesso em: 29 abr. 2024.

SACHS, Ignacy. *Caminhos para o desenvolvimento sustentável.* 3. ed. Rio de Janeiro: Ed. Garamond, 2008.

SÃO PAULO. Tribunal de Contas do Estado de São Paulo. *Painel de resíduos sólidos.* 2018. Disponível em: https://bit.ly/3jp0pfQ. Acesso em: 15 abr. 2024.

SÃO PAULO. Tribunal de Contas do Estado de São Paulo. *Novo marco legal do saneamento básico.* 2021. Disponível em: https://www.tce.sp.gov.br/publicacoes/manual-marco-legal-saneamento-basico-2021. Acesso em: 24 abr. 2024.

SÃO PAULO. Tribunal de Contas do Estado de São Paulo. *Estamos avançando na gestão do lixo?* Um panorama dos municípios do estado de São Paulo frente ao Novo Marco Legal do Saneamento Básico. 2021. Disponível em: https://www.tce.sp.gov.br/publicacoes/manual-estamos-avancando-gestao-lixo. Acesso em: 24 abr. 2024.

SANTA CATARINA. Tribunal de Contas de Santa Catarina. *Fiscalização ordenada sobre resíduos sólidos.* 2023. Disponível em: https://virtual.tce.sc.gov.br/pwa/#/processo. Acesso em: 06 set. 2024.

SARLET, Ingo Wolfgang. *A eficácia dos direitos fundamentais:* uma teoria geral dos direitos fundamentais na perspectiva constitucionais. 11. ed. Porto Alegre: Livraria do Advogado Editora, 2012.

SARLET, Ingo Wolfgang; FENSTERSEIFER, Tiago. *Direito constitucional ambiental.* 5. ed. São Paulo: Editora Revista dos Tribunais, 2017.

SARLET, Ingo Wolfgang; FENSTERSEIFER, Tiago. *Direito constitucional ecológico.* 6. ed. São Paulo: Thomson Reuters Brasil, 2019.

SARAIVA, Rute Neto Cabrita e Gil. *A herança de quioto em clima de incerteza:* análise jurídico-económica do mercado de emissões num quadro de desenvolvimento sustentado. Lisboa: AAFDUL, 2016.

SCHMITT, Rosane Heineck. Tribunais de Contas no Brasil e controle de constitucionalidade. São Paulo: Ed. Atlas, 2015. *E-Book.*

SISTEMA DE ESTIMATIVAS DE EMISSÕES DE GASES DE EFEITO ESTUFA. *Análise das emissões brasileiras de gases de efeito estufa e suas implicações para as metas de clima do Brasil (1970-2019).* Observatório do Clima, 2020. Disponível em: https://americadosul.iclei.org/wp-content/uploads/sites/78/2020/11/oc-relatorioseeg2020-final.pdf. Acesso em: 24 abr. 2024.

SILVA, Ildete Regina Vale da; BRANDÃO, Paulo de Tarso. *Constituição e fraternidade:* o valor normativo do preâmbulo da Constituição. Curitiba: Juruá, 2015.

STEFFEN, Will *et al.* The anthropocene: conceptual and historical perspectives. *Philosophical Transactions of the Royal Society A: Mathematical, Physical and Engineering Sciences,* v. 369, n. 1938, pp. 842-867, 2011. Disponível em: https://royalsocietypublishing.org/doi/pdf/10.1098/rsta.2010.0327. Acesso em: 23 abr. 2024.

STEIGLEDER, Annelise Monteiro. Discricionariedade administrativa e dever de proteção do ambiente. *Revista do Ministério Público do Estado do Rio Grande do Sul,* n. 48, p. 271-301, 2002. Disponível em: https://www.amprs.com.br/public/arquivos/revista_artigo/arquivo_1274905751.pdf. Acesso em: 29 abr. 2024.

TOCANTINS. Tribunal de Contas do Estado de Tocantins. *Auditoria operacional identifica deficiências na gestão ambiental de Brejinho de Nazaré*. 2013. Disponível em: https://www.tceto.tc.br/auditoria-operacional-identifica-deficiencias-na-gestao-ambiental-de-brejinho-de-nazare/. Acesso em: 12 abr. 2024.

TOCANTINS. Tribunal de Contas do Estado de Tocantins. *"Estudo sobre gestão de resíduos sólidos é tema de apresentação do TCE-TO"*. 2021. Disponível em: https://www.tceto.tc.br/estudos-sobre-gestao-de-residuos-solidos-nos-municipios-e-tema-de-apresentacao-do-tce-to/. Acesso em: 24 abr. 2024.

TOCANTINS. Tribunal de Contas do Estado de Tocantins. *Desenvolvimento dos Tribunais de Contas e avanços na gestão pública são destaques na abertura do Agenda Cidadã*. 2023. Disponível em: https://www.tceto.tc.br/desenvolvimento-dos-tribunais-de-contas-e-avancos-na-gestao-publica-sao-destaques-na-abertura-do-agenda-cidada/. Acesso em: 18 abr. 2024

VEIGA, José Eli da. *O antropoceno e a ciência do sistema terra*. 1. ed. São Paulo: Editora 34, 2019.

VENÂNCIO, Marina Demaria. Estado ecológico e agroecologia: repensando o direito ambiental rumo à sustentabilidade. *In:* DINNEBIER, Flávia França; LEITE, José Rubens Morato (Org.). *Estado de direito ecológico*: conceito, conteúdo e novas dimensões para a proteção da natureza. São Paulo: Instituto O Direito por um Planeta Verde, 2017.

WILLEMAN, Marianna Montebello. *O desenho institucional dos Tribunais de Contas e sua vocação para a tutela da accountability democrática*: perspectivas em prol do direito à boa administração pública no Brasil. 2016. Tese (Doutorado) – Departamento de Direito, Pontífica Universidade Católica do Rio de Janeiro, Rio de Janeiro, 2016. Disponível em: http://www2.dbd.puc-rio.br/pergamum/tesesabertas/1221597_2016_completo.pdf. Acesso em: 21 abr. 2024.

WOLFGANG Kahl. *Nachhaltigkeit als Verbundbergriff*. Tübingen: Mohr Siebeck, 2008.

Informação bibliográfica deste livro, conforme a NBR 6023:2018 da Associação Brasileira de Normas Técnicas (ABNT):

CUNDA, Daniela Zago Gonçalves da; RAMOS, Letícia Ayres. Concretismo das políticas públicas de resíduos sólidos e o papel indutor dos Tribunais de Contas para uma maior sustentabilidade e equidade intra e intergeracional. *In:* LIMA, Luiz Henrique; CUNDA, Daniela Zago Gonçalves da (coord.). *Controle externo e as mutações do direito público*: inovações jurisprudenciais e aprimoramento da gestão pública – Estudos de ministros e conselheiros substitutos dos Tribunais de Contas. Belo Horizonte: Fórum, 2025. p. 91-130. ISBN 978-65-5518-949-0.

A POLÍTICA DE TRANSPORTE ESCOLAR: IMPACTO DA ATUAÇÃO DO TRIBUNAL DE CONTAS DO ESTADO DO PARÁ NA CRIAÇÃO DO PROGRAMA DE TRANSPORTE ESCOLAR PARAENSE

MILENE DIAS DA CUNHA

EDVALDO FERNANDES DE SOUZA

1 Introdução

A Constituição Federal de 1988 (CRFB/88) consagrou a educação como um direito de todos e um dever do Estado e da família baseado no princípio da igualdade de condições para o acesso e permanência na escola. A promoção da educação é dever do poder público e deve ser assegurado com a oferta de todas as condições necessárias ao aluno da escola pública, incluindo o serviço de transporte escolar como forma de facilitar o acesso à educação.

Para tanto, devem ser compreendidas as inúmeras dificuldades do educando mais carente e considerar que somente a oferta da gratuidade do ensino, muitas vezes, não supre a garantia da educação. Logo, a atividade de transporte escolar foi assegurada pela Constituição Federal de 1988 como uma política que impacta diretamente no desempenho escolar como meio de deslocamento de alunos para a escola.

A oferta de transporte escolar visa favorecer as condições de deslocamento para o acesso à educação dos alunos da Rede Pública de Ensino pelo uso de transporte público gratuito, bem como fortalecer o acesso e a permanência na escola. Nesse contexto, a recente mudança da política de transporte escolar no Estado do Pará, a partir da contribuição de estudos do Tribunal de Contas do Estado do Pará, permitiu uma melhor avaliação e fiscalização considerando a fixação de critérios objetivos e uma padronização da política de transporte escolar com participação dos municípios.

O Estado do Pará possui 144 municípios dos quais, em um primeiro momento, o repasse de recursos do transporte escolar da rede pública estadual aos municípios ocorria por meio de convênios. E, de igual modo, para cada convênio firmado pelo poder executivo, no Tribunal de Contas do Estado do Pará (TCE/PA) ingressavam prestações de contas aptas a fiscalização pelo controle externo paraense.

Contudo, a falta de regras padronizadas e transparentes quanto ao repasse financeiro aos municípios por parte do Governo do Estado do Pará dificultava sobremaneira a compreensão, avaliação e fiscalização do montante de recursos necessários ao financiamento do transporte escolar dos alunos da rede pública estadual de ensino nos municípios beneficiados.

Considerando esse modelo anterior de gestão do transporte escolar, constatavam-se divergências quanto aos parâmetros de repasse de recursos por convênio quando comparado o quantitativo de usuários do transporte público escolar da Rede Estadual de Ensino e o valor repassado. De igual forma, considerando as peculiaridades do Estado, não eram expostas as devidas justificativas referentes à distância a ser percorrida em cada município, inclusive quanto à necessidade de transporte fluvial.

No âmbito do TCE/PA, verificava-se que cada convênio firmado pelo poder executivo resultava em novos processos individualizados para análise do Tribunal de Contas do Estado, prejudicando a avaliação do cumprimento satisfatório da política de transporte escolar.

Diante desse contexto, o Tribunal de Contas do Estado do Pará, a partir da análise dos convênios de transporte escolar, encaminhou sugestão ao governo do Estado para criação de um programa de transporte escolar em que o repasse de recursos financeiros ocorreria diretamente aos municípios que realizam o transporte escolar de alunos da educação básica da rede pública estadual, de modo a permitir uma avaliação global do montante e dos resultados dessa política pública.

Para a consecução deste artigo, será utilizado predominantemente o método dedutivo, a partir da realização de pesquisa bibliográfica e documental, para identificar como a recente mudança normativa no estado do Pará tem impactado o transporte escolar e o acesso à escola. Estruturalmente o artigo será dividido em quatro itens, além da introdução e conclusão. O primeiro item apresenta o amparo normativo relacionada à relevância do transporte escolar como via de garantia do direito à educação; o segundo item trata, especificamente, do papel do Tribunal de Contas do Estado do Pará e sua participação efetiva para o aprimoramento da gestão do transporte escolar no Pará; o terceiro item analisa o ambiente de criação do Programa Estadual de Transporte Escolar; o quarto item trata dos impactos da inovação jurisprudencial para a política de transporte escolar e possibilidades de aperfeiçoamento.

2 O direito à educação e a relevância do transporte escolar

A Constituição da República Federativa do Brasil de 1988 (CRFB/88) elevou a educação à categoria de princípio e estabeleceu como um direito de todos e dever do Estado e da família, a ser promovida e incentivada com a colaboração da sociedade.[1]

Toda criança tem direito à educação e a obrigatoriedade do Estado mediante a garantia de atendimento ao educando incluindo a implementação de programas suplementares de material didático-escolar, transporte, alimentação e assistência à saúde.[2] Ademais, o ensino deve ser ministrado com base no princípio da igualdade de condições para o acesso e permanência na escola, o que consolida o transporte escolar como indissociável da prestação essencial do serviço à educação.

Deve-se considerar que a realidade brasileira é enraizada por desigualdades e falta de oportunidades ao exercício dos direitos fundamentais dispostos na Constituição Federal. E para o direito à educação, por vezes, a disponibilização do ensino público e gratuito isoladamente não assegura o acesso e a permanência da criança e do adolescente. Assim, o legislador constituinte atrelou a oferta do ensino público a outras obrigações que complementam o dever de oferecer educação e, assim, possibilitar o acesso e a permanência do educando no ambiente escolar.

---

[1] Art. 205 da CRFB/88.
[2] Art. 208, inc. VII da CRFB/88.

Logo, considera-se que a oferta de vaga em uma escola pública não é condição suficiente para a garantia à educação. Nesse sentido, o transporte escolar é uma política essencial para que os estudantes atuem em plena igualdade de condições.

Para a consecução dessa importante política pública, foram definidas as respectivas áreas de competências dos entes federativos para a oferta do ensino público, sendo este organizado em regime de colaboração do sistema de ensino entre a União, os Estados, o Distrito Federal e os Municípios.[3] A atribuição prioritária dos municípios compreende o ensino fundamental e o ensino infantil; e aos Estados a prioridade ocorre para o ensino fundamental e médio.

Ressalta-se que a educação é um dever não exclusivo do Estado, mas responsabilidade também da família. Deve ser promovida e incentivada com a colaboração da sociedade, visando ao pleno desenvolvimento da pessoa, seu preparo para o exercício da cidadania e sua qualificação para o trabalho.[4] Logo, não somente o Estado, mas a família possui a responsabilidade pelo desenvolvimento de ações que assegurem o direito à educação.

No âmbito estadual, em consonância à Carta Magna, a Constituição do Estado do Pará (CE/89)[5] consagrou no art. 273, inc. I, o direito de acesso e permanência na escola para qualquer pessoa, vedadas distinções baseadas em origem, raça, sexo, idade religião, preferência política ou classe social.

E, da mesma forma, aponta no art. 280, inc. III, que o ensino público será organizado em redes estadual e municipais, em regime de colaboração, obedecendo aos princípios constitucionais, visando ao desenvolvimento de programas suplementares e garantindo o transporte escolar como uma obrigação do Estado e direito do educando. Ademais, a CE/89 estabelece que, para a organização de seus sistemas de ensino, compete ao estado do Pará, juntamente com os Municípios, fixar formas de colaboração de modo a assegurar a universalização do ensino obrigatório.

Nesse contexto, a Lei nº 9.394/1996, a Lei de Diretrizes e Bases da Educação Nacional (LDB), estabelece aos Estados e Municípios a responsabilidade de articulação pelo transporte escolar dos alunos

---

[3] Art. 211
[4] Art. 4º da Lei nº 8.069, de 13 de julho de 1990.
[5] Constituição do Estado do Pará, de 5 de outubro de 1989.

conforme suas respectivas redes de ensino.[6] Em recente alteração normativa,[7] foi incluída a permissão aos professores, em trechos autorizados, para uso de assentos vagos nos veículos de transporte escolar.

Nesse contexto, mesmo considerando as responsabilidades de Estado e Municípios em relação ao transporte escolar, a LDB, em seu art. 10, inc. IX, permite ao Estado articular-se com os respectivos municípios para cumprimento do serviço de transporte escolar. Logo, mesmo que o município não possua a obrigação direta do transporte escolar dos alunos da rede pública estadual, esta pode ocorrer por meio de assistência financeira aos municípios, visando garantir transporte escolar de alunos da rede pública estadual.

Vale destacar que essa articulação não é obrigatória, mas uma vez firmada, o município assume a responsabilidade pelo transporte escolar. Acrescenta-se a condicionante do município manter plenamente atendidas as necessidades de manutenção e desenvolvimento do ensino dos educandos da sua área de competência.[8]

E aos municípios que não possuam frota própria para atendimento aos alunos, é possível a contratação de transporte escolar por terceiros. Nesse caso, cabe ao município exercer a fiscalização nos termos do art. 70, inc. IV, da LDB, pois em caso de oferta irregular do serviço de transporte escolar, poderá ser imputado crime de responsabilidade ao administrador, nos termos do art. 208, §2º da CF/88, art. do 54, §2º da Lei nº 8.069/90 (ECA) e art. 5º, §4º, da Lei nº 9.394/96 (LDB).

Por outro norte, a Lei de Responsabilidade Fiscal – LRF[9] estabelece que os municípios só contribuirão para o custeio de despesas

---

[6] Art. 10. Os Estados incumbir-se-ão de:
(...)
VII – assumir o transporte escolar dos alunos da rede estadual, permitindo aos respectivos professores, em trechos autorizados, o uso de assentos vagos nos veículos;
(...)
IX – articular-se com os respectivos Municípios para que o disposto no inciso VII deste caput e no inciso VI do caput do art. 11 desta Lei seja cumprido da forma que melhor atenda aos interesses dos alunos e dos professores.
Art. 11. Os Municípios incumbir-se-ão de:
(...)
VI – assumir o transporte escolar dos alunos da rede municipal, permitindo aos respectivos professores, em trechos autorizados, o uso de assentos vagos nos veículos;

[7] Redação dada pela Lei nº 14.862, de 27 de maio de 2024.

[8] O art.11, inc. V da Lei nº 9.394/2006 define como dever municipal: "oferecer a educação infantil em creches e pré-escolas, e, com prioridade, o ensino fundamental, permitida a atuação em outros níveis de ensino somente quando estiverem atendidas plenamente as necessidades de sua área de competência e com recursos acima dos percentuais mínimos vinculados pela Constituição Federal à manutenção e desenvolvimento do ensino".

[9] Art. 62.

de competência de outros entes da Federação se houver autorização na lei de diretrizes orçamentárias e na lei orçamentária anual ou convênio, acordo, ajuste ou congênere firmado nesse sentido.

Em relação ao trajeto da linha de transporte ou à distância a ser percorrida pelo aluno até o ponto de passagem do veículo escolar, não há uma definição na legislação. O Poder Público estadual e municipal deve definir o trajeto utilizando critérios capazes de atender a demanda da comunidade em relação à oferta da escola perto da residência dos alunos. Inexistindo escola próximo da casa, é dever do Poder Público ofertar transporte escolar gratuito e de qualidade para os alunos. Em que pese a ausência normativa quanto à distância mínima do trajeto, há jurisprudência fixando o entendimento que o transporte escolar deverá ser fornecido aos alunos em caso de a distância entre a residência e a escola, ou entre aquela e o ponto de embarque e desembarque do transporte escolar, ser superior a 2 Km, independentemente de residirem na zona urbana ou rural[10] (STF, 2015).

Como visto, o transporte do educando não é exclusividade do município, uma vez que necessita da cooperação da família, e a definição do trajeto possui uma discricionariedade de Administração a partir de critérios razoáveis para sua implementação. Assim, o Estado deve utilizar do princípio da razoabilidade e também considerar a obrigação dos pais e responsáveis na educação dos filhos com um mínimo de deslocamento, não havendo obrigação do ente público em fornecer o deslocamento do veículo até a porta da residência de cada aluno.

Nesse sentido, Carneiro (2018) aborda que a política de educação deve possuir ações a serem realizadas pelo poder público, contudo, respeitando as obrigações das famílias, já que possuem também o dever com a educação. Como Carneiro aborda, há necessidade de um equilíbrio, em que um meio termo deve ser encontrado entre os critérios

---

[10] SUSPENSÃO DE LIMINAR. AÇÃO CIVIL PÚBLICA. VAGA EM CRECHE. PROXIMIDADE DA ESCOLA À RESIDÊNCIA OU AO LOCAL DE TRABALHO. OBRIGAÇÃO ALTERNATIVA. FORNECIMENTO DE TRANSPORTE ESCOLAR. AUSÊNCIA DE RISCO DE LESÃO À ORDEM E À ECONOMIA PÚBLICAS. AGRAVO A QUE SE NEGA PROVIMENTO. I – Decisão em ação civil pública que determinou ao município a disponibilização de vagas a crianças de 0 a 5 anos em creche da rede pública ou particular próxima à residência ou ao local de trabalho dos responsáveis legais. II – Determinação alternativa para fornecimento de transporte público caso não seja possível matricular o menor em creche próxima ao local de trabalho ou à residência dos responsáveis legais. III – Não constatado o risco de lesão à ordem e à economia públicas, deve ser mantido o indeferimento da suspensão da liminar. IV – Agravo regimental a que se nega provimento. (SL 770 AgR, Relator(a): Min. Ricardo Lewandowski (Presidente), Tribunal Pleno, julgado em 05.03.2015, PROCESSO ELETRÔNICO DJe-056 DIVULG 20.03.2015 PUBLIC 23.03.2015).

razoáveis definidos pelo Poder Público, inclusive no que concerne aos custos e à cobrança dos pais quanto a mínima obrigação de participar do apoio na realização do serviço (Carneiro, 2018, p. 919).

Assim, não se pode interpretar que a obrigação do Estado é buscar todos os alunos nas suas residências e conduzi-los até suas escolas, devendo ser avaliado se existe escola em uma proximidade razoável em relação à residência do aluno.

3 O papel do Tribunal de Contas do Estado do Pará no aprimoramento do Programa de Transporte Escolar

O texto constitucional de 1988 consolidou o atual processo orçamentário brasileiro com utilização dos instrumentos de planejamento: Plano Plurianual, Lei de Diretrizes Orçamentárias e Lei Orçamentária Anual. É no orçamento público que são verificados os mecanismos para o cumprimento dos direitos fundamentais a serem refletidos nas políticas públicas.

Cabe destacar que a evolução do estado democrático deve refletir nos aspectos orçamentários com o papel da tutela dos direitos fundamentais, a ponto de afastar a antiga imagem do orçamento como peça formal meramente contábil (FERREIRA, 2018), de modo que se torna essencial um diálogo harmonioso, entre os Poderes, que permita avanços para resolução das dificuldades na gestão orçamentária e na eficiência estatal frente aos escassos recursos públicos.

Relacionando as três esferas de governo, o art. 75 da CF/88 estabeleceu que as normas referentes ao Tribunal de Contas da União se aplicam, no que couber, à organização, à composição e à fiscalização dos tribunais de contas estaduais e municipais. O atual formato dos tribunais de contas é resultado de uma evolução que inicialmente teve em sua criação a premissa do controle de legalidade dos atos que acarretassem repercussões financeiras à administração pública.[11] Contudo, visto um alargamento das atividades estatais, foram necessárias novas formas de controle.

---

[11] Com a Proclamação da República a partir de 1889 e a condução de Ruy Barbosa ao Ministério da Fazenda, foi elaborado o Decreto nº 966-A, de 7.11.1890, assinado pelo Marechal Deodoro da Fonseca, instituindo o Tribunal de Contas. Ruy Barbosa, no momento da exposição de motivos do decreto, descreveu os tribunais de contas como um "corpo de magistratura intermediária à sua Administração e a sua legislatura que, colocado em posição autônoma, com atribuições de revisão e julgamento, cercado de garantias contra quaisquer ameaças, possa exercer as suas funções vitais no organismo constitucional, sem o risco de converter-se em instituição de ornato aparatoso e inútil" (MILESKI, 2018, p. 236).

Consolidou-se, assim, o controle de mérito com a finalidade de verificar se o ato da administração pública atinge, adequadamente, seu objetivo com o menor custo possível. Os tribunais de contas, enquanto órgãos autônomos, visam assegurar que os atos administrativos atendam ao ordenamento jurídico, e não ocorra abuso de poder em um Estado democrático de direito (MILESKI, 2018).

Nesse encadear de ideias, os Tribunais de Contas, considerando a crescente demanda por eficiência na administração pública para efetivação dos direitos e garantias fundamentais,[12] buscaram fortalecer a atuação do controle externo com o aprimoramento dos seus mecanismos de fiscalização, abrangendo os resultados das políticas públicas.

Nesse sentido, os Tribunais de Contas, ao atuarem na fiscalização da gestão da educação, promovem uma fiscalização em conformidade com o desenvolvimento ao mesmo tempo em que exigem uma visão atual da administração pública, reforçando a necessidade de resultados efetivos nas políticas públicas.

Os Tribunais de Contas, na função de controle externo da administração pública, buscaram adaptações e aperfeiçoamentos com o objetivo de alcançar uma avaliação efetiva da aplicação dos recursos públicos. As competências próprias estabelecidas no art. 71 da CF/88 fortalecem a sua autonomia de controle no exercício da fiscalização sob os aspectos contábil, financeiro, orçamentário, operacional e patrimonial. E a aplicação dos recursos públicos deve ser acompanhada da devida prestação de contas dos responsáveis[13] e com a observância dos princípios da legalidade, legitimidade e economicidade.

Esse atual formato do controle externo resulta de uma evolução para além da estrita premissa do controle de legalidade dos atos que acarretassem repercussões financeiras à administração pública. Ampliou-se para um aprimoramento dos seus mecanismos de fiscalização, abrangendo os resultados das políticas públicas, a exemplo das auditorias operacionais, tornando-as compatíveis com o alargamento das

---

[12] Luiz Carlos Bresser-Pereira destaca a relevância da busca por eficiência durante a Reforma Administrativa, iniciada em 1995, considerando que a "reforma constitucional tinha ampla condição de ser aprovada pelo Congresso, como também que era fundamental para o ajuste fiscal dos estados e municípios, além de essencial para se promover a transição de uma administração pública burocrática, lenta e ineficiente, para uma administração pública gerencial, descentralizada, eficiente, voltada para o atendimento dos cidadãos" (BRESSER-PEREIRA, 1996).

[13] O parágrafo único do art. 70 define: "Prestará contas qualquer pessoa física ou jurídica, pública ou privada, que utilize, arrecade, guarde, gerencie ou administre dinheiros, bens e valores públicos ou pelos quais a União responda, ou que, em nome desta, assuma obrigações de natureza pecuniária" (BRASIL, 1988).

atividades estatais, dada a crescente demanda por eficiência na administração pública para efetivação dos direitos e garantias fundamentais.[14]

Lima (2021) diferencia a classificação das funções dos Tribunais de Contas em nove grupos: fiscalizadora, opinativa, julgadora, sancionadora, corretiva, consultiva, informativa, ouvidora e normativa. Dentre essas funções, destaca-se a função corretiva, uma vez que permite ao Tribunal de Contas agir no aprimoramento da gestão pública com recomendações aos órgãos jurisdicionados.

A função corretiva trata-se de importante função de aprimoramento da gestão pública com a emissão de determinações e recomendações aos órgãos jurisdicionados; fixação de prazo para a adoção das providências encaminhadas; sustação de ato irregular; e adoção de medidas cautelares.

Foi nesse contexto que o Tribunal de Contas do Estado do Pará (TCE/PA) realizou amplo levantamento e estudo sobre a aplicação de recursos destinados à política de transporte escolar e apresentou recomendação ao governo do Estado para a criação de um Programa de Transporte Escolar com vistas a combater a ineficiência na administração pública e, ao mesmo tempo, otimizar a fiscalização dos gastos públicos com vistas a conferir maior efetividade às ações do TCE/PA.

4 O Programa de Transporte Escolar

O Governo do Estado do Pará possui o grande desafio de garantir o acesso e a permanência dos alunos na rede estadual de educação. E devido às peculiaridades regionais, como a dimensão continental do Estado com locais de difícil acesso, exige da Secretaria de Educação paraense uma desafiante atuação dos serviços de transporte escolar.

No âmbito do estado do Pará, o Fundo Estadual de Manutenção e Desenvolvimento do Ensino Fundamental e de Valorização do Magistério (Lei Estadual nº 6.044, de 16 de abril de 1997) estabeleceu, no seu art. 5º, que é autorizada, nos termos do art. 211, §4° da Constituição Federal, a celebração de convênios entre o Estado e os Municípios,

---

[14] Luiz Carlos Bresser-Pereira destaca a relevância da busca por eficiência durante a Reforma Administrativa, iniciada em 1995, considerando que a "reforma constitucional tinha ampla condição de ser aprovada pelo Congresso, como também que era fundamental para o ajuste fiscal dos estados e municípios, além de essencial para se promover a transição de uma administração pública burocrática, lenta e ineficiente, para uma administração pública gerencial, descentralizada, eficiente, voltada para o atendimento dos cidadãos" (BRESSER-PEREIRA, 1996).

para transferência de alunos, recursos humanos, materiais e encargos financeiros, nos quais estará prevista a transferência imediata de recursos do Fundo correspondentes ao número de matrículas que o Estado ou o Município assumir.

No estado do Pará, a Secretaria de Estado de Educação – Seduc é o órgão que formula e implementa a política de educação, garantindo o acesso e a permanência de alunos na rede estadual de educação. Inclui-se nesse rol de ações educacionais a implementação da política de transporte escolar no Estado em conjunto com os 144 municípios paraenses.

Para tanto, em um primeiro momento de análise verificou-se o repasse de recursos financeiros por meio de convênios firmados entre Estado e Municípios. Ademais, não existia uma transparência quanto aos critérios e a justificativa do montante dos valores estimados por convênio entre os municípios, o que resultava em dois grandes entraves:

- Repasse de recursos estaduais sem uma perspectiva agregada da política pública e ausência de critérios objetivos e transparentes para implementação da política de transporte escolar no âmbito do Pará; e
- considerável volume de processos de convênios referentes a transporte escolar, já que cada convênio firmado resultava em um processo de prestação de contas a ser fiscalizado de forma individualizada pelo Tribunal de Contas do Estado do Pará, o que dificultava sobremaneira a qualidade e tempestividade da análise do passivo processual do TCE/PA.[15]

Diante desse cenário, o Tribunal de Contas do Estado do Pará iniciou uma proposta com estudos promovidos nos gabinetes dos Conselheiro Cipriano Sabino de Oliveira Junior e Conselheira Substituta Milene Dias da Cunha, com considerações acrescidas dos demais gabinetes bem como do Ministério Público de Contas, que atua junto ao TCE/PA.

Tais estudos tiveram, como diretriz, a função institucional desta Corte de Contas de prestar orientação pedagógica, de caráter preventivo, com vistas a combater a ineficiência na administração pública, bem como considerou a necessidade de otimizar a fiscalização dos gastos

---

[15] Conforme levantamento à época, no Memorando nº 40/2016 – MDC de 23.05.16, identificou-se a existência de 565 processos no TCE/PA referentes à prestação de Contas de convênios para o custeio do transporte escolar (Processo TC/509665/2017).

públicos com vistas a conferir maior efetividade às ações desta Corte de Contas.

O Tribunal de Contas identificou que a análise individualizada das prestações de contas de convênios firmados para o financiamento do transporte escolar prejudicava a avaliação da política de transporte escolar no Estado do Pará. Outro ponto verificado foi o não atendimento do princípio da eficiência com a carência de fixação de regras claras dos critérios para transferências dos recursos pela Seduc, bem como regras transparentes quanto à utilização de tais recursos.

O diálogo com a Seduc iniciou sob o processo 509665/2017, que tratou do estudo do Tribunal de Contas do Estado do Pará a respeito de mudanças na gestão do transporte escolar com viabilidade de criação de um Programa de Governo específico de transporte escolar, a exemplo de alguns estados da federação, em alternativa à então forma de repasse via convênios firmados com municípios para a execução da política pública.

A proposta de criação do referido programa teve por objetivo racionalizar a aplicação de recursos e otimizar procedimentos e, assim, permitir uma avaliação mais abrangente e efetiva da política pública. No âmbito do tribunal de contas, a fiscalização das ações de transporte escolar de forma consolidada tem como resultado uma redução substancial do volume de processos e exclui uma análise em separado, o que não permitia uma análise agregada no formato de repasse via convênios.

Concluído o levantamento e os diálogos institucionais, o Tribunal de Contas do Estado do Pará encaminhou a Resolução 18.962, de 19 de outubro de 2017, com os estudos realizados pelo Tribunal, a fim de sugerir ao Governo do Estado do Pará a criação do Programa de Transporte Escolar que permita o repasse de recursos financeiros aos municípios de forma direta, ou seja, sem a necessidade de celebração de convênios, e de forma isonômica, a partir de critérios objetivos.[16]

No momento da publicação da referida Resolução, a expectativa foi de estimular uma avaliação da política de transporte escolar mais abrangente e efetiva, já que as recomendações do Tribunal de Contas apontaram para a necessidade de racionalização da transferência dos recursos e otimização dos procedimentos administrativos no poder executivo.

---

[16] Os estudos realizados no âmbito do Tribunal de Contas que consubstanciaram a Resolução nº 18.962 também foram encaminhados ao Governador do Estado do Pará via ofício nº 265/2017-SEGER de 01 de novembro de 2017.

Após recebimento das considerações constantes na Resolução nº 18.962/2017, a Secretária de Estado de Educação à época[17] externou o acatamento da sugestão do Tribunal de Contas do Estado no sentido de criar o Programa Estadual de Transporte Escolar no âmbito do Estado do Pará.

Por meio do ofício nº 154/2018-GS, a Seduc acolheu a proposição do órgão de controle externo e acatou a sugestão da Resolução nº 18.962/2017 – TCE/PA no sentido de criar o Programa Estadual de Transporte Escolar com repasses diretos aos municípios adeptos nos moldes preconizados pelo Governo Federal no âmbito de sua competência (Programa Nacional de Apoio ao Transporte Escolar – PNATE) e do praticado por outros estados da federação.

A Seduc também reforçou a importância do estabelecimento de critérios atualizados que permitam uma aferição objetiva na definição dos repasses financeiros considerando os alunos matriculados e demandantes do serviço, os trajetos a serem percorridos, o mapeamento das peculiaridades de cada região e o custo do serviço por modalidade de transporte.

O encaminhamento pela Seduc foi consolidado em um primeiro momento por meio da Portaria nº 010/2018 GS/SEDUC,[18] que constituiu um grupo de trabalho com a finalidade de elaborar a proposta de criação do Programa, com prazo para conclusão das atividades até 31 de agosto de 2018.[19]

Nesse sentido, a Seduc reconheceu a importância da instituição de Programas Estaduais de financiamento com repasses diretos aos municípios adeptos aos respectivos programas. Considerou de suma importância a realização de estudos destinados ao estabelecimento de critérios atualizados, que garantam a aferição objetiva na definição dos repasses no âmbito do PETE/PA, ponderando o quantitativo de alunos matriculados e demandantes do serviço, os trajetos a serem percorridos, o mapeamento das peculiaridades de cada região e o custo do serviço por modalidade de transporte.

Ao Grupo de Trabalho, foram estabelecidas as seguintes competências:

---

[17] Secretária de Estado de Educação à época, Sra. Ana Claudia Serruya Hage, em resposta por meio do ofício nº 154/2018 – GS de 29 de janeiro de 2018 (Processo TC/509665/2017, fl. 195).

[18] Portaria nº 010/2018 – GS/Seduc, 26 de janeiro de 2018.

[19] Publicado em 29 de janeiro de 2018.

I – Analisar a legislação nacional e estadual aplicável direta e indiretamente ao transporte escolar, assim como o pertinente aos Programas Estaduais de Transporte Escolar já implantados, em especial nos estados da Bahia, Espírito Santo, Minas Gerais, Pernambuco, Paraná e Rio Grande do Sul, dentre outros, de modo a subsidiar a elaboração da proposta do programa estadual;

II – realizar todos os levantamentos que se façam necessários à elaboração da proposta pretendida, garantindo aferição objetiva na definição dos repasses no âmbito do Programa Estadual de Transporte Escolar – PETE/PA, considerando os alunos matriculados e demandantes do serviço, os trajetos a serem percorridos, o mapeamento das peculiaridades da cada região e o custo do serviço por modalidade de transporte;

III – elaborar proposta do Programa Estadual de Transporte Escolar compatível e aplicável às peculiaridades do Estado do Pará, incluindo apresentação de minuta de Lei Estadual, de regulamento disciplinando os critérios de cálculo do valor dos recursos do PETE/PA a serem repassados aos municípios e elaboração de manual orientador do programa, contemplando modelos dos termos de adesão, rescisão e formulários de prestação de contas dos recursos transferidos.

Considerando as peculiaridades do Estado paraense, com sua extensão territorial e diversidade cultural, aos membros do Grupo de Trabalho foi ofertada a possibilidade de se deslocarem aos municípios paraenses e a outros Estados da federação com o objetivo de realizarem intercâmbio para conhecimento prático do programa a ser implantado. E dada a transversalidade do impacto da implantação do programa, o Grupo de Trabalho buscou a colaboração de todos os órgãos que integram a Secretaria de Estado de Educação para obtenção de dados e informações necessários à elaboração da proposta do Programa.

Ao final, foi encaminhado projeto de lei à Assembleia Legislativa do Estado do Pará, o que culminou na publicação da Lei nº 8.846, de 9 de maio de 2019,[20] que instituiu o Programa Estadual do Transporte Escolar no Estado do Pará (PETE/PA), vinculado à Secretaria de Estado de Educação, com o objetivo de garantir o atendimento do transporte escolar aos estudantes da rede pública estadual, por meio de assistência financeira aos municípios que aderirem ao Programa. O Programa Estadual de Transporte Escolar teve sua regulamentação tratada no Decreto nº 173, de 17 de junho de 2019.

---

[20] Com recentes alterações, conforme Lei Estadual nº 10.552, de 6 e junho de 2024.

Com essa lei, a transferência de recursos financeiros do PETE/PA passou a ocorrer de forma automática para os municípios integrantes do Programa (art. 1º, §2º) e com inclusão nos orçamentos dos municípios beneficiados (art. 1, §4º). Como critério do Programa, poderão ser transferidos recursos aos municípios que comprovarem a realização de transporte escolar de alunos matriculados no ensino fundamental, ensino médio, educação de jovens e adultos, residentes em área rural de seu território para escola da rede pública estadual localizada em outro município, mediante a avaliação de real necessidade pela Seduc.[21]

Como uma etapa de adesão ao Programa, o município deverá se habilitar no Programa mediante a assinatura de um Termo de Adesão a ser celebrado com o Estado, na forma do regulamento, sem necessidade de qualquer outro acordo, contrato ou convênio, com vigência de um ano a ser prorrogado automaticamente.[22]

Já em relação aos montantes dos recursos financeiros do Programa a serem destinados anualmente aos municípios, serão definidos em ato específico[23] da Seduc observando-se: o valor *per capita* de estudantes matriculados, assim como particularidades da modalidade de ensino; o rateio dos custos das rotas contratadas por cada ente municipal, de acordo com a taxa de ocupação de cada rede; ou rateio dos custos das rotas executadas de maneira direta pelo ente municipal, de acordo com a ata de ocupação de cada rede.[24]

Considerando as especificidades da atuação do transporte escolar em um Estado inserido no contexto amazônico, a definição do montante de recursos a serem repassados poderá fundamentar-se em estudo técnico a ser realizado pela Seduc que aponte peculiaridades das rotas de transporte escolar de cada município.[25] Além disso, a relação de estudantes efetivamente transportados deverá ser compatível com

---

[21] Excepcionalmente e mediante decisão fundamentada, os municípios poderão receber recursos adicionais em razão de peculiaridades regionais não observados pelos parâmetros.

[22] É possível a desistência da adesão ao PETE/PA a qualquer tempo, contudo deverá ser resguardada a manutenção do serviço de transporte escolar até o término do ano letivo em curso, devendo apresentar manifestação do interesse na retirada do Programa com sessenta dias de antecedência.

[23] O referido ato específico ainda não foi publicado desde a recente alteração dada pela Lei Estadual nº 10.552, de 6 de junho de 2024.

[24] Redação dada pela Lei Estadual nº 10.552, de 6 de junho de 2024, visando permitir atualizações dos valores via regulamento sem necessidade de alteração de lei estadual, em contraponto à redação anterior, que estabelecia parâmetros no anexo único da própria lei ao tratar da base de cálculo de valores *per capita* por aluno para transferências do programa: "Art. 3º O montante da assistência financeira do PETE/PA será definido em consonância com os indicadores constantes no Anexo Único desta Lei".

[25] Art. 3º §1º da Lei nº 8.846/2019.

os dados contidos no Sistema Interno de Matrículas homologado pela Seduc, e/ou pelo Sistema Educacenso do Instituto Nacional de Estudos e Pesquisas Educacionais Anísio Teixeira (INEP).[26]

Fortalecendo a transparência, o art. 3º, §3º, estabelece que a Seduc deverá divulgar até 31 de janeiro de cada exercício financeiro os recursos a serem repassados a cada município participante do PETE/PA, observado o montante de recursos disponíveis para este fim da Lei Orçamentária Anual.

Em relação à periodicidade, a transferência de recursos financeiros do Programa dar-se-á de forma parcelada aos municípios, preferencialmente em 10 (dez) parcelas de igual valor, considerando o valor de 20 (vinte) dias letivos em cada um dos meses. Outro ponto importante da lei é em relação à exclusividade dos recursos do PETE/PA com vinculação ao pagamento das despesas com o serviço de transporte escolar, que pode ser executado de forma direta ou terceirizada, vedada sua utilização para fim diverso.

Ademais, a lei discrimina, como serviços de transporte escolar, as seguintes despesas relacionadas:[27] terceirização do serviço por meio da contratação de empresa especializada na prestação de serviços de transporte escolar; aquisição de bicicletas, veículos ou embarcações; aquisição de combustível e insumos para a execução do serviço; manutenção de veículos ou embarcações; contratação de mão de obra especializada para condução dos veículos/embarcações, além do acompanhamento de outros funcionários, quando necessário.

Os serviços de transporte escolar podem ser utilizados somente pelos estudantes da rede pública, já que o Programa fixou proibição de compartilhamento do transporte escolar com usuários que não sejam estudantes das redes públicas Municipal, Estadual ou Federal.[28]

Ademais, os recursos financeiros repassados aos Municípios deverão ser movimentados em contas específicas, observando-se: as normas estabelecidas para execução do Programa Nacional de Apoio

---

[26] Art. 3º §2º da Lei nº 8.846/2019.
[27] Art. 4º §1º da Lei nº 8.846/2019.
[28] A Lei estadual nº 10.552/2024, que alterou a Lei Estadual nº 8.846/2019 (PETE/PA), incluiu o art. 4º §2º nos seguintes termos: "É proibido o compartilhamento do transporte escolar com usuários que não sejam estudantes das redes públicas Municipal, Estadual ou Federal". Demonstra-se nesse ponto uma divergência em relação à também recente alteração da Lei nº 9.394/1996 (LDB), alterada pela Lei nº 14.862/2024, que passou a vigorar de modo a permitir que os professores da educação básica pública também possam utilizar os veículos de transporte escolar dos Estados, do Distrito Federal e dos Municípios (art. 10 inc. VII e IX; e art. 11 inc. VI).

ao Transporte Escolar (PNATE); as normas estabelecidas no Código de Trânsito Brasileiro (CTB); as regras dispostas no Termo de Adesão a que se refere essa Lei; a necessidade de apresentação da prestação de contas, nos termos da regulamentação do Programa; e o atendimento integral dos calendários escolares em todos os níveis de ensino.[29]

Houve também um fortalecimento pela Seduc por uma efetiva fiscalização dos serviços de transporte escolar, uma vez que o controle e a fiscalização da execução dos serviços, do repasse e da aplicação dos recursos do programa foram consolidados na Seduc e pelos demais órgãos de controle e fiscalização.

A implementação desse controle e fiscalização tem como premissa a atuação das Diretorias Regionais de Ensino (DREs), que designarão no mínimo 1 (um) servidor para realizar a fiscalização dos serviços de transporte escolar das escolas de sua circunscrição. Ressalta-se que a prestação de contas, na forma do regulamento, deverá ser realizada no ano subsequente à execução dos serviços por parte dos municípios, preferencialmente por meio de plataforma digital.[30]

Cabe a Seduc a promoção, em conjunto com os municípios interessados, anualmente, o planejamento conjunto das matrículas e turnos de funcionamento das escolas das redes estadual e municipal de ensino, de modo a racionalizar e reduzir custos com o transporte escolar[31] bem como apurar quaisquer irregularidades verificadas.[32]

No caso de transferência indevida ou identificada a constatação de irregularidade na execução do programa, a Seduc tem o dever de reaver os valores mediante solicitação do estorno dos correspondentes valores ao município ou procedendo aos descontos nos repasses futuros, devendo sempre ser respeitado o contraditório e a ampla defesa.

---

[29] E no caso de ausência ou de irregularidades detectadas na prestação de contas, a Seduc adotará as providências devidas para a cobrança e restituição dos recursos públicos não aplicados, integral ou parcialmente, pelos municípios nos termos do art. 5º da Lei nº 8.846/2019.

[30] Os documentos que instruírem a prestação de contas, juntamente com os comprovantes de pagamentos efetuados com recursos do PETE/PA, serão mantidos pelo Estado e pelos municípios em seus arquivos, pelos prazos previstos na legislação em vigor.

[31] No caso de ocorrência de situações excepcionais em que as rotas de transporte escolar não possam ser compartilhadas, a Seduc poderá prestá-lo mediante contratação de terceiros, sem prejuízo da manutenção do Programa junto ao município aderente. Ademais aos municípios poderão ser transferidos recursos extraordinários, para além daqueles previstos inicialmente, frente a necessidades excepcionais e temporárias devidamente justificadas.

[32] Destaca-se que os recursos da conta específica só poderão ser movimentados pelo Ordenador de Despesas ou servidor expressamente por este designado para tal finalidade, caso em que se mantém a responsabilidade pessoal e direta do gestor municipal, e não se exime o servidor delegatário por quaisquer irregularidades de que venha a praticar.

Os recursos repassados à conta do Programa Estadual de Transporte Escolar serão utilizados exclusivamente no pagamento de transporte escolar, que pode ser executado de forma direta ou terceirizada. E para a prestação de contas dos recursos oriundos do programa, cabe ao ordenador de despesas constituir a documentação pertinente[33] nos termos do art. 16 do Decreto 173/2019.

A Secretaria de Estado de Educação, por meio da Gerência de Prestação de Contas, ao receber a documentação referente à prestação de contas, providenciará a sua análise. Como resultado, a conclusão pode alcançar como aprovada a prestação de contas ou ainda aprovada com ressalvas, no caso de erros irrelevantes. Contudo, em casos como a não aprovação da prestação de contas, não devolução dos valores impugnados ou omissão da prestação de contas, será instaurada Tomada de Contas Especial no âmbito da Seduc.

A regulamentação orienta ainda que, na falta de apresentação da prestação de contas por culpa ou dolo do anterior Ordenador de Despesas do Executivo Municipal, deverá o Ordenador de Despesas que estiver no exercício do cargo apresentar, obrigatoriamente, em conjunto com as justificativas, cópia autenticada das representações protocolizadas junto ao Ministério Público Estadual, ao Tribunal de Contas do Estado e ao órgão de controle interno municipal.

Em relação à fiscalização da aplicação dos recursos financeiros relativos ao Programa Estadual de Transporte Escolar, compete à Secretaria de Estado de Educação, seja pelo órgão central de controle, seja por meio das Unidades Seduc na Escola (USE), das Unidades Regionais de Educação (URE) e das Unidades Escolares, mediante a realização de auditorias, de inspeção e de análise de documentos e/ou de processos que originaram as prestações de contas.[34]

---

[33] I – ofício de encaminhamento; II – demonstrativo da Execução da Receita e da Despesa e de Pagamentos Efetuados – conforme modelo disponível no endereço eletrônico: www.seduc.pa.gov.br; III – relatório final quanto à execução física e aplicação dos recursos transferidos; IV – cópia dos extratos bancários da conta corrente e das aplicações financeiras realizadas, com todo o movimento no exercício; V – conciliação bancária da conta específica do Programa, se for o caso, conforme modelo disponível no endereço eletrônico: www.seduc.pa.gov.br; VI – cópia do(s) comprovante(s) de pagamento(s); VII – cópia do(s) comprovante(s) de despesa(s); VIII – cópia do(s) comprovante(s) de recolhimento do(s) imposto (s); IX – cópia do ato que designou servidor para movimentação da conta PETE/PA/EXECUTIVO MUNICIPAL. Além de outros documentos que julgar convenientes para subsidiar a análise da prestação de contas do Programa Estadual de Transporte Escolar.

[34] As despesas realizadas pelo município serão comprovadas mediante documentos originais ou equivalentes, na forma do art. 16, devendo os recibos, faturas, notas fiscais e quaisquer outros documentos comprobatórios ser emitidos em nome do Executivo Municipal, devidamente identificados com o nome do Programa Estadual de Transporte Escolar e

Desse modo, com a criação da PETE/PA, as fiscalizações anteriormente implementadas de forma individualizada no Tribunal de Contas evoluíram para análises agregadas nas Contas de Gestão da Seduc.[35] Com a implantação desse atual modelo, houve significativa redução de análises individualizadas dos convênios de transporte escolar pelo TCE/PA, o que permitiu uma evolução da fiscalização tempestiva pelo órgão de controle externo e possibilidade de uma análise agregada da política pública de transporte escolar com critérios de repasse de recursos financeiros aos municípios transparentes e padronizados.

5 Impactos da inovação jurisprudencial no PETE/PA na Gestão Orçamentária

Ao analisar a evolução das despesas orçamentárias desde a criação do PETE/PA, em 2019, verificam-se significativas mudanças na implementação do transporte escolar, principalmente quanto à transparência e aos critérios implementados pela Seduc. A transferência dos recursos financeiros no âmbito do Programa passou a ocorrer de forma descentralizada e automática para os municípios integrantes do Programa, sem necessidade de convênio, ajuste, acordo, contrato ou instrumento congênere.[36]

Logo, o valor dos recursos do Programa Estadual de Transporte Escolar a ser repassado a cada município obedece aos critérios estabelecidos na Lei nº 8.846/2019, e o cálculo dos valores a serem destinados aos municípios deve observar o montante de recursos disponíveis para este fim na Lei Orçamentária Anual.

Assim, desde a criação de um programa exclusivo para o transporte escolar no estado do Pará houve os seguintes repasses financeiros

---

arquivados no município, juntamente com os demonstrativos, os extratos da conta corrente e das aplicações financeiras e a conciliação bancária, se for o caso, pelo prazo de 05 (cinco) anos, contados da data da aprovação da prestação de contas anual pela Secretaria de Estado de Educação, referente ao exercício da liberação dos recursos, ficando à disposição dos órgãos de controle interno e externo da Secretaria de Estado de Educação (art. 20).

[35] Objetos de análise no TCE/PA sob os processos TC/512125/2020 (exercício 2019), TC/008285/2021 (exercício 2020), TC/011187/2022 (exercício 2021), TC/008637/2023 (exercício 2022) e exercício 2023 ainda em processamento.

[36] A ação orçamentária de "Implementação do Transporte Escolar" ocorre de duas formas: por meio do Programa Estadual de Transporte Escolar (PETE/PA) e pelo fornecimento direto, pela Seduc, àqueles municípios que não aderiram ao Programa. A Implementação do Transporte Escolar ocorre por meio de repasses do Estado às prefeituras municipais, em razão do Programa Estadual de Transporte Escolar (PETE), criado em 2019, além dos recursos direcionados à execução direta do Estado.

aos municípios, conforme dados fornecidos pela Coordenadoria de Transporte Escolar da Seduc:

QUADRO 1 – RECURSOS DESTINADOS AO PETE/PA DE 2019 A 2023

Programa/Ano	Valor do repasse (R$)	Alunos atendidos
PETE 2019	66.520.321,61	88.818
PETE 2020	65.907.734,52	75.188
PETE 2021	65.586.633,49	85.642
PETE 2022	87.860.023,75	103.637
PETE 2023	141.111.418,18	111.852

Fonte: Coordenação de Transporte Escolar/Seduc.

O quadro 1 demonstra a evolução do montante de recursos repassados aos municípios para implementação do PETE/PA de 2019 a 2023. Enfatiza-se que a redução de alunos atendidos em 2020 e 2021 foi reflexo das dificuldades enfrentadas na pandemia Covid-19. Porém, constata-se uma evolução positiva do quantitativo de alunos atendidos pelo Programa quando comparado ao ano de 2019, alcançando 111.852 alunos contemplados nos 137 municípios que aderiram ao programa no ano de 2023.[37]

E como fortalecimento da transparência, a Seduc divulga anualmente os recursos a serem repassados a cada município participante do PETE/PA, por meio de publicação de Portaria em Diário Oficial do Estado, nos termos da Lei nº 8.846/2019. As Portarias que dão publicidade discriminam os valores do PETE/PA por Município, quantitativo de alunos rurais e urbanos, despesa *per capita* por aluno urbano ou rural, alunos matriculados, distância a ser percorrida (km^2) e o valor do repasse anual.[38]

Desse modo, a Seduc torna público o montante de recursos financeiros a serem repassados aos municípios aderentes ao Programa

---

[37] No exercício de 2021, o Governo do Estado do Pará enfrentou as dificuldades da pandemia da Covid-19 a fim de minimizar os impactos econômicos e sociais da grave crise sanitária. Conforme Avaliação do Plano Plurianual 2020-2023. Exercício 2021 da Secretaria de Estado de Planejamento e Administração (SEPLAD). Disponível em: https://seplad.pa.gov.br/wp-content/uploads/2022/05/Avaliacao-2021-Volume-I.pdf. Acesso em: 06 maio 2024.

[38] Considerando o período de 2019 a 2023, a divulgação ocorreu com as Portarias: Portaria nº 973/2019, publicada em 14 de Agosto de 2019; Portaria nº 069/2020, publicada em 11 de Março de 2020; Portaria nº 033/2021, publicada em 07 de Abril de 2021; Portaria nº 093/2022, publicada em 11 de Maio de 2022; e Portaria nº 18/2023, publicada em 22 de Março de 2023.

Estadual do Transporte Escolar referente a cada exercício financeiro, nos termos do art. 3º, §3º, da Lei nº 8.846/2019, e do art. 6º, parágrafo único, do Decreto nº 173/2019. Ademais, no sítio eletrônico da Seduc constam as orientações para adesão dos municípios ao Programa Estadual de Transporte Escolar.[39]

Ademais, como fortalecimento da transparência, a cada termo de adesão do PETE/PA firmado com a Seduc, é de acesso público o demonstrativo de repasse realizado pelo PETE/PA por município no sítio eletrônico da Seduc.[40] A título exemplificativo, consta abaixo o quadro 2 com demonstrativo de repasse financeiro ao município de Abaetetuba no exercício 2023:

QUADRO 2 – DEMONSTRATIVO DE REPASSE AO MUNICÍPIO DE ABAETETUBA/PA EM 2023

Data de Repasse	Nº Ordem Bancária (O.B)	Valor R$ (OB)	Referência	Banco	Nº Agência	Nº Conta Corrente
11/04/2023	2544	R$ 989.728,67	1ª PARCELA DO PETE/2023	BANPARÁ	0006	6010776
11/04/2023	2546	R$ 989.728,67	2ª PARCELA DO PETE/2023	BANPARÁ	0006	6010776
11/04/2023	2548	R$ 989.728,67	3ª PARCELA DO PETE/2023	BANPARÁ	0006	6010776
11/04/2023	2549	R$ 989.728,68	4ª PARCELA DO PETE/2023	BANPARÁ	0006	6010776
13/07/2023	8481	R$ 989.729,42	5ª PARCELA DO PETE/2023	BANPARÁ	0006	6010776
11/09/2023	12068	R$ 989.729,42	6ª PARCELA DO PETE/2023	BANPARÁ	0006	6010776
24/10/2023	13833	R$ 989.729,42	7ª PARCELA DO PETE/2023	BANPARÁ	0006	6010776
21/11/2023	15248	R$ 989.729,42	8ª PARCELA DO PETE/2023	BANPARÁ	0006	6010776
04/12/2023	16354	R$ 989.729,42	9ª PARCELA DO PETE/2023	BANPARÁ	0006	6010776
29/01/2024	55	R$ 989.732,45	10ª PARCELA DO PETE/2023	BANPARÁ	0006	6010776
	TOTAL	R$ 9.897.294,24				

Fonte: Gerência de Execução Financeira/Seduc.

Desse modo, resta claro que o novo modelo de transporte escolar no Estado do Pará contribui diretamente para um maior controle social, disponibilizando dados como data e valor do repasse, o banco e a conta de destino e a Ordem Bancária relacionada ao repasse financeiro ao município atendido.

Além disso, a instituição do Programa de Transporte Escolar tornou possível a avaliação global dessa política pública dentro do Estado do Pará, permitindo avaliar os pontos de fragilidades, os municípios

---

[39] Disponível em: https://www.seduc.pa.gov.br/pagina/10305-transporte-escolar. Acesso em: 06 maio 2024.
[40] Disponível em: https://www.seduc.pa.gov.br/portal/consulta_convenios/programas.php#. Acesso em: 06 maio 2024.

com maiores dificuldades e os tipos modais de transportes de acordo com a realidade de cada município no contexto amazônico, aplicando-se as alocações de recursos e as medidas corretivas para maior eficiência e efetividade do transporte escolar.

6 Conclusão

A política de transporte escolar integra um conjunto de ações de incentivo à educação visando mitigar as desigualdades sociais e oportunizar melhores condições para o acesso e a permanência na escola aos alunos da rede pública de ensino que moram em localidades distantes.

No contexto social brasileiro, constata-se a disparidade de oportunidades, e somente a disponibilização do ensino público gratuito é insuficiente para assegurar o acesso e a permanência da criança e do jovem na escola. São muitas as dificuldades do educando, em especial o mais carente, para frequentar a escola, sendo o transporte escolar fundamental para assegurar o acesso do aluno à escola.

Por isso, a atuação dos Tribunais de Contas voltada para assegurar maior efetividade da política pública educacional mostra-se essencial para que os objetivos da educação sejam alcançados. Desse modo, a atuação do Tribunal de Contas do Estado do Pará foi determinante para a instituição de um Programa de Transporte Escolar paraense.

Os levantamentos, estudos e diálogos promovidos pelo TCE/PA culminaram na Resolução nº 18.962/2017, que recomendou ao governo do Estado a criação do referido Programa. Há de se reconhecer também o esforço do Governo do Estado, por meio da Secretaria de Educação-Seduc, que a partir dos estudos recebidos do TCE/PA constituiu grupo de trabalho para elaborar projeto de lei que levou à publicação da Lei nº 8.846/2019. Esse trabalho conjunto e articulado teve como significativa mudança a avaliação da política de transporte escolar de modo mais abrangente e efetivo, com o repasse de recursos financeiros do Estado aos municípios de forma direta.

A implantação da política pública de transporte escolar possui peculiaridades regionais que exigem cautela em sua execução, bem como fiscalização pelo TCE/PA, ainda mais considerando a região amazônica e um Estado com ampla dimensão territorial como o Pará. O programa criado considerou essa preocupação com repasse baseado em estudo técnico que considera as peculiaridades das rotas de transporte escolar de cada município e a relação de estudantes efetivamente transportados, compatível com dados confiáveis de outras bases estatísticas.

No âmbito do Estado do Pará, a implantação do Programa Estadual de Transporte Escolar (PETE/PA) consolidou critérios mais equitativos e transparentes para a distribuição dos recursos do transporte escolar aos municípios. A Seduc, por meio da Gerência de Prestação de Contas, agregou normatização, assistência financeira, transferência de recursos, acompanhamento, fiscalização e análise da prestação de contas dos recursos repassados aos municípios habilitados do programa de transporte escolar no Estado do Pará. Uma vez juntadas, as informações são disponibilizadas para a análise pelo controle externo na prestação de contas de gestão da Seduc.

O TCE/PA, por sua vez, obteve significativa redução de processos individualizados associados à política de transporte escolar, que passou a fiscalizar a política de transporte escolar de forma consolidada nas contas de gestão do órgão responsável pela educação paraense. Com esse novo modelo implementado pelo PETE/PA, a fiscalização agregou qualidade e tempestividade aos processos submetidos ao TCE/PA.

Conclui-se que a atuação do TCE/PA contribuiu não só para o aprimoramento da gestão pública do Estado do Pará, mas foi decisiva para ampliar a efetividade da política pública de transporte escolar paraense, que passou a ser pautada em critérios objetivos e transparentes, ao mesmo tempo em que a política de transporte escolar foi fortalecida e alinhada às reais demandas da sociedade paraense.

Referências

BRASIL. *Constituição da República Federativa do Brasil de 1988*. Disponível em: http://www.planalto.gov.br/ccivil_03/constituicao/constituicaocompilado.htm. Acesso em: 5 abr. 2024.

BRASIL. *Lei nº 9.394, de 20 de dezembro de 1996*. Estabelece as Diretrizes e Bases da Educação Nacional.

BRESSER PEREIRA, Luiz Carlos. Da Administração Pública burocrática à gerencial. *Revista do Serviço Público*, v. 120, n. 1, p. 7-40, jan./abr. 1996. Disponível em: http://www.bresserpereira.org.br/papers/1996/95.AdmPublicaBurocraticaAGerencial.pdf. Acesso em: 06 maio 2024.

CARNEIRO, Isaac Newton. *Manual de direito municipal brasileiro*. 2. ed. amp. e rev. Isaac Newton Carneiro. Salvador: Edição do Autor, 2018.

FERREIRA, Francisco Gilney Bezerra de Carvalho. *Orçamento público e separação de poderes no estado constitucional democrático brasileiro*. Rio de Janeiro: Lumen Juris, 2018.

FURTADO, L. S. PEREIRA. E. A. D. *A influência do transporte escolar no processo ensino e aprendizado dos estudantes das ilhas de Cametá-PA*. Pará, 2017.

IOCKEN, Sabrina Nunes. *Políticas públicas*: o controle do Tribunal de Contas. Florianópolis: Conceito, 2014.

LIMA, Luiz Henrique. *Controle externo*: teoria e jurisprudência para os tribunais de contas. 9. ed. rev. e atual. Rio de Janeiro: Forense; São Paulo: Método, 2021.

MILESKI, Hélio Saul. *O controle da gestão pública*. 3. ed. rev., atual. e aum. Belo Horizonte: Fórum, 2018.

PARÁ. *Decreto nº 173, de 17 de junho de 2019*. Regulamenta o Programa Estadual de Transporte Escolar (PETE/PA), instituído pela Lei nº 8.846, de 9 de maio de 2019. Belém, PA: Assembleia Legislativa, 2019. Disponível em: https://www.seduc.pa.gov.br/portal/consulta_convenios/arquivos_downloads/Decreto%20173%20de%2017%2006%202019_PETE.pdf. Acesso em: 06 maio 2024.

PARÁ. *Lei nº 8.846, de 09 de maio de 2019*. Institui o Programa Estadual o Transporte Escolar no estado do Pará. Belém, PA: Assembleia Legislativa, 2019. Disponível em: http://bancodeleis.alepa.pa.gov.br:8080/lei8846_2019_74493.pdf. Acesso em: 06 maio 2024.

PARÁ. Secretaria de estado de Educação. *Instrução Normativa nº 03/2023* – GAB/SEDUC, de 03 de março de 2023. Belém: Seduc, 2023. Disponível em: https://drive.google.com/file/d/1-0Zci34kSG_5_iDP4DYnMd5xWXXHWe5y/view. Acesso em: 06 maio 2024.

PARÁ. Secretaria de estado de Educação. *Relatório de Gestão 2023*. Belém: Seduc, 2023. Disponível em: https://seduc.pa.gov.br/site/public/upload/arquivo/portal_seduc/Relatorio%20de%20Gesta%CC%83o%20da%20Seduc%202023_v7-d8cae.pdf. Acesso em: 06 maio 2024.

PARÁ. Tribunal de Contas do Estado do Pará. *Resolução nº 18.962, de 19 de outubro de 2017*. Encaminha sugestão, ao Governo do Estado do Pará, de criação do Programa Estadual de Transporte Escolar, 2017. Belém: Tribunal de Contas, 2017. Disponível em: https://www.tcepa.tc.br/pesquisaintegrada/bases-dados/resolucoes/numeroresolucao/18962/resolucao-n-18-962/conteudo-original. Acesso em: 06 maio 2024.

Informação bibliográfica deste livro, conforme a NBR 6023:2018 da Associação Brasileira de Normas Técnicas (ABNT):

CUNHA, Milene Dias da; SOUZA, Edvaldo Fernandes de. A política de transporte escolar: impacto da atuação do Tribunal de Contas do Estado do Pará na criação do programa de transporte escolar paraense. In: LIMA, Luiz Henrique; CUNDA, Daniela Zago Gonçalves da (coord.). *Controle externo e as mutações do direito público*: inovações jurisprudenciais e aprimoramento da gestão pública - Estudos de ministros e conselheiros substitutos dos Tribunais de Contas. Belo Horizonte: Fórum, 2025. p. 131-153. ISBN 978-65-5518-949-0.

REGIMES PRÓPRIOS DE PREVIDÊNCIA: A IMPORTÂNCIA DO CONTROLE DE PAGAMENTO DE BENEFÍCIOS

JULIVAL SILVA ROCHA

DÉCIO DA SILVA DE ARAÚJO

1 Introdução

A proteção previdenciária dos servidores públicos efetivos nos moldes atuais ainda é relativamente recente no Brasil, porquanto estruturada há pouco mais de vinte anos, a partir dos preceitos da Lei 9.717/1998, em consonância com os comandos da Emenda Constitucional (EC) nº 20/1998, o que se deu em contexto no qual as finanças públicas já se apresentavam fortemente pressionadas pelos gastos com a inatividade desses agentes públicos e com os benefícios dos seus dependentes.

Nessas condições, a própria efetividade do caráter previdenciário já se mostrara mitigada quando da implementação das novas diretrizes constitucionais dos Regimes Próprios de Previdência Social (RPPSs), que, à época, já contabilizavam expressivos déficits financeiro e atuarial. Tal situação, certamente, induzira a adoção de regimes de repartição simples, ainda que com algumas estratégias de capitalização, a fim de viabilizar o pagamento de benefícios a curto prazo, pois, nesse caso, as contribuições vertidas ao fundo são utilizadas para o custeio de todos os benefícios gerados no sistema, com lastro na solidariedade e no pacto inter e intrageracional.

O atendimento da exigência contida no *caput* do art. 40 da Constituição Federal (CF), prevista desde a EC nº 20/98, de observância de critérios que preservem o equilíbrio financeiro e atuarial, tornou-se um grande desafio para os gestores e tem demandado inúmeras providências nos âmbitos da legislação, da gestão administrativa e dos controles públicos e sociais, com vistas a imprimir sustentabilidade à política pública previdenciária.

Por esses aspectos dos RPPSs, o controle de pagamento de benefícios merece especial atenção dos dirigentes das unidades gestoras, sobretudo porque a relação entre contribuintes e benefícios é determinante para a sustentabilidade de fundos previdenciários estruturados com base no regime financeiro de repartição simples, firmados na solidariedade entre os participantes, pois a manutenção de pagamentos indevidos poderá inviabilizar o custeio dos benefícios a curto ou médio prazos, tendo em vista a transição demográfica em curso, com a grande probabilidade de redução da proporção entre ativos e inativos.

Um ligeiro levantamento nos buscadores da internet é capaz de resgatar inúmeros registros de casos de fraudes e desvios decorrentes de falhas no pagamento de benefícios previdenciários, muitos deles referentes à extinção tardia de aposentadorias e de pensões, pagas indevidamente após o falecimento dos beneficiários. Por essa razão, são comuns ações dos Tribunais de Contas com o escopo de verificar a eficácia dos controles de pagamento de benefícios pelas unidades gestoras de RPPS, e mesmo pelo Instituto Nacional do Seguro Social (INSS), cuja gestão está sob a jurisdição do Tribunal de Contas da União (TCU).

Recentemente, o Tribunal de Contas do Estado do Pará (TCE/PA), a partir de representação formulada pelo Ministério Público de Contas do Estado do Pará (MPC/PA), realizou fiscalização junto ao então Instituto de Gestão Previdenciária do Estado do Pará (Igeprev), atual Instituto de Gestão Previdenciária e Proteção Social do Estado do Pará (Igepps), que teve por objetivo verificar o controle de pagamento, ante a existência de indícios de extinção tardia de benefícios em decorrência de óbito, além de recebimento de valores sem a observância do teto constitucional.

Nessa fiscalização, foram evidenciadas fragilidades no sistema eletrônico de controle de pagamento de benefícios, as quais resultaram na manutenção indevida de centenas de aposentadorias e pensões, gerando quadro de difícil reparação do dano apurado, conforme será abordado a seguir.

Após introduzir a temática, o presente artigo versará sobre a relevância da proteção previdenciária dos servidores públicos efetivos e os atuais desafios para a sustentabilidade financeira dos RPPSs, com o intuito de contribuir para o robustecimento dos aspectos estruturantes do sistema. Em seguida, a análise concentrar-se-á em ação de fiscalização realizada pelo TCE/PA nos controles de pagamento de benefícios previdenciários no âmbito da Unidade Gestora local, e será encerrada em termos propositivos.

2 Os desafios para a sustentabilidade da previdência dos servidores públicos

A previdência social, tanto no âmbito do Regime Geral de Previdência Social (RGPS) quanto dos Regimes Próprios de Previdência Social (RPPS), é política pública federativa fundamental e sistêmica assegurada pela Constituição Federal (arts. 6º, 40 e 201, CF/88), imprescindível à garantia da dignidade da pessoa humana e necessária à estabilidade das relações sociais e econômicas.

Ademais, constitui árdua conquista da cidadania, como bem destacado por Narlon Gutierre Nogueira, para quem a previdência social pública, que foi concebida e estruturada no final do século XIX, configura-se como uma das grandes invenções do Estado e da sociedade, uma vez que garante bem-estar às pessoas nos momentos de dificuldades no decurso da vida.[1]

O Constituinte, atento ao caráter fundamental dessa proteção social, ao exigir o equilíbrio financeiro e atuarial dos regimes de previdência dos servidores públicos, buscou protegê-la da efemeridade dos planos e programas de governo ao tratá-la como política pública de Estado, como também foi constatada por Nogueira, ao estudar o regramento constitucional dispensado à matéria.[2]

Com efeito, da matriz constitucional dos regimes próprios de previdência (art. 40, CF) defluem comandos estruturantes que indicam o firme propósito do Constituinte de organizar uma previdência perene e sustentável para os servidores públicos, dentre os quais destacam-se a contributividade, a solidariedade e o equilíbrio financeiro e atuarial.

---

[1] NOGUEIRA, Narlon Gutierre. Antecedentes da proposta de reforma da previdência – PEC 287/2016. *Coleção Previdência Social. Série Estudos*. Brasília: MPS, 2018, vol. 36, p. 400.
[2] NOGUEIRA, Narlon Gutierre. O equilíbrio financeiro e atuarial dos RPPS: de princípio constitucional a política pública de Estado. *Coleção Previdência Social. Série Estudos*. Brasília: MPS, 2012, vol. 34, p. 195.

Esse tratamento constitucional se justifica pelas relevantes funções exercidas pelos servidores titulares de cargos efetivos, os quais são imprescindíveis para o deslinde republicano dos misteres essenciais ao Estado Democrático de Direito e suas políticas públicas, pois a proteção contra o risco da perda da capacidade laboral e, por conseguinte, da renda para o sustento próprio e dos dependentes, é aspecto determinante para a qualidade do desempenho profissional, sobretudo no âmbito das carreiras de Estado.

Não obstante a previsão constitucional, a efetividade desse sistema previdenciário depende da sua capacidade de assegurar resultados minimamente satisfatórios em relação às expetativas dos segurados, sem comprometer a manutenção de outras políticas públicas, o que impõe aos gestores a necessidade de implementação de práticas de sustentabilidade, com vistas a agregar valor ao agir administrativo, sem descurar do combate à malversação ou ao desperdício dos recursos vertidos ao fundo protetivo.

Em verdade, a adoção de padrões sustentáveis de gestão se tornou imperativa à atuação dos gestores públicos em geral, funcionando como parâmetro de aferição do desempenho desses agentes, em consonância com os objetivos constitucionais fundamentais, pois, como explica Juarez Freitas, sustentabilidade é:

> (...) princípio constitucional que determina, com eficácia direta e imediata, a responsabilidade do Estado e da Sociedade pela concretização solidária do desenvolvimento material e imaterial, socialmente inclusivo, durável e equânime, ambientalmente limpo, inovador e ético no intuito de assegurar, no presente e no futuro, o direito fundamental ao bem-estar.[3]

É nessa perspectiva que Freitas entende que os benefícios decorrentes do exercício do poder-dever administrativo devem exceder os custos diretos e indiretos da intervenção administrativa,[4] premissa básica à prática administrativa incumbida do atendimento a necessidades infinitas com recursos limitados.

A insuficiência nos RPPSs de receitas próprias, tanto para o custeio das despesas atuais quanto daquelas projetadas a longo prazo pela técnica atuarial, tem sido continuamente apontada por levantamentos das instâncias controladoras do sistema desde a primeira grande reforma constitucional da Previdência Social, consonante se observa do seguinte

---

[3] FREITAS, Juarez. *O controle dos atos administrativos e os princípios fundamentais*. 5. ed. São Paulo: Malheiros Editores, 2013, p. 129.
[4] *O controle dos atos administrativos e os princípios fundamentais*, p. 24.

estudo realizado pelo Ministério da Previdência Social (MPS), que remonta ao ano de 1998:

> De acordo com dados do Ministério da Previdência Social, em 1998 o total do déficit da Previdência dos servidores públicos já alcançava 34,9 bilhões de reais, correspondente a 3,8% do PIB. Desse total, o déficit da União era de 18,3 bilhões (2,0% do PIB), dos Estados era de 14,1 bilhões (1,5% do PIB) e dos Municípios era de 2,5 bilhões (0,3% do PIB). (...)
> Entre as diversas fontes desse desequilíbrio estava a possibilidade de aposentadoria para o servidor de idades muito baixas, em muitos casos, abaixo dos 40 anos. Além disso, havia a previsão de contagem de tempo fictício, como das licenças prêmios não gozadas, que contavam o tempo em dobro para a aposentadoria. À previsão de aposentadoria com proventos integrais e paridade se somava a possibilidade de acumulação de aposentadorias no serviço público, com promoções no momento da aposentadoria e incorporação de gratificações e comissões de cargos, gerando os supersalários.[5]

O Tribunal de Contas da União (TCU), em apreciação à auditoria coordenada em 2016, estimou déficit atuarial dos regimes próprios na cifra dos trilhões, conforme evidenciado no voto proferido pelo Relator Ministro Vital do Rêgo, após ter destacado que a equipe de auditoria se deparou com bases de dados incompletas, com problemas de disponibilidade e confiabilidade:

> Ainda com relação a essas projeções atuariais, é de se destacar que, entre os anos de 2011 e 2014, o déficit atuarial agregado dos estados praticamente dobrou em valores correntes, alcançando, no final desse período, 50% do PIB. Nos municípios e na União, os déficits são da ordem, em 2014, de 10% e 20% do PIB, respectivamente.
> (...)
> O déficit atuarial estimado de R$ 2,8 trilhões para os regimes próprios de estados, DF e municípios, somado a R$ 1,2 trilhão de déficit atuarial do RPPS da União, evidencia o tamanho da crise fiscal que se delineia e o risco sistêmico que poderá se disseminar com uma eventual crise fiscal dos entes.[6]

---

[5] SILVA, Madsleine Leandro Pinheiro da. Direito previdenciário e equilíbrio atuarial: garantias legais à viabilidade do sistema. *Coleção Previdência Social*. Série Estudos. Brasília: MPS, 2018, vol. 36, p. 323.
[6] BRASIL. Tribunal de Contas da União. *TC 009.285/2015-6*. Acórdão nº 1331/2016-Plenário. Julgamento em 25.5.2016. Brasília: TCU, 2016. Rel. Vital do Rêgo. Disponível em: https://pesquisa.apps.tcu.gov.br/documento/acordao-completo/*/NUMACORDAO%253A1331%2520ANOACORDAO%253A2016%2520/DTRELEVANCIA%2520desc%252C%2520NUMACORDAOINT%2520desc/0. Acesso em: 25 jul. 2024.

Na deliberação sobre os resultados de outra auditoria coordenada, o Ministro Augusto Nardes rememorou esses números, destacando a falta de dados necessários à gestão previdenciária:

> Este trabalho *aprofunda o diagnóstico retratado no acórdão 1.331/2016*, no âmbito do qual foi estimado um *déficit de R$ 2,8 trilhões* da previdência de servidores públicos dos *estados, distrito federal e municípios* para os próximos 75 anos. Déficit que está concentrado em 30 regimes de estados e grandes municípios.
>
> *Confirma-se*, agora, a continuidade da rápida *deterioração da situação atuarial dos entes da federação: nos estados, o déficit atuarial supera 50% do pib* e nos municípios, embora menor, na casa dos 10% do PIB, o problema alia-se à menor capacidade de geração de receitas.
>
> (...)
>
> Impressiona, especialmente, na era digital em que vivemos, o fato de o gestor da previdência nos estados não dispor de dados básicos como a quantidade de servidores ativos e inativos. A falta de fidedignidade dos dados *mata no nascimento qualquer iniciativa de boa governança*.
>
> Como *avaliar* a situação com inteligência, se não há dados confiáveis? Como *direcionar* corretamente ações? Como *monitorar* a situação para correção dos rumos da previdência, se além de *dados incompletos e não confiáveis*, ainda há *dificuldades na gestão dos investimentos* e uso de *premissas atuariais sem o suporte técnico devido* e com estimativas sempre otimistas para suprir as lacunas de informações?[7](Grifos no original)

Em levantamento realizado às vésperas da EC nº 103/2019,[8] o TCU apurou que apenas três Estados da federação apresentavam resultado previdenciário positivo em 2018 (Amapá, Rondônia e Roraima). Entretanto, todos os Estados estavam com resultado atuarial negativo em 2018, com déficit atuarial estimado em R$ 3,7 trilhões.

Mesmo após a reforma da previdência de 2019, as despesas dos entes subnacionais com benefícios aos seus servidores inativos seguem crescendo consideravelmente, como evidencia o Anuário Estatístico da Previdência, produzido pelo MPS:

---

[7] BRASIL. Tribunal de Contas da União. *TC 008.368/2016-3*. Acórdão nº 2973/2016-Plenário. Julgamento em 23.11.2016. Brasília: TCU, 2016. Rel. Vital do Rêgo. Disponível em: https://pesquisa.apps.tcu.gov.br/documento/acordao-completo/*/NUMACORDAO%253A2973%2520ANOACORDAO%253A2016%2520/DTRELEVANCIA%2520desc%252C%2520NUMACORDAOINT%2520desc/0. Acesso em: 25 jul. 2024.

[8] BRASIL. Tribunal de Contas da União. *TC 009.811/2019-2*. Acórdão nº 2451/2019-Plenário. Julgamento em 9.10.2019. Brasília: TCU, 2019. Rel. Bruno Dantas. Disponível em: https://pesquisa.apps.tcu.gov.br/documento/acordao-completo/*/NUMACORDAO%253A2451%2520ANOACORDAO%253A2019%2520/DTRELEVANCIA%2520desc%252C%2520NUMACORDAOINT%2520desc/0. Acesso em: 25 jul. 2024.

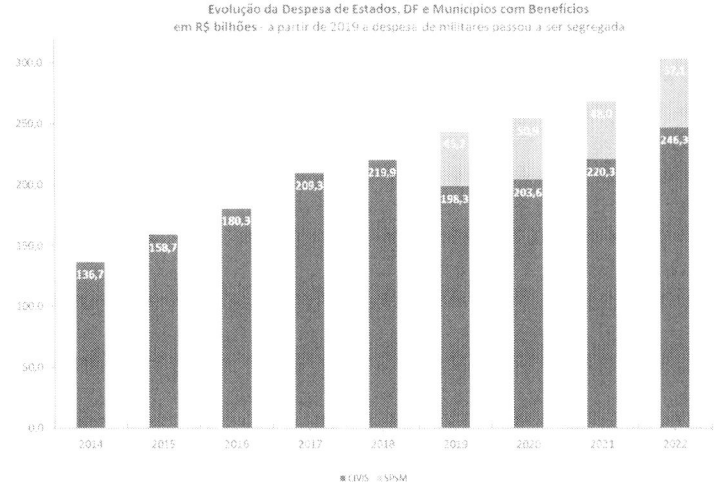

Evolução da Despesa de Estados, DF e Municípios com Benefícios
em R$ bilhões - a partir de 2019 a despesa de militares passou a ser segregada

Ano	Valor
2014	136,7
2015	158,7
2016	180,3
2017	209,3
2018	219,9
2019	198,3
2020	203,6
2021	220,3
2022	246,3

Fonte: Anuário Estatístico da Previdência (AEPS), 2022.[9]

No Estado do Pará, os aportes de recursos para a cobertura das insuficiências financeiras do regime próprio de previdência social e do sistema de proteção social dos militares já se aproxima dos R$ 2 bilhões por ano, consoante apurado pelo TCE/PA, por ocasião da análise das contas de governo:

Aportes financeiros ao RPPS e ao SPM pelo Estado do Pará
em R$ milhares - a partir de 2022 a despesa de militares passou a ser segregada

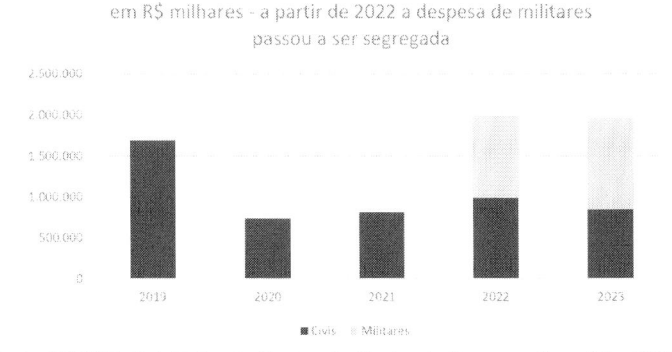

Fonte: TCE/PA, Relatórios de Contas de Contas de Governo, Exercícios 2019-2023.[10]

---

[9] BRASIL. Ministério da Previdência Social. *Anuário Estatístico da Previdência Social*. Disponível em: https://www.gov.br/previdencia/pt-br/assuntos/previdencia-social/dados-estatisticos-previdencia-social-e-inss. Acesso em: 17 abr. 2024.

[10] BRASIL. Tribunal de Contas do Estado do Pará. *Relatório de análise de contas do Governador do Estado do Pará*. Belém: TCE/PA, 2019-2023. Disponível em: https://tcepa.tc.br/comunicacao/noticias/5825-prestacao-de-contas-anual. Acesso em: 30 jul. 2024.

Para enfrentar esse quadro de escassez de recursos e de projeções de crescimento do déficit financeiro e atuarial, as Unidades Gestoras dos sistemas de previdência devem adotar práticas de gestão que não apenas atendam aos aspectos formais que lhes são impostos, mas, principalmente, expressem a adesão a padrões de alta *performance* de governança, com tratamento adequado dos riscos e correção eficaz das inconsistências constatadas, com vistas a agregar valor ao agir administrativo.

A propósito, num cenário em que a proteção para o futuro é cogente, como no caso da cobertura previdenciária, não há como deixar de considerar o necessário influxo dos princípios da prevenção e da precaução, que são caros não apenas à tutela jurídica ambiental, mas também à gestão pública em geral, como defendido por Freitas:

> (...) a Administração Pública precisa agir com precaução e prevenção, de maneira balanceada, se e quando houver motivos idôneos a ensejar a intervenção antecipatória proporcional. Se não o fizer em tempo útil, aí, então, será partícipe da geração de dano irreversível ou de difícil reparação e conspirará contra o direito fundamental à boa administração. (...) O controle sistemático das relações administrativas, com dose calibrada de prudência e tendo presente a interdição de retrocesso, precisa promover mudança de fundo na sindicabilidade das decisões administrativas, de maneira a incorporar, no mundo dos fatos, os princípios constitucionais da precaução e da prevenção, abrindo espaço para grandes transformações no campo do planejamento (inclusive fiscal) e para a ultrapassagem da negligência e da inércia, cujas raízes remontam ao período colonial.
> Ao fim e ao cabo, presente a questão de partida, prevenir e precaver, sem sufocar a ousadia do risco necessário, são deveres indescartáveis do agente público, a serem estimulados pelo controle, para além dos voluntarismos decisionistas. Somente assim se alcançará uma ambiência estimulante a investimentos produtivos em escala suficiente para garantir o desenvolvimento sustentável e a afirmação, em tempo útil, do direito fundamental à boa administração pública, norte para qualquer controle digno do nome.[11]

A observância desses princípios pela gestão previdenciária se revela de substancial importância, a fim de evitar o incremento do déficit financeiro do sistema, cujo difícil equacionamento já consome consideráveis recursos, com desgastes políticos e sociais, em razão da constante redução da proteção prometida.

---

[11] *O controle dos atos administrativos e os princípios fundamentais*, p.127-128.

Dada a relevância dessa política pública e do seu impacto para as finanças estatais, já se delineia no ordenamento jurídico uma espécie de "responsabilidade previdenciária", à semelhança da responsabilidade fiscal, cujas diretrizes podem ser encontradas na Lei nº 9.717/98 e no §22 do art. 40 da CF, recentemente incluído pela EC nº 103/2019.

Por esse motivo, os Tribunais de Contas, enquanto curadores das finanças públicas e da boa administração, não podem negligenciar o acompanhamento e a fiscalização da gestão previdenciária. Pelo contrário, devem estimular o desenvolvimento e a adesão de boas práticas, de modo que, ainda que não se alcance o saneamento pleno das contas da Previdência, tendo em vista que o déficit existente configura-se como o resultado de um longo processo histórico de omissões e desvios, ao menos evite que o sistema se torne incapaz de arcar com a proteção mínima prometida.

Nesse panorama, como não há margem para desvio ou desperdício dos recursos previdenciários, o acompanhamento da gestão de benefícios pelas unidades gestoras e pelos órgãos de controle é medida estratégica para a sustentabilidade de um RPPS, pois a manutenção de pagamentos indevidos agrava a corrosão das bases do sistema, que já não dispõe de receitas próprias suficientes para fazer face às despesas geridas.

3 Fiscalização do controle de pagamento de benefícios previdenciários pelo TCE-PA

Nesse quadro de comprometimento da sustentabilidade dos regimes próprios de previdência social, em razão da insuficiência das receitas contributivas, o que torna a gestão previdenciária um mister de grande complexidade, o acompanhamento das instâncias controladoras é uma exigência constante, com destaque para atuação dos Tribunais de Contas, que dispõem de robustos corpos técnicos aparelhados com conhecimentos e ferramentas multidisciplinares capazes de proporcionar uma visão holística da política pública, fornecendo subsídios relevantes para o melhoramento do desempenho da gestão.

Na ordem constitucional pós 1988, com a ampliação dos critérios de controle, os Tribunais de Contas expandiram a sua atuação no sentido de contribuir para o aprimoramento da gestão pública, alinhando-se à perspectiva de que "a missão dos controles consiste em, gradativamente, reduzir a enorme distância entre 'ser' e 'dever-ser'".[12]

---

[12] *O controle dos atos administrativos e os princípios fundamentais*, p. 24.

Amparado nessa nova sistemática constitucional, o MPC/PA formulou, em 2018, representação ao TCE/PA com o objetivo de verificar o controle de pagamento de benefícios previdenciários pelo então Igeprev, ante a existência de indícios de extinção tardia de benefícios após o óbito dos beneficiários, além da inobservância do teto remuneratório constitucional, verificados em processos de registro.

Recebida a demanda, os autos foram encaminhados à Secretaria de Controle Externo (Secex), que, após diligenciar junto à autarquia previdenciária, elaborou relatório técnico no qual concluiu pela procedência da representação e apontou possível dano ao erário na ordem de R$ 252.440.836,36 (duzentos e cinquenta e dois milhões, quatrocentos e quarenta mil, oitocentos e trinta e seis reais e trinta e seis centavos), no período de 2010 a 2018. Além disso, consignou que 1008 (mil e oito) benefícios ficaram fora da análise por falta de informações adequadas no sistema eletrônico do então Igeprev.

Do montante apurado, a quantia de R$ 82.100.905,57 (oitenta e dois milhões, cem mil, novecentos e cinco reais e cinquenta sete centavos) foi atribuída à manutenção indevida de pagamentos de benefícios após o óbito dos beneficiários: 1.273 (mil, duzentos e setenta e três) pensões e 4.275 (quatro mil, duzentos e setenta e cinco) aposentadorias.

Como justificativa para as referidas irregularidades, a autarquia previdenciária alegou as seguintes dificuldades no controle eletrônico de pagamentos: lacuna do registro de óbitos no Sistema Informatizado de Controle de Óbitos (Sisobi); morosidade na comunicação de óbitos pelos cartórios; e inconsistências nas informações pessoais constantes no referido banco de dados, sobretudo referentes ao Cadastro de Pessoa Física (CPF).

Quando da apreciação do caso, a Corte de Contas optou por imprimir aos trabalhos de fiscalização o caráter pedagógico-orientativo decorrente do regime constitucional, em consonância com o interesse expressado pelo *Parquet* ao provocar a ação de controle, quando sustentou o propósito não punitivo da representação, que tinha o intento de dar efetividade à proteção ao erário, propondo as seguintes soluções: otimizar o controle do fim da vigência dos benefícios; proceder ao levantamento de possíveis pagamentos irregulares já efetuados; promover atuações para fins de recuperação dos valores indevidamente pagos; e adequar o pagamento dos benefícios previdenciários ao dispositivo constitucional que estabelece o teto remuneratório do servidor público.

A fim de ampliar a visão acerca dos achados da Unidade Técnica e de incrementar as possibilidades de superação das deficiências constatadas, a Proposta de Decisão apresentada para a deliberação colegiada agregou aos trabalhos de instrução processual informações colhidas de fiscalizações realizadas pelo TCU, relativas ao Sisobi, que era utilizado como banco de dados pelo sistema de pagamentos do Igepps, e a duas outras fiscalizações atinentes aos regimes próprios de previdência.

Também teve grande relevância nessa escolha a compreensão de que o funcionamento federativo das unidades gestoras de previdência é de fundamental importância para a higidez da política pública em questão, com ênfase, nesse sentido, para a incumbência da União de orientar, supervisionar, fiscalizar e acompanhar os RPPS e seus fundos.

Por tais razões, mostra-se de grande relevância o controle coordenado que vem sendo empreendido pelos Tribunais de Contas, em parceria com a Associação dos Membros dos Tribunais de Contas do Brasil (Atricon) e com o Instituto Rui Barbosa (IRB), o que tem viabilizado a produção de informações técnicas com grande potencial de contribuição para os processos decisórios, para a transparência pública e para a credibilidade da gestão previdenciária.

Nessa perspectiva, a Proposta de Decisão também se pautou por informações extraídas das seguintes deliberações do TCU:

> 1. Acórdão TCU nº 2812/2009, Relator Min. Augusto Nardes, j. 25.11.2009 (Auditoria de Conformidade no Sistema Informatizado de Controle de Óbitos – Sisobi);[13]
> 2. Acórdão TCU nº 2367/2013, Relator Min. Benjamin Zymler, j. 4.9.2013 (Monitoramento da auditoria do Sisobi);[14]
> 3. Acórdão TCU nº 1331/2016, Relator Min. Vital do Rêgo, j. 25.5.2016 (Diagnóstico Nacional sobre a situação atuarial e financeira dos Regimes Próprios de Estados, Distrito Federal e Municípios); e
> 4. Acórdão TCU nº 2973/2016, Relator Min. Vital do Rêgo, j. 23.11.2016 (Auditoria Coordenada – verificação da qualidade e da fidedignidade das bases de dados dos RPPS de 22 Estados, DF e 31 Municípios utilizadas para fins de avaliação atuarial).

---

[13] BRASIL. Tribunal de Contas da União. *TC 004.002/2008-9*. Acórdão nº 2812/2009-Plenário, julgamento em 25.11.2009. Disponível em: https://pesquisa.apps.tcu.gov.br/documento/acordao-completo/*/NUMACORDAO%253A2812%2520ANOACORDAO%253A2009%2520/DTRELEVANCIA%2520desc%252C%2520NUMACORDAOINT%2520desc/0. Acesso em: 30 jul. 2024.

[14] BRASIL. Tribunal de Contas da União. *TC 030.524/2012-1*. Acórdão nº 2367/2013-Plenário. Disponível em: https://pesquisa.apps.tcu.gov.br/documento/acordao-completo/*/NUMACORDAO%253A2367%2520ANOACORDAO%253A2013%2520/DTRELEVANCIA%2520desc%252C%2520NUMACORDAOINT%2520desc/0. Acesso em: 25 jul. 2024.

Adentrando às circunstâncias do caso concreto, vale destacar que a equipe técnica detectou importantes fragilidades na gestão de pagamento dos benefícios previdenciários, as quais teriam sido ocasionadas, num primeiro momento, pela obsolescência dos sistemas eletrônicos e, posteriormente, por lacunas e/ou inconsistências nos bancos de dados utilizados pelos critérios de extinção de pagamentos por óbito dos beneficiários.

Na apreciação desse ponto, foi destacado que, devido ao grande volume de segurados e de beneficiários do Regime de Previdência Estadual, a utilização de ferramentas tecnológicas para a gestão de benefícios é imprescindível, sendo de pouca eficácia checagens pontuais, a exemplo de visitas *in loco*.

Ressaltou-se, ainda, que não é admissível que a unidade gestora fique na dependência de iniciativas externas para extinção eficaz dos benefícios em razão da morte dos favorecidos, pois se trata de evento ordinário nesse tipo de gestão, embora de ocorrência incerta no tempo.

Face ao numeroso público atendido pelos sistemas de previdência, a utilização de ferramentas da Tecnologia da Informação (TI) para a gestão dos planos de custeio e de benefícios é uma necessidade de primeira ordem, de modo que os órgãos de controle devem estar atentos quanto à adequação das soluções tecnológicas utilizadas pelas unidades gestoras, a fim de aferir a sua economicidade, eficiência, eficácia e efetividade.

Na fiscalização ora comentada, os técnicos do TCE/PA destacaram dois aspectos do controle de pagamentos realizado pelo Igepps com grande relevância para o estado de coisas encontrado: limitações na solução tecnológica utilizada (Eprev – sistema interno de gestão previdenciária do Igepps) e lacunas e inconsistências no banco de dados que alimentava esse sistema de controle de pagamentos.

No tocante ao Eprev, foi verificado que tinha passado por aprimoramentos, de modo que já se encontrava sincronizado com o Sisobi, providência adotada para agilizar a cessação dos benefícios em razão de óbito.

Entretanto, foi alertado que esse ajuste no sistema de pagamentos deveria ser considerado com cautelas, já que a gestão dos registros de óbitos pela Administração Pública Federal tem apresentado importantes vulnerabilidades em todos os níveis da cadeia de informação, a começar pela Declaração de Óbito (DO) no âmbito do sistema de saúde, conforme apurou o Tribunal de Contas da União, no curso do Processo TC 004.002/2008-9.

No âmbito de auditoria conduzida pela Secretaria de Fiscalização de Tecnologia da Informação (Sefti) do TCU, foram constatadas diversas fragilidades e limitações no fluxo de informações que alimentavam o banco de dados do Sisobi, entre outras: erros e duplicidade na indicação de documentos; controles de acessos insuficientes; ausência de fiscalização da atuação dos cartórios quanto à comunicação dos óbitos; falta de integração de sistemas; preceitos normativos imprecisos etc. Tais fatos resultaram em considerável dano ao erário, à semelhança do que restou evidenciado na fiscalização em apreço.

Sobre o Sisobi e sua operacionalização, o Relatório de lavra do Min. Benjamin Zymler, constante no Acórdão TCU nº 2367/2013, colacionou os seguintes esclarecimentos:

> e) o Sisobi foi instituído pela Portaria MPAS nº 847, de 10/03/2001, com o objetivo principal de dar maior agilidade e segurança ao cancelamento de pagamentos que se tornaram indevidos em virtude do falecimento de segurados da Previdência Social. Adicionalmente, serão disponibilizadas informações, com fulcro em convênios, para outros órgãos e entidades públicas;
>
> f) um dos subsistemas do Sisobi é o SisobiNET – Versão Cartório, que é acessível a partir de qualquer computador com conexão à internet. Esse subsistema possibilita o registro diário, semanal ou mensal dos óbitos ocorridos no período e eventuais atualizações. Alternativamente, os cartórios podem utilizar seus próprios sistemas para o registro dos óbitos, desde que efetuem a geração dos arquivos e a transmissão no formato estabelecido na portaria que instituiu o Sisobi;
>
> g) a Sefti solicitou cópia do Sisobi e registrou que, em setembro de 2012, 15.092.706 registros de óbitos constavam desse sistema;
>
> h) a Coordenação-Geral de Administração de Informações de Segurados – CGAIS do INSS é a gestora do Sisobi. O Departamento de Produtos de Benefícios da Empresa de Tecnologia e Informações da Previdência Social (Dataprev) é o responsável pelo processamento e pela manutenção técnica desse sistema;
>
> i) o Sisobi encontrava-se em vias de ser substituído por um novo sistema denominado Sistema Nacional de Informações de Registro Civil (Sirc), que captará os dados relativos aos registros civis de nascimento, casamento e óbito e respectivas averbações, inseridos pelas serventias. (...);
>
> j) segundo informações apresentadas pelo INSS, "não seria viável investir no desenvolvimento de novas funcionalidades no Sisobi" (p. 205 da peça 23), tendo em vista que a tecnologia utilizada nesse sistema já se encontrava obsoleta. Assim sendo, decidiu-se pelo desenvolvimento do novo sistema.[15]

---

[15] Acórdão TCU nº 2367/2013.

Como se pode observar, a adesão ao Sisobi era a solução que melhor atendia à necessidade de controle de pagamentos pelo Igepps, porquanto esse sistema foi criado pelo Instituto Nacional do Seguro Social (INSS), exatamente, com a finalidade de dar suporte à gestão previdenciária, não obstante as limitações acima apontadas.

Quanto ao tempo necessário para a cessação de benefícios com base nas informações constantes no referido banco de dados, os técnicos do TCU estimaram que o INSS teria a capacidade de promover essa medida com atraso de, no máximo, um mês, considerando a observância das normas aplicáveis à espécie na época.[16]

Atualmente, essa estimativa seria ainda menor, porquanto o prazo para a comunicação dos óbitos pelos cartórios foi reduzido para um dia útil, conforme nova redação do art. 68 da Lei nº 8.212/1991, dada pela Lei nº 13.846/2019.

A despeito do comando legal, foi verificado que uma das principais dificuldades enfrentadas na cessação de benefícios por óbito pelo Igepps era a omissão e morosidade dos cartórios em informar os óbitos ao Sisobi. Problema também constatado pelo TCU em relação ao INSS, no bojo de auditoria que teve por escopo o Sisobi, ocasião em que restaram evidenciadas falhas na fiscalização dos cartórios:

> Dessa forma, entende-se que a transferência dos cargos (auditores fiscais) da Secretaria da Receita Previdenciária para a Secretaria da Receita Federal do Brasil não modifica a competência que a Lei nº 8.212/91 atribuiu ao INSS de fiscalizar os cartórios, uma vez que a competência decorre da lei e é atributo do órgão, não do agente público. No entanto, compreendem-se as dificuldades com que o INSS terá que operacionalizar

---

[16] "Pelo critério estritamente legal, todos os benefícios para os quais ocorresse o óbito do titular deveriam ser cessados com, no máximo, um mês de atraso pelo Sisobi. É o que se depreende dos textos legais que regulamentam o assunto, conforme abaixo:
Lei nº 6.015, de 31 de dezembro de 1973 (Lei dos Registros Públicos)
'''Art. 77 – Nenhum sepultamento será feito sem certidão, do oficial de registro do lugar do falecimento, extraída após a lavratura do assento de óbito, em vista do atestado de médico, se houver no lugar, ou em caso contrário, de duas pessoas qualificadas que tiverem presenciado ou verificado a morte'.
Lei nº 8.212, de 24 de julho de 1991
'''Art. 68. O Titular do Cartório de Registro Civil de Pessoas Naturais fica obrigado a comunicar, ao INSS, até o dia 10 de cada mês, o registro dos óbitos ocorridos no mês imediatamente anterior, devendo da relação constar a filiação, a data e o local de nascimento da pessoa falecida'. (Redação dada pela Lei nº 8.870, de 15.4.94)
"Assim, como não deveria haver sepultamento sem certidão, e como os cartórios deveriam enviar a relação mensal de óbitos para o Sisobi até o dia dez do mês seguinte, os sistemas do INSS estariam aptos a cessar os créditos de beneficiários falecidos com até um mês de atraso." (Acórdão TCU nº 2812/2009)

essa atribuição de fiscalizar sem possuir, de fato, em seus quadros, um cargo com atribuições claras de fiscalização, como era o caso dos auditores fiscais da Previdência Social. Deve-se, porém, buscar uma solução administrativa mediada entre os órgãos envolvidos (MF, MPS, INSS e RFB) para que a atribuição legal prescrita pelo artigo 68 da Lei nº 8.212/91 seja observada, haja vista os consideráveis prejuízos que a Previdência Social tem sofrido devido à ausência de fiscalização dos cartórios, conforme já fartamente ilustrado neste relatório.

SOBRE CARTÓRIOS INADIMPLENTES

De início, cabe esclarecer que para entendimento desta seção são considerados inadimplentes os cartórios que, nos termos do art. 68, *caput* e §1º da Lei nº 8.212/91, não enviaram nenhuma informação de óbito no período e que tampouco informaram ausência de óbitos. Note-se que, para esta análise, cartórios omissos que não tenham informado a totalidade de seus óbitos não foram considerados inadimplentes.

A relação, em meio magnético, de cartórios inadimplentes quanto ao encaminhamento de informações de óbitos para o Sisobi foi enviada como anexo da resposta do INSS ao Ofício de Requisição nº 04-41/2008 (fls. 23 a 24). Essa relação, após consolidação feita pela equipe de auditoria, contém 1.505 cartórios, extraídos de um relatório do Sisobi que indica o quantitativo de serventias devedoras por gerência executiva do INSS, tomando como base o mês de maio de 2008. (...)

Dessa forma, somente no mês de maio de 2008, o INSS poderia ter aplicado a multa prevista no §2º do art. 68 c/c art. 92 da Lei nº 8.212/91 a 1.505 unidades cartoriais. A multa individual do art. 92, atualizada pela Portaria MPAS nº 727/2003, poderia variar, de acordo com a gravidade, de R$ 991,03 a R$ 99.102,12. Assim, o montante estimado de multas passíveis de aplicação originadas da fiscalização dos cartórios, apenas no mês de maio de 2008, estaria entre R$ 1.491.500,15 (mínimo) e R$ 149.148.690,60 (máximo), somente para o caso de cartórios inadimplentes.

(...)

Conforme se verá no Achado X, a análise da diferença entre o SIM [Sistema de Informação sobre Mortalidade – Ministério da Saúde] e o Sisobi apontou 2.583.000 registros de óbitos que não estão no Sisobi ou estão com dados diferentes do SIM. Esta é, provavelmente, a causa de terem sido encontrados 682.964 benefícios que foram cessados por óbito sem ser pelo Sisobi (item 4.10). Também, nesse caso, o INSS poderia ter aplicado multas que totalizariam valores vultosos.[17]

Apesar da gravidade das irregularidades apuradas, no monitoramento realizado em 2012 a equipe técnica do TCU concluiu que

---

[17] Acórdão TCU nº 2812/2009.

ainda não haviam sido tomadas providências efetivas para a resolução do problema:

> Até o presente momento, o INSS não fiscalizou qualquer cartório. No entanto, em 2010, a autarquia iniciou ações para regulamentar os dispositivos legais e estruturar-se para realizar a fiscalização e a cobrança administrativa dos cartórios. A entidade também realizou trabalhos com as Corregedorias de Justiça e representantes dos registros civis, visando alertar os cartórios inadimplentes e melhorar a correção dos dados enviados.[18]

Ante essa constatação, o TCE/PA julgou relevante dar ciência da situação ao Tribunal de Justiça do Estado do Pará (TJE/PA), para a adoção das providências que entendesse pertinentes, no intuito de induzir e gerar expectativa de controle em relação aos cartórios, considerando o disposto no art. 236 da Constituição Federal, uma vez que a referida falha estava comprometendo o controle dos benefícios previdenciários e ocasionando pagamentos indevidos, com danos ao erário.

Na ocasião, fez-se remissão às disposições da Recomendação nº 40, de 2 de julho de 2019, do Conselho Nacional de Justiça (CNJ),[19] que atribuiu às Corregedorias locais de justiça o dever de fiscalizar o cumprimento dos prazos fixados às serventias extrajudiciais de registro de pessoas naturais.

Outro problema que contribuiu consideravelmente para a extinção tardia dos benefícios previdenciários pelo Igepps foi a existência de lacunas e inconsistências nas informações pessoais registradas no Sisobi, principalmente em relação ao número do Cadastro de Pessoa Física (CPF), o que reduziu a eficácia dos critérios de cessação de pagamentos utilizados no Eprev, a partir do cruzamento de informações com o banco de dados federal.

Foi constatado que nessa operação geralmente utilizavam-se critérios que vinculavam as informações dos beneficiários, por exemplo, o número de documentos pessoais (CPF, Carteira de Identidade, NIT; nome, nome da mãe, data de nascimento etc.) a uma ação (suspensão

---

[18] Acórdão TCU nº 2367/2013.
[19] BRASIL. Conselho Nacional de Justiça. *Recomendação nº 40, de 2 de julho de 2019*. Dispõe sobre os prazos e informações a serem prestadas ao Sistema Nacional de Informações de Registro Civil – SIRC pelas serventias extrajudiciais de registro de pessoas naturais. Disponível em: https://atos.cnj.jus.br/files/original145925201910245db1bc4d20ae1.pdf. Acesso em: 29 jul. 2024.

ou cancelamento do benefício). No entanto, essa funcionalidade estava sendo comprometida em razão das referidas inconsistências no banco de dados federal.

Esse cenário também foi detectado pelo TCU, em auditoria de conformidade que teve por objeto o Sisobi, consoante relatado pela equipe de auditoria:

> O Sisobi permite registrar informações dos seguintes documentos, além da certidão de óbito: NIT, NB, CPF, Identidade, Título de Eleitor, CTPS e certidão de nascimento ou casamento (fl. 130, anexo 3). No entanto, não há críticas suficientes no sistema para garantir que o documento se refere, de fato, ao falecido, conforme se verá no Achado XI.
>
> Essas deficiências podem acarretar o não cancelamento do benefício de um titular que haja falecido, conforme já visto nos achados precedentes, como também podem fazer com que o benefício de um titular que realmente esteja vivo seja cancelado.
>
> (...)
>
> Critérios que cessam ou suspendem, no entanto, provocam menos erros. Ainda assim, o critério que mais falhou (código 64 – CPF + Identidade) cessou, indevidamente, 3.605 benefícios, provocando, certamente, muitos transtornos àqueles que sofreram essa ação. Dentre esses 20 critérios, 11 têm o CPF como um de seus elementos, demonstrando a necessidade de se checar esse documento junto aos cadastros da RFB, para evitar preenchimento indevido no Sisobi. NB e NIT também fazem parte dos critérios que mais provocam falhas de identificação. (Acórdão TCU nº 2812/2009, p. 32) (grifos nossos)
>
> (...)
>
> O processo de cancelamento de benefícios depende de que os documentos tenham sido corretamente coletados pelos cartórios durante a lavratura da certidão de óbito e, posteriormente, informados ao INSS. No processo de batimento periódico entre as bases do SUB e Sisobi realizado pelo INSS, 90% dos critérios dependem de números de documentos pessoais (fl. 13, anexo 4).
>
> (...). Na presente auditoria, foram analisados quais eram os procedimentos de sistema adotados para verificação dos números de documentos informados e se as informações armazenadas eram confiáveis.
>
> As entrevistas com técnicos da Dataprev revelaram que o Sisobi não realiza, no momento da entrada dessas informações, verificações junto às bases de origem para checá-las. Dessa forma, o ingresso de informações incorretas no sistema fica bastante facilitado, sendo possível que, no registro de óbito de uma pessoa, seja informado, por exemplo, o CPF de outra.
>
> Com o objetivo de analisar a correção dos dados de óbitos contendo CPF, foi realizado cruzamento entre a base de dados da RFB, obtida em

2005, e os óbitos registrados no Sisobi em 2004. O cruzamento revelou, conforme ilustrado no gráfico abaixo, que de um total de 495.214 registros de óbitos contendo CPF, 151.296 têm número de CPF inválido e outros 191.828 registros possuem nome, nome da mãe ou data de nascimento divergentes do cadastro da RFB. Dessa forma, observa-se que 69% dos registros de óbitos com CPF de 2004 não eram compatíveis com os dados da RFB (fl. 14, anexo 4).

Verificou-se ainda que um mesmo número de CPF era utilizado em vários registros de óbitos. Constatou-se que, mesmo considerando óbitos mais recentes, registrados após 01/01/2007, 582 números de CPF foram usados para informar mais de um óbito no período. De forma similar, constatou-se que, no mesmo conjunto de óbitos, existem 2.573 registros com NB duplicados e em outros 114 registros um mesmo NIT foi usado para duas pessoas diferentes.

Com relação ao uso desses números de documentos no processo de batimento, segundo relatório da Dataprev, o critério baseado exclusivamente no CPF não está sendo utilizado desde 09/2002 (fl. 18, anexo 1). Por outro lado, a análise do histórico de batimentos realizados pelo Sisobi e SUB e das reativações de benefícios revelou que o critério que mais cessa benefícios indevidamente é o critério que contém CPF + Identidade, com 3.605 cessações indevidas, conforme a tabela 14 (Item 4.63). Isto se deve provavelmente à ausência de checagem desses documentos em suas bases, quando informados, e à possibilidade de serem inseridos números de documentos duplicados.[20]

Ao se conjugar os resultados das fiscalizações realizadas pelo TCU em 2009, e pelo TCE/PA em 2021, é possível notar que as inconsistências havidas no Sisobi não foram saneadas ao longo dos anos, representando grande vulnerabilidade para a operacionalização dos sistemas eletrônicos de controle de pagamentos por ele alimentados.

A auditoria do TCU também evidenciou outra falha estrutural que dificultava sobremodo os controles de pagamentos de pessoal, qual seja, a ausência de número único para a identificação de cada cidadão brasileiro:

> Um problema de natureza estrutural afetou diretamente esta auditoria, assim como já ocorreu em outras auditorias de dados já realizadas pelo TCU, CGU e outros órgãos. A inexistência de um número que identifique unicamente cada cidadão brasileiro não é, propriamente, uma constatação inédita, tendo em vista que é um problema que vem sendo apontado há mais de uma década. (...)

---

[20] Acórdão TCU nº 2812/2009.

No tocante a benefícios e salários, a administração pública enfrenta três desafios, do ponto de vista do controle: saber se o cidadão existe; se existe, saber se está vivo ou morto; se está vivo, saber se ele possui os atributos necessários para receber o benefício ou salário. Nesse sentido, a inexistência de um número que identifique unicamente cada cidadão dificulta sobremaneira a solução desses três problemas. Em analogia, seria como se uma empresa não possuísse o cadastro de seus clientes, tendo em vista que cada cidadão é um cliente dos serviços do Estado.

As bases de dados governamentais no Brasil detêm o registro de uma pessoa natural com a utilização de mais de uma dezena de identificadores, os quais constituem subconjuntos ou visões do universo dos cidadãos. A Receita Federal do Brasil possui o Cadastro da Pessoa Física (CPF), o qual constitui a visão dos brasileiros sob o ponto de vista tributário. Na visão trabalhista, o cidadão é identificado pelo Número de Identificação do Trabalhador (NIT). O Ministério do Trabalho e Emprego mantém vários cadastros de trabalhadores, a exemplo da RAIS, CAGED, Seguro-Desemprego e FGTS.

Outros números são utilizados por outros órgãos, todos representando parcialidades do universo dos cidadãos: título eleitoral; passaporte; carteira de motorista; identidades civis, militares, federais, estaduais e de órgãos de classe; alistamento militar; e outros. Todos esses cadastros possuem identificadores próprios compostos de sequências de caracteres, numéricos ou alfanuméricos, que, em regra, ou não se integram, ou não se relacionam entre si em padrões pré-definidos, ou não se vinculam a dados biométricos. Para piorar, a ausência dessa vinculação e de uma base centralizada de cidadãos torna possível a obtenção de vários números de uma mesma base de dados para um único cidadão. Nenhum desses números, portanto, identifica a totalidade dos cidadãos brasileiros.[21]

No monitoramento realizado pelo TCU em 2012, foi verificado que estavam sendo tomadas as providências para a implementação do Sistema Nacional de Registro de Identificação Civil (RIC). É provável que esse problema seja superado em breve com a implementação do registro geral nacional, em conformidade com a regulamentação promovida pelo Decreto nº 10.977/2022. Contudo, para que o objetivo seja alcançado em tempo razoável, é necessária a realização de campanhas de divulgação da nova identidade pessoal e um bom programa de estímulo à adesão da população.

Em razão dessas dificuldades, a Sefti destacou que o INSS trabalha com um número excessivo de 65 (sessenta e cinco) critérios de

---

[21] Acórdão TCU nº 2812/2009.

batimento entre os sistemas, o que torna oneroso o processamento de dados, sem o alcance da efetividade esperada:

> O INSS utiliza atualmente 65 critérios de batimento entre o SUB e o Sisobi, gerando custos consideráveis de processamento. A implementação de controles para impedir a entrada de documentos inválidos e/ou duplicados permitiria a redução dessa carga de processamento, na medida em que tornaria desnecessária a utilização de outros critérios. Esta ação poderia gerar economia, proporcionando maior efetividade na detecção de benefícios de titulares falecidos.[22]

Foi verificado, ademais, que o TCU, por ocasião da auditoria do Sisobi, promoveu o levantamento dos critérios de batimentos utilizados pelo INSS e executou testagem das suas eficácias na suspensão ou no cancelamento de benefícios. Essa ação configura-se como uma boa prática passível de ser adotada por outras unidades gestoras, a fim de melhorar o desempenho do seu sistema de controle de pagamentos, diminuindo o risco de cessação tardia ou indevida de benefícios.

Por ter sido detectada a redução da eficácia do controle eletrônico de pagamentos do Igepps, em razão das referidas fragilidades havidas nos bancos de dados federais, o TCE/PA alertou o dirigente da Previdência local para a necessidade de aparelhar a gestão de benefícios com outros meios de comprovação da perda das condições legitimadoras pelos beneficiários, a fim de evitar a repetição das falhas então identificadas.

Nessa perspectiva, foi citada a exitosa parceria mantida entre o INSS e o sistema bancário, que além de viabilizar o melhoramento do controle de pagamento dos benefícios, tem gerado ganhos financeiros àquele Instituto. Essa prática foi evidenciada em levantamento realizado pela Controladoria Geral de União (CGU) em 2019, nos seguintes termos:

> Os benefícios previdenciários são pagos aos segurados pela rede bancária. A folha de pagamento do INSS foi objeto de leilões (o primeiro realizado em 2009), o que significa que os bancos remuneram o INSS pelo direito de efetuarem os pagamentos dos benefícios. O interesse dos bancos está ligado ao potencial de serviços que podem oferecer aos segurados, como empréstimos consignados e todos os produtos bancários.

---

[22] Acórdão TCU nº 2812/2009.

Até o exercício financeiro de 2009, o INSS gastava cerca de R$ 250 milhões anuais para disponibilizar aos segurados os pagamentos junto às instituições bancárias. A partir de janeiro/2010, as instituições bancárias passaram a remunerar o INSS. Inicialmente o contrato contemplou somente as novas concessões – as instituições bancárias remuneravam o INSS pelos valores pagos referentes aos benefícios de novas concessões, não englobando o estoque de benefícios.

Novos contratos foram assinados em 2011, e a remuneração passou a contemplar 100% da folha de benefícios administrados pelo INSS. Em 2017 a arrecadação do INSS com a folha de benefícios foi de R$ 1.013.875.857,04.[23]

Esse relacionamento com o sistema bancário pode viabilizar meios para a comprovação de vida, conforme se depreende das disposições constantes no art. 615 da Instrução Normativa PRES/INSS nº 128, de 28.03.2022, publicada no DOU de 29.03.2022, que, inclusive, lista várias possibilidades de realização da prova de vida.

No atual estágio dos RPPS, a adesão a boas práticas de gestão e a prevenção do desvio ou do desperdício dos escassos recursos financeiros da previdência devem ser incisivamente estimuladas e cobradas dos dirigentes das unidades gestoras da Previdência. Isso porque já existe um considerável volume de conhecimentos e experiências acumulados e comumente disseminados em eventos temáticos (congressos, palestras, *workshops*, cursos etc.), em publicações especializadas, nas páginas eletrônicas das unidades gestoras e do MPS, nos relatórios e decisões produzidos pelos Tribunais de Contas, entre outros.

Não obstante, no caso objeto do presente estudo, a equipe técnica constatou que os controles administrativos somente foram efetivamente acionados e aprimorados a partir da intervenção do TCE/PA. Até então, não se tinha conhecimento da atuação satisfatória da entidade previdenciária para apurar as irregularidades que vinham ocorrendo na gestão dos benefícios, de maneira que restou por demais alargado o espaço de oportunidades para os desvios ante a ausência da expectativa de controle.

Ao reconhecer a procedência da demanda, o Tribunal Pleno, por meio do Acórdão TCE/PA nº 61.500, de 14 de abril de 2021,[24]

---

[23] BRASIL. Controladoria Geral da União. *Relatório de Avaliação*: Instituto Nacional do Seguro Social, exercício de 2019. Brasília, CGU, 2019. Disponível em: https://eaud.cgu.gov.br/relatorios/download/855543. Acesso em: 25 jul. 2024.

[24] BRASIL. Tribunal de Contas do Estado do Pará. *TC/505761/2018*. Acórdão nº 61.500/2021-Tribunal Pleno. Belém, TCE/PA, 2021. Rel. Julival Silva Rocha. Disponível em:

expediu uma série de determinações e recomendações ao Igepps com vistas à reparação do dano ocorrido e ao aprimoramento da gestão administrativa, como medida a mitigar os riscos de repetição das falhas detectadas, comandos que deveriam ser implementados em consonância com plano de ação a ser elaborado pela unidade jurisdicionada.

No ano de 2023, o TCE/PA,[25] no encerramento do primeiro ciclo de monitoramento da referida decisão, destacou as seguintes providências que haviam sido adotadas pelo Igepps: realização de auditoria em 52.939 (cinquenta e dois mil, novecentos e trinta e nove) benefícios; encaminhamento de 538 (quinhentos e trinta e oito) notícias de fato ao Ministério Público do Estado do Pará (MPE/PA) e de 371 (trezentos e setenta e uma) *notitiae criminis* à Polícia Civil do Estado do Pará (PC/PA). Esses fatos abrangeriam recursos na ordem de R$ 25.015.954,57 (vinte e cinco milhões, quinze mil, novecentos e cinquenta e quatro reais e cinquenta e sete centavos).

Além disso, constatou-se a criação e estruturação do setor de Recuperação de Crédito na Procuradoria Jurídica do Igepps, que já teria recuperado o montante de R$ 19.401.891,30 (dezenove milhões, quatrocentos e um mil, oitocentos e noventa e um reais e trinta centavos); o envio de 2.051 (dois mil e cinquenta e um) processos administrativos para a recuperação de crédito; a realização de acordos extrajudiciais no montante de R$ 6.191.985,45 (seis milhões, cento e noventa e um mil, novecentos e oitenta e cinco reais e quarenta e cinco centavos); e o ajuizamento de 249 (duzentos e quarenta e nove) ações judiciais de ressarcimento ao erário, perfazendo o total de R$ 15.796.433,14 (quinze milhões, setecentos e noventa e seis mil, quatrocentos e trinta e três reais e quatorze centavos).

Atualmente, o TCE/PA está acompanhando o segundo ciclo de monitoramento da decisão, que se fez necessário pela complexidade das providências saneadoras.

Os resultados da fiscalização ora retratada alertam para a necessidade de as unidades gestoras de RPPSs incrementarem seus instrumentos de gestão com vistas a mitigar os riscos de manutenção indevida de benefícios na folha de pagamento, sem descurar da realização de

---

https://www.tcepa.tc.br/pesquisaintegrada/bases-dados/acordaos/numeroacordao/61500/conteudo-original. Acesso em: 25 jul. 2024.

[25] BRASIL. Tribunal de Contas do Estado do Pará. *TC/007243/2022*. Resolução nº 19.499/2023-Tribunal Pleno. Belém, TCE/PA, 2023. Rel. Julival Silva Rocha. Disponível em: https://www.tcepa.tc.br/pesquisaintegrada/bases-dados/resolucoes/numeroresolucao/19499/conteudo-original. Acesso em: 25 jul. 2024.

checagens periódicas da eficácia dos seus controles eletrônicos, tendo em vista que as referidas inconsistências na coleta de informações pelos bancos de dados federais ainda não foram superadas.

Ao agregar dados de levantamentos nacionais aos trabalhos de fiscalização local, a Corte de Contas paraense, de forma inovadora, evidenciou a importância do desenvolvimento de estratégias federativas integradas para a gestão de informações gerenciais necessárias ao controle de pagamento de benefícios pelos regimes previdenciários. Essa amplificação do campo de visão da análise também propiciou o incremento dos meios de saneamento das inconformidades detectadas, o que contribuirá para a elevação do grau de efetividade a ser alcançado pelos comandos expedidos pelo Órgão Julgador.

4 Conclusão

A institucionalização da cobertura previdenciária dos servidores públicos no Brasil se estabeleceu como esforço estatal para a contenção dos crescentes gastos com pessoal pelos entes públicos, de modo que o regime próprio de previdência já nasceu com substanciais déficits financeiro e atuarial, com a perspectiva de provocar, a médio e longo prazos, limitações na capacidade das finanças públicas de atender a outras necessidades essenciais e às políticas de investimentos indispensáveis ao desenvolvimento do país.

Nesse cenário, as unidades gestoras dos regimes próprios de previdência devem se empenhar na busca pela sustentabilidade da política previdenciária, com vistas a alcançar o equilíbrio de contas tanto no presente quanto no futuro, conforme exige a Constituição Federal (art. 40), de modo a assegurar aos servidores efetivos proteção previdenciária compatível com as altas responsabilidades que a persecução do interesse público lhes impõe.

Para o cumprimento desse desiderato, é imprescindível a implementação de boas práticas de governança e de soluções tecnológicas eficazes, com o fortalecimento dos controles preventivos, a fim de evitar desvios das receitas próprias, sem descuidar da adoção de medidas reparatórias ágeis em casos de desvios, uma vez que a reparação de danos financeiros à previdência, geralmente, consome vultosos recursos, com baixa expectativa de recuperação dos créditos.

Como se pôde observar na fiscalização realizada pelo TCE/PA abordada no presente estudo, fragilidades na gestão de benefícios causaram considerável dano à previdência estadual, situação que repercutiu diretamente no erário, que, reiteradamente, tem aportado recursos ao Igepps para cobrir insuficiência financeira no custeio dos benefícios.

O caso mostrou que limitações na funcionalidade do sistema eletrônico de controle de pagamentos de benefícios pela unidade gestora, decorrentes de lacunas ou inconsistências no banco de dados Sisobi, situação que já havia sido constatada pelo TCU em relação ao INSS, concorreram para a manutenção de milhares de benefícios indevidos no sistema de previdência, em razão da extinção tardia após o óbito dos beneficiários.

Os resultados da referida ação de controle também revelaram, além das inconsistências no controle eletrônico de pagamentos, a falta de atuação preventiva e saneadora por parte da autarquia previdenciária, tendo em vista que os recebimentos indevidos constatados se mantiveram por vários anos, o que torna as irregularidades ainda mais graves.

Sem dúvida, não é justificável a perpetuação de descontroles dessa monta na gestão de benefícios previdenciários no atual contexto dos RPPSs, nos quais a insuficiência de receitas próprias para a cobertura dos benefícios gerados pelo sistema já constitui, por si só, alerta para os cuidados que devem ser tomados pelas unidades gestoras a fim de evitar malversação ou desvio de recursos. Essa situação se torna ainda mais insustentável quando o dano havido é decorrente da concretização de riscos previsíveis, a exemplo da extinção tardia de benefícios, conforme evidenciado na ação de controle aqui reportada.

O controle de pagamento de benefícios é estratégico para a sustentabilidade dos RPPSs. A atuação das unidades gestoras e o acompanhamento rigoroso dos Tribunais de Contas são indispensáveis para evitar falhas e irregularidades que comprometam as finanças e o equilíbrio dos sistemas previdenciários. Somente com uma gestão responsável e preventiva, aliada a um controle eficiente, será possível garantir a proteção previdenciária dos servidores públicos e a sustentabilidade financeira e atuarial dos regimes próprios de previdência.

É importante reiterar que a atuação do TCE/PA revelou que as falhas no controle eletrônico de benefícios no regime próprio estadual decorreram de inconsistências semelhantes àquelas apuradas em fiscalizações anteriores pelo TCU em relação ao INSS. Isso serve de alerta aos demais órgãos de controle e unidades gestoras sobre possíveis ocorrências de inconformidades da mesma espécie, o que requer uma estratégia de acompanhamento contínuo e efetivo da gestão de benefícios, com o consequente fortalecimento do sistema previdenciário.

Referências

BRASIL. *Constituição da República Federativa do Brasil de 1988*. Brasília: Assembleia Nacional Constituinte, 1988. Disponível em: https://www.planalto.gov.br/ccivil_03/constituicao/constituicao.htm. Acesso: 25 jul. 2024.

BRASIL. Conselho Nacional de Justiça. *Recomendação nº 40, de 2 de julho de 2019*. Dispõe sobre os prazos e informações a serem prestadas ao Sistema Nacional de Informações de Registro Civil – SIRC pelas serventias extrajudiciais de registro de pessoas naturais. Disponível em: https://atos.cnj.jus.br/files/original145925201910245db1bc4d20ae1.pdf. Acesso em: 29 jul. 2024.

BRASIL. Controladoria Geral da União. *Relatório de Avaliação*: Instituto Nacional do Seguro Social, exercício de 2019. Brasília: CGU, 2019. Disponível em: https://eaud.cgu.gov.br/relatorios/download/855543. Acesso em: 25 jul. 2024.

BRASIL. *Decreto nº 10.977, de 23 de fevereiro de 2022*. Regulamenta a Lei nº 7.116, de 29 de agosto de 1983, para estabelecer os procedimentos e os requisitos para a expedição da Carteira de Identidade por órgãos de identificação dos Estados e do Distrito Federal, e a Lei nº 9.454, de 7 de abril de 1997, para estabelecer o Serviço de Identificação do Cidadão como o Sistema Nacional de Registro de Identificação Civil. Disponível em: https://www.planalto.gov.br/ccivil_03/_ato2019-2022/2022/decreto/d10977.htm. Acesso em: 29 jul. 2024.

BRASIL. Instituto Nacional do Seguro Social. *Instrução Normativa PRES/INSS nº 128, de 28 de março de 2022*. Disciplina as regras, procedimentos e rotinas necessárias à efetiva aplicação das normas de direito previdenciário. Disponível em: https://www.in.gov.br/web/dou/-/instrucao-normativa-pres/inss-n-128-de-28-de-marco-de-2022-389275446. Acesso em: 29 jul. 2024.

BRASIL. *Lei nº 9.171, de 27 de novembro de 1998*. Dispõe sobre regras gerais para a organização e o funcionamento dos regimes próprios de previdência social dos servidores públicos da União, dos Estados, do Distrito Federal e dos Municípios, dos militares dos Estados e do Distrito Federal e dá outras providências. Disponível em: https://www.planalto.gov.br/ccivil_03/leis/l9717.htm. Acesso: 25 jul. 2024.

BRASIL. Tribunal de Contas do Estado do Pará. *TC/505761/2018*. Acórdão nº 61.500/2021-Tribunal Pleno. Belém: TCE/PA, 2021. Disponível em: https://www.tcepa.tc.br/pesquisaintegrada/bases-dados/acordaos/numeroacordao/61500/conteudo-original. Acesso em: 25 jul. 2024.

BRASIL. Tribunal de Contas do Estado do Pará. *TC/007243/2022*. Resolução nº 19.499/2023-Tribunal Pleno. Belém: TCE/PA, 2023. Disponível em: https://www.tcepa.tc.br/pesquisaintegrada/bases-dados/resolucoes/numeroresolucao/19499/conteudo-original. Acesso em: 25 jul. 2024.

BRASIL. Tribunal de Contas da União. *TC 004.002/2008-9*. Acórdão nº 2812/2009-Plenário, julgamento em 25.11.2009. Brasília: TCU, 2009. Disponível em: https://pesquisa.apps.tcu.gov.br/documento/acordao-completo/*/NUMACORDAO%253A2812%2520ANOACORDAO%253A2009%2520/DTRELEVANCIA%2520desc%252C%2520NUMACORDAOINT%2520desc/0. Acesso em: 30 jul. 2024.

BRASIL. Tribunal de Contas da União. *TC 030.524/2012-1*. Acórdão nº 2367/2013-Plenário. Julgamento em 4.9.2013. Brasília: TCU, 2013. Disponível em: https://pesquisa.apps.tcu.gov.br/documento/acordao-completo/*/NUMACORDAO%253A2367%2520ANOACORDAO%253A2013%2520/DTRELEVANCIA%2520desc%252C%2520NUMACORDAOINT%2520desc/0. Acesso em: 25 jul. 2024.

BRASIL. Tribunal de Contas da União. *TC 009.285/2015-6*. Acórdão nº 1331/2016-Plenário. Julgamento em 25.5.2016. Brasília: TCU, 2016. Disponível em: https://pesquisa.apps.tcu.gov.br/documento/acordao-completo/*/NUMACORDAO%253A1331%2520ANOACORDAO%253A2016%2520/DTRELEVANCIA%2520desc%252C%2520NUMACORDAOINT%2520desc/0. Acesso em: 25 jul. 2024.

BRASIL. Tribunal de Contas da União. *TC 008.368/2016-3*. Acórdão nº 2973/2016-Plenário. Julgamento em 23.11.2016. Brasília: TCU, 2016. Disponível em: https://pesquisa.apps.tcu.gov.br/documento/acordao-completo/*/NUMACORDAO%253A2973%2520ANOACORDAO%253A2016%2520/DTRELEVANCIA%2520desc%252C%2520NUMACORDAOINT%2520desc/0. Acesso em: 25 jul. 2024.

BRASIL. Tribunal de Contas da União. *TC 009.811/2019-2*. Acórdão nº 2451/2019-Plenário. Julgamento em 9.10.2019. Brasília: TCU, 2019. Disponível em: https://pesquisa.apps.tcu.gov.br/documento/acordao-completo/*/NUMACORDAO%253A2451%2520ANOACORDAO%253A2019%2520/DTRELEVANCIA%2520desc%252C%2520NUMACORDAOINT%2520desc/0. Acesso em: 25 jul. 2024.

FREITAS, Juarez. *O controle dos atos administrativos e os princípios fundamentais*. 5. ed. São Paulo: Malheiros Editores, 2013.

NOGUEIRA, Narlon Gutierre. Antecedentes da proposta de reforma da previdência – PEC 287/2016. *Coleção Previdência Social*. Série Estudos. Brasília: MPS, 2018, vol. 36.

NOGUEIRA, Narlon Gutierre. O equilíbrio financeiro e atuarial dos RPPS: de princípio constitucional a política pública de Estado. *Coleção Previdência Social*. Série Estudos. Brasília: MPS, 2012, vol. 34.

SILVA, Madsleine Leandro Pinheiro da. Direito previdenciário e equilíbrio atuarial: garantias legais à viabilidade do sistema. *Coleção Previdência Social*. Série Estudos. Brasília: MPS, 2018, vol. 36.

Informação bibliográfica deste livro, conforme a NBR 6023:2018 da Associação Brasileira de Normas Técnicas (ABNT):

ROCHA, Julival Silva; ARAÚJO, Décio da Silva de. Regimes próprios de previdência: a importância do controle de pagamento de benefícios. *In:* LIMA, Luiz Henrique; CUNDA, Daniela Zago Gonçalves da (coord.). *Controle externo e as mutações do direito público*: inovações jurisprudenciais e aprimoramento da gestão pública - Estudos de ministros e conselheiros substitutos dos Tribunais de Contas. Belo Horizonte: Fórum, 2025. p. 155-180. ISBN 978-65-5518-949-0.

DETERMINAÇÕES NOS JULGAMENTOS DE CONTAS COMO IMPULSIONADORAS DA MELHORIA DA GESTÃO – DOIS ESTUDOS DE CASO EM MATO GROSSO

LUIZ HENRIQUE LIMA[1]

> *– Duas horas e um quarto! exclamou Taveira, que olhara o relógio. E eu aqui, empregado público, tendo deveres para com o Estado, logo às dez horas da manhã.*
> *– Que diabo se faz no tribunal de contas? perguntou Carlos. Joga-se? Cavaqueia-se?*
> *– Faz-se um bocado de tudo, para matar tempo... Até contas!*
>
> (Eça de Queiroz, Os Maias, 1888)

1 Introdução

O julgamento das contas dos administradores e demais responsáveis é uma das mais relevantes competências constitucionais dos

---

[1] O autor agradece à assessora Carolina Blaszak Azer pela pesquisa prévia de documentos e de jurisprudência. Registra também o seu reconhecimento ao trabalho desenvolvido pelos auditores e técnicos de controle externo do TCE-MT que atuaram na análise das contas de gestão objeto dos estudos de caso a seguir examinados.

tribunais de contas brasileiros.[2] Sua previsão remonta a mais de um século, pois surgiu com o Decreto 392, de 1896,[3] tendo sido inserida na Constituição de 1934.[4] Ao longo desse percurso, o instituto sofreu múltiplas transformações, tanto nas normas legais e regimentais que o disciplinam e nas suas consequentes interpretações doutrinárias e jurisprudenciais até a compreensão do significado da expressão "contas" e o conteúdo dos respectivos processos.

Ao julgar as contas dos gestores, as cortes de contas exercem a sua função judicante, mas também, frequentemente, as funções sancionadora, informativa, corretiva e orientadora.[5] É sobre essas duas últimas dimensões do julgamento de contas que trata este capítulo. Nele examinar-se-á a possibilidade de decisões inovadoras nos processos de contas induzirem a adoção de medidas administrativas que produzam melhorias significativas na gestão pública.

O estudo está assim estruturado: após esta breve introdução, discorre-se sobre os processos de contas apresentando as principais normas que os disciplinam na esfera federal, inclusive requisitos de conteúdo e critérios de julgamento, destacando-se a sua relevância como procedimento de produção de informações originais, pertinentes e valiosas para legisladores, tomadores de decisão e a cidadania em geral. A seção seguinte apresenta a estrutura dispositiva dos acórdãos de julgamento de contas e as características das determinações emanadas dos órgãos de controle externo. A seguir, expõem-se dois estudos de casos nos quais o emprego, de forma inovadora, pelo Tribunal de Contas de Mato Grosso – TCE-MT, de determinações no julgamento de contas de gestão dos Poderes Judiciário e Legislativo conduziu à correção

---

[2] Constituição da República – CR: art. 71, II.
[3] Referido Decreto teve por finalidade "Reorganizar o Tribunal de Contas". Seu art. 3º previa:
"Art. 3º O Tribunal exercita a sua jurisdição contenciosa:
1) Processando, julgando, em unica instancia, e revendo as contas de todas as repartições, empregados e quaesquer responsáveis que, singular ou collectivamente, houverern administrado, arrecadação e despendido dinheiros publicas ou valores de qualquer especie, inclusive em material, pertercentes á Republica, ou por que esta seja responsavel e estejam sob sua guarda ; bem assim dos que deverem prestar ao Tribunal, seja qual for o Ministerio a que pertencerem, em virtude de responsabilidade por contracto, commissão ou adeantamento."
Uma curiosidade: o normativo previa a possibilidade de o Tribunal de Contas ordenar a prisão dos responsáveis com alcance julgado em sentença definitiva.
[4] Constituição de 1934: "Art. 99. É mantido o Tribunal de Contas, que, directamente, ou por delegações organizadas de acordo com a lei, acompanhará a execução orçamentaria e julgará as contas dos responsaveis por dinheiros ou bens publicos".
[5] Um exame mais detido sobre as diversas funções dos Tribunais de Contas encontra-se em Lima (2023, p. 95-101).

de falhas arraigadas, com a adoção de medidas que propiciaram o aprimoramento da gestão patrimonial, contábil, financeira, orçamentária e operacional. Na seção conclusiva, apresentam-se algumas reflexões acerca das possibilidades e dos limites da emissão de determinações pelas cortes de contas brasileiras.

2 Processos de contas, normas e conteúdo

Por ser uma palavra de uso corriqueiro e compreensão polissêmica, "contas", é uma expressão que enseja múltiplas acepções e algumas incompreensões, como a do personagem de Eça de Queiroz citado na epígrafe: "Faz-se um bocado de tudo, para matar tempo... Até contas!"

No contexto do direito público, do controle externo e da auditoria governamental, "contas" é muito mais que um conceito contábil ou aritmético. "Contas" é o conjunto de informações que se possa obter, direta ou indiretamente, a respeito de uma dada gestão em certo período, desde que garantida a sua confiabilidade (veracidade e representatividade) e permitida a avaliação da legalidade, legitimidade, eficácia, eficiência, efetividade e economicidade dessa gestão.

Tais informações não são restritas a demonstrativos contábeis, mas também envolvem relatórios de gestão, indicadores de desempenho na execução de políticas públicas etc.

O dever de todo gestor prestar contas é um princípio constitucional democrático e republicano,[6] inspirado no art. 15 da Declaração dos Direitos do Homem, de agosto de 1789, durante a Revolução Francesa.[7]

Os processos de contas são uma espécie do gênero processos de controle externo, assim como, por exemplo, processos de fiscalização e processos de denúncias e representações.[8] Por sua vez, os processos de controle externo não se confundem com os processos administrativos ou judiciais, conforme reconhecido pela Lei nº 13.655/2018.

Os processos de contas subdividem-se em: contas de governo, contas de gestão e tomadas de contas especiais. Neste estudo, cuidar-se-á tão somente das contas de gestão.

---

[6] CR: art. 70, parágrafo único.
[7] Art. 15 – *La société a le droit de demander compte à tout agent public de son administration.*
[8] LIMA, Luiz Henrique. Anotações sobre a singularidade do processo de controle externo nos Tribunais de Contas: similaridades e distinções com o processo civil e penal. *In:* LIMA, Luiz Henrique; SARQUIS, Alexandre Manir Figueiredo (Coord.). *Processos de controle externo:* estudos de ministros e conselheiros substitutos dos Tribunais de Contas. Belo Horizonte: Fórum, 2019. p. 17-43.

Em cada esfera administrativa, os processos de contas são regulados pelas Leis Orgânicas e Regimentos Internos dos respectivos Tribunais de Contas e pelos demais normativos editados por esses órgãos. Ademais, a Lei nº 4.320/1964 – Normas Gerais de Direito Financeiro e a Lei de Responsabilidade Fiscal – LRF[9] fixaram normas de abrangência nacional acerca da escrituração das contas públicas.

A Lei nº 4.320/1964 estipula que a contabilidade evidenciará perante a Fazenda Pública a situação de todos quantos, de qualquer modo, arrecadem receitas, efetuem despesas, administrem ou guardem bens a ela pertencentes ou confiados.[10] Assim, os serviços de contabilidade serão organizados de forma a permitir o acompanhamento da execução orçamentária, o conhecimento da composição patrimonial, a determinação dos custos dos serviços industriais, o levantamento dos balanços gerais, a análise e a interpretação dos resultados econômicos e financeiros.[11]

A LRF define que a prestação de contas da União conterá demonstrativos do Tesouro Nacional e das agências financeiras oficiais de fomento, especificando os empréstimos e financiamentos concedidos com recursos oriundos dos orçamentos fiscal e da seguridade social e, no caso das agências financeiras, avaliação circunstanciada do impacto fiscal de suas atividades no exercício.[12] Trata-se de uma norma dirigida às contas do Poder Executivo Federal, aplicável, no que couber, aos Estados e Municípios.

Além de obedecer às demais normas de contabilidade pública, a escrituração das contas públicas deverá observar:[13]

> I – a disponibilidade de caixa constará de registro próprio, de modo que os recursos vinculados a órgão, fundo ou despesa obrigatória fiquem identificados e escriturados de forma individualizada;
>
> II – a despesa e a assunção de compromisso serão registradas segundo o regime de competência, apurando-se, em caráter complementar, o resultado dos fluxos financeiros pelo regime de caixa;
>
> III – as demonstrações contábeis compreenderão, isolada e conjuntamente, as transações e operações de cada órgão, fundo ou entidade da administração direta, autárquica e fundacional, inclusive empresa estatal dependente;

---

[9] Lei Complementar 101/2000.
[10] Lei nº 4.320/1964: art. 83.
[11] Lei nº 4.320/1964: art. 85.
[12] LRF: art. 49, parágrafo único.
[13] LRF: art. 50.

IV – as receitas e despesas previdenciárias serão apresentadas em demonstrativos financeiros e orçamentários específicos;
V – as operações de crédito, as inscrições em Restos a Pagar e as demais formas de financiamento ou assunção de compromissos junto a terceiros deverão ser escrituradas de modo a evidenciar o montante e a variação da dívida pública no período, detalhando, pelo menos, a natureza e o tipo de credor;
VI – a demonstração das variações patrimoniais dará destaque à origem e ao destino dos recursos provenientes da alienação de ativos.

Os processos de tomada ou prestação de contas ordinária conterão os elementos e demonstrativos especificados em ato normativo, que evidenciem a boa e regular aplicação dos recursos públicos e, ainda, a observância aos dispositivos legais e regulamentares aplicáveis.[14]

No âmbito da União, as normas para a organização e a apresentação das contas dos administradores e responsáveis da administração pública federal e para o julgamento realizado pelo TCU constam da Instrução Normativa 84/2020.

A norma define prestação de contas como o instrumento de gestão pública mediante o qual os administradores e, quando apropriado, os responsáveis pela governança e pelos atos de gestão de órgãos, entidades ou fundos dos poderes da União apresentam e divulgam informações e análises quantitativas e qualitativas dos resultados da gestão orçamentária, financeira, operacional e patrimonial do exercício, com vistas ao controle social e ao controle institucional.

Sua finalidade é demonstrar, de forma clara e objetiva, a boa e regular aplicação dos recursos públicos para atender às necessidades de informação dos cidadãos e seus representantes, dos usuários de serviços públicos e dos provedores de recursos, e dos órgãos do Poder Legislativo e de controle para fins de transparência, responsabilização e tomada de decisão, em especial para:

I – facilitar e incentivar a atuação do controle social sobre a execução do orçamento federal e proteção do patrimônio da União;
II – subsidiar as unidades do sistema de controle interno para avaliar o cumprimento das metas previstas no Plano Plurianual, a execução dos programas de governo e dos orçamentos da União, bem como comprovar a legalidade e avaliar a eficácia, a eficiência e a efetividade da gestão orçamentária, financeira e patrimonial nos órgãos e entidades da administração federal;

---

[14] Regimento Interno do Tribunal de Contas da União – RITCU, Resolução TCU 246/2011: art. 194.

III – subsidiar os Ministros de Estado com informações para o exercício da orientação, coordenação e supervisão dos órgãos e entidades da administração federal na área de sua competência, bem como apresentar ao Presidente da República relatório anual de sua gestão no Ministério;
IV – contribuir para o acompanhamento e a fiscalização orçamentária pela comissão mista do Congresso Nacional de que trata o inciso II do §1º do art. 166 da Constituição l; e
V – possibilitar ao TCU o julgamento das contas dos administradores e demais responsáveis.

As contas devem expressar a exatidão dos demonstrativos contábeis, a legalidade, a legitimidade e a economicidade dos atos de gestão dos responsáveis que utilizem, arrecadem, guardem, gerenciem ou administrem dinheiros, bens e valores públicos ou pelos quais a União responda, ou que, em nome desta, assumam obrigações de natureza pecuniária.

São definidos os seguintes princípios para a elaboração e a divulgação da prestação de contas:
I – foco estratégico e no cidadão;
II – conectividade da informação;
III – relações com as partes interessadas;
IV – materialidade;
V – concisão;
VI – confiabilidade e completude;
VII – coerência e comparabilidade;
VIII – clareza;
IX – tempestividade; e
X – transparência.

Assim, as prestações de contas são constituídas por:
I – informações;
II – demonstrações contábeis;
III – relatório de gestão; e
IV – rol dos responsáveis.

O rol dos responsáveis deve incluir todos os responsáveis por cargos de direção ou atos de gestão, indicando os respectivos períodos de gestão.

As demonstrações contábeis são as exigidas pela legislação aplicável a cada órgão ou entidade, acompanhadas da documentação e notas explicativas.

As informações compreendem, entre outras, os objetivos, as metas, os indicadores de desempenho definidos para o exercício e os resultados por eles alcançados; e o valor público em termos de produtos e resultados gerados, preservados ou entregues no exercício, e a capacidade de continuidade em exercícios futuros.

O relatório de gestão deve ser apresentado na forma de relato integrado da gestão oferecendo uma visão clara e concisa sobre como a estratégia, a governança, o desempenho e as perspectivas do órgão ou entidade, no contexto de seu ambiente externo, levam à geração de valor público em curto, médio e longo prazos, bem como se presta a demonstrar e a justificar os resultados alcançados em face dos objetivos estabelecidos, de maneira a atender às necessidades comuns de informação dos diversos segmentos de usuários.

Dessa forma, os processos de contas de gestão são potencialmente instrumentos de grande relevância para a produção de informações originais, pertinentes e valiosas para legisladores, tomadores de decisão e a cidadania em geral.

3 Julgamento e decisões em processos de contas de gestão

Ao passo que os processos de contas de governo são sujeitos a apreciação pelas cortes de contas, das quais resulta um parecer prévio que é encaminhado ao Poder Legislativo para subsidiar o julgamento que lá é feito,[15] para as contas de gestão o julgamento ocorre nos tribunais de contas de modo exclusivo e definitivo.[16] Nele, segundo Moutinho (2022):[17]

> (...) o juízo expressa se as demonstrações contábeis apresentadas pelos administradores e demais responsáveis por dinheiros, bens e valores públicos representam adequadamente as posições financeira, orçamentária e patrimonial do órgão ou entidade por eles dirigidas, no encerramento do exercício ao qual as contas se referem. Adicionalmente, o julgamento dessas contas ordinárias ou anuais expressa se a execução dos orçamentos nessas instituições ocorreu em conformidade com os princípios

---

[15] CR: art.71, I.
[16] CR: art.71, II.
[17] MOUTINHO, Donato Volkers. Os tribunais de contas e a responsabilização financeira dos governantes: aplicação de multa e imputação de débito a presidentes da República, governadores e prefeitos. *Fórum Administrativo – FA*, Belo Horizonte, ano 22, n. 254, p. 13-34, abr. 2022.

constitucionais e legais regentes da Administração Pública e com as demais normas constitucionais, legais e regulamentares aplicáveis.

O julgamento de mérito das contas de gestão comporta três possibilidades: contas regulares, contas regulares com ressalvas e contas irregulares. O julgamento pela regularidade ocorre quando as contas expressarem, de forma clara e objetiva, a exatidão dos demonstrativos contábeis, a legalidade, a legitimidade e a economicidade dos atos de gestão do responsável.[18] As ressalvas decorrem da evidência de impropriedade ou qualquer outra falta de natureza formal de que não resulte dano ao erário.[19] Irregularidades de natureza mais grave como a omissão na prestação de contas; a prática de ato de gestão ilegal, ilegítimo, antieconômico, ou infração à norma legal ou regulamentar de natureza contábil, financeira, orçamentária, operacional ou patrimonial; a ocorrência de dano ao Erário decorrente de ato de gestão ilegítimo ou antieconômico ou de desfalque ou desvio de dinheiros, bens ou valores públicos são fundamentos para o julgamento pela irregularidade das contas.[20]

As determinações são emitidas nas hipóteses de julgamento pela regularidade com ressalvas ou pela irregularidade, de modo a que o responsável ou quem lhe haja sucedido promova a adoção de medidas necessárias à correção das impropriedades ou faltas identificadas, a fim de prevenir a ocorrência de outras semelhantes.[21]

A emissão de determinações tem fundamento expresso no inciso IX do art. 71 da Constituição da República, que atribui ao TCU a competência de *"assinar prazo para que o órgão ou entidade adote as providências necessárias ao exato cumprimento da lei, se verificada ilegalidade"*. Dessa redação depreende-se que as determinações devem ter a previsão de um prazo para a sua implementação e que não são exclusivas de processos de contas, devendo ser emitidas sempre que verificada ilegalidade em qualquer processo de controle externo.

Cada uma das 33 cortes de contas brasileiras adota um padrão para as suas diversas modalidades de deliberações e julgamentos, adotando denominações como: resoluções, decisões, pareceres, instruções normativas, prejulgados, entre outras. De acordo com Godinho (2018),

---

[18] LOTCU: art. 16, I.
[19] LOTCU: art. 16, II.
[20] LOTCU: art. 16, III.
[21] LOTCU: art. 18.

"*a inexistência de uma lei processual nacional impacta negativamente na utilidade e na efetividade do processo de julgamento de contas anuais de gestão*".[22]

O formato mais frequente empregado no julgamento das contas de gestão é o Acórdão. No Tribunal de Contas da União, o Acórdão possui a seguinte estrutura padrão:

> Informações básicas (número do Acórdão, Relator, número do processo, tipo de processo, data da sessão, número da ata, interessado/responsável/recorrente, entidade, representante do Ministério Público, unidade técnica, representante legal, assunto)
> Sumário
> Dispositivo do Acórdão:
> VISTOS, relatados e discutidos estes autos (...),
> ACORDAM os Ministros do Tribunal de Contas da União, reunidos em sessão do Plenário, com fundamento nos arts. (...) da Lei Orgânica do TCU e no art. (...) do Regimento Interno, diante das razões expostas pelo relator, em:
> 9.1. julgar irregulares/regulares com ressalva/regulares as contas dos responsáveis (...)
> 9.2. acolher/rejeitar as razões de justificativas apresentadas (...)
> 9.3. aplicar aos responsáveis (...), a multa prevista no (...), nos valores individuais indicados na tabela abaixo (...)
> 9.4. determinar à (...) que, com fundamento no (...), adote as seguintes providências: (...)
> 9.5. Recomendar à (...) que avalie a conveniência e oportunidade das seguintes proposições: (...)
> 9.6. enviar cópia deste Acórdão a (...), para a adoção das medidas cabíveis; e
> 9.7. dar ciência desta deliberação aos responsáveis, aos demais interessados e (...)
> Especificação do quórum

Destarte, podemos considerar que o conteúdo dispositivo do Acórdão pode contemplar as seguintes funções:
  a) julgadora (julgar as contas);
  b) sancionadora (aplicar sanções);
  c) corretiva (determinar a adoção de providências);
  d) orientadora (recomendar medidas); e
  e) informativa (enviar cópia/dar ciência).

---

[22] GODINHO, Heloísa Helena Antonacio Monteiro. *Disfuncionalidade do processo de julgamento das contas anuais de gestão pelos Tribunais de Contas*. Dissertação apresentada como requisito para obtenção do grau de Mestre, pelo Programa de Mestrado Profissional em Políticas Públicas e Gestão Governamental do IDP/DF. Brasília: 2018, p. 5.

No escopo deste artigo, o foco é na utilização da competência para emitir determinações e recomendações com vistas ao aprimoramento da gestão pública, e a observância aos princípios constitucionais da legalidade e da eficiência.

Na esfera da União, determinação é conceituada como deliberação de natureza mandamental que impõe ao destinatário a adoção, em prazo fixado, de providências concretas e imediatas com a finalidade de prevenir, corrigir irregularidade, remover seus efeitos ou abster-se de executar atos irregulares.[23]

Por sua vez, recomendação é a deliberação de natureza colaborativa que apresenta ao destinatário oportunidades de melhoria, com a finalidade de contribuir para o aperfeiçoamento da gestão ou dos programas e ações de governo.[24]

Ambas as modalidades devem tratar de matéria inserida no âmbito das competências do Tribunal de Contas, refletir os fatos examinados no processo e identificar com precisão a unidade jurisdicionada destinatária das medidas.

As determinações devem ser formuladas para:

I – interromper irregularidade em curso ou remover seus efeitos; ou

II – inibir a ocorrência de irregularidade iminente.

As determinações devem indicar a ação ou a abstenção necessárias e suficientes para alcance da finalidade do controle, sem adentrar em nível de detalhamento que restrinja a discricionariedade do gestor quanto à escolha dos meios para correção da situação irregular, salvo se o caso exigir providência específica para o exato cumprimento da lei.

As determinações devem observar, ainda, as seguintes exigências:

I – conter prazo para cumprimento, salvo nos casos de obrigação de não fazer;
II – indicar o critério constitucional, legal ou regulamentar infringido e a base normativa que legitima o TCU a expedir a deliberação; e
III – possuir redação objetiva, clara, concisa, precisa e ordenada de maneira lógica.

As recomendações devem contribuir para o aperfeiçoamento da gestão e dos programas e ações de governo, em termos de economicidade, eficiência e efetividade, cabendo ao gestor avaliar a conveniência e a oportunidade de implementá-las.

---

[23] Resolução TCU 315/2020: art. 2º, I.
[24] Resolução TCU 315/2020: art. 2º, III.

As recomendações devem se basear em critérios tais como leis regulamentos, boas práticas e técnicas de comparação e, preferencialmente, atuar sobre a principal causa do problema quando tenha sido possível identificá-la.

Não devem ser formuladas recomendações genéricas e distantes da realidade prática, tampouco devem se basear exclusivamente em critérios que contenham elevada carga de abstração teórica ou conceitos jurídicos indeterminados.

Assim, as determinações têm legitimidade quando expressamente amparadas em fundamentos legais e terão efetividade ao fixarem prazo para sua implementação. Naturalmente, devem ser objeto de monitoramento pelo órgão de controle externo, e o eventual atraso no seu cumprimento deve ser justificado pelos responsáveis.

Acerca das determinações, a jurisprudência do TCU reconhece-lhes o caráter coativo, não estando sujeitas ao juízo de conveniência dos gestores.[25] Quanto às recomendações, o entendimento é que não representam mera sugestão cuja implementação é deixada ao alvedrio do destinatário, uma vez que sua finalidade é o aprimoramento da gestão pública.[26] Contudo, admite-se certa flexibilidade na sua implementação, podendo o administrador público atingir os mesmos objetivos por meios diferentes daqueles recomendados.

4 Estudos de casos

Nos limites deste estudo, serão examinados dois exemplos de como a emissão, de forma inovadora, de determinações no julgamento de processos de contas de gestão conduziu à correção de falhas arraigadas, com a adoção de medidas que impulsionaram significativas melhorias na gestão patrimonial, contábil, financeira, orçamentária e patrimonial dos Poderes Judiciário e Legislativo de Mato Grosso.

Por que as determinações a seguir expostas são apresentadas como inovadoras?

Nos termos da Lei nº 10.973/2004, inovação é a:

> introdução de novidade ou aperfeiçoamento no ambiente produtivo e social que resulte em novos produtos, serviços ou processos ou que compreenda a agregação de novas funcionalidades ou características a

---

[25] Acórdão TCU 4.428/2014 – Primeira Câmara.
[26] Acórdão TCU 73/2014 – Plenário.

produto, serviço ou processo já existente que possa resultar em melhorias e em efetivo ganho de qualidade ou desempenho;[27]

Se, como visto anteriormente, o conteúdo das determinações deve estar amparado em norma constitucional, legal ou regulamentar preexistente, pode-se argumentar que não cabe à esfera controladora inovar determinando ao gestor a adoção de providências distintas daquelas já prescritas pelo ordenamento jurídico.

Com efeito.

Todavia, nos dois exemplos apresentados na sequência, o caráter inovador não diz respeito ao conteúdo do que foi determinado, mas à decisão de expedir as determinações.

De fato, às vezes, o novo não é aquilo que se cria, mas aquilo que se revela.

Nas situações objeto desta pesquisa, as determinações envolveram falhas que se repetiram por muitos exercícios sem, no entanto, atrair a atuação do TCE-MT. A inovação, portanto, consistiu em explicitar, por meio de determinações, a exigência de correção de procedimentos.

Como se sabe, os chefes dos Poderes Judiciário e Legislativo, destinatários das decisões do órgão de controle externo, são autoridades de grande prestígio na esfera estadual, o que torna bastante sensível para as relações institucionais a simples menção a irregularidades na gestão. Destarte, é compreensível uma certa circunspecção para a expedição de determinações mais incisivas ou com fixação de prazos para atendimento. O que se verá, contudo, é que, uma vez efetivadas, as determinações contribuíram significativamente para um melhor desempenho da gestão pública.

4.1 As contas de gestão do Fundo de Apoio ao Poder Judiciário

O Fundo de Apoio ao Poder Judiciário de MT – Funajuris foi criado em 1985 e tem por finalidade o fortalecimento dos recursos financeiros e patrimoniais complementares ao orçamento estadual, destinados ao reequipamento físico e tecnológico da estrutura do Poder Judiciário de Mato Grosso, proporcionando meios para a dinamização dos serviços judiciários do Estado. De acordo com a Lei estadual nº 4.964/1985, o Fundo deve manter contabilidade própria, independente do Tribunal de Justiça.

---

[27] Lei 10.973/2004: art. 2º, IV (Redação da Lei 13.243, de 2016).

A receita do Funajuris é composta por taxas judiciárias, custas processuais e do Foro Extrajudicial, aluguéis, além de uma quota do ITCMD – Imposto Estadual sobre Transmissão *Causa Mortis* e Doações. Em 2023, a despesa realizada do referido Fundo foi de R$ 674 milhões.[28] O valor representa cerca de 24% do orçamento total do Poder Judiciário e constitui um dos maiores orçamentos de MT, superior à maioria das Secretarias de Estado e a 90% das prefeituras.

O presente estudo de caso destaca três processos em que o autor foi o relator das contas do Funajuris: as relativas aos exercícios de 2010, 2012 e 2017.

Na primeira oportunidade, em 2010, foram constatadas 21 irregularidades graves em áreas como contabilidade, patrimônio, gestão financeira, licitações, controle interno etc. Na ocasião, por meio do Acórdão nº 4.102/2011,[29] o TCE-MT expediu 23 determinações e recomendações.

Dois anos depois, no processo das contas de 2012, diversos problemas já tinham sido equacionados com a implementação das orientações do órgão de controle externo. Ainda assim, houve 10 determinações e recomendações.[30]

Desde então, diversos relatores atuaram, e o número de irregularidades foi sendo reduzido, mercê da determinação dos sucessivos dirigentes do Poder Judiciário no sentido do aprimoramento da gestão e da correção das falhas apontadas pelo TCE-MT. A atuação do controle interno foi bastante fortalecida.

Finalmente, em 2018, ao proceder à fiscalização contábil, orçamentária, financeira, operacional e patrimonial da gestão de 2017 do Funajuris, os auditores do TCE-MT não apontaram quaisquer falhas, inconsistências ou irregularidades, o que conduziu à aprovação unânime e sem ressalvas daquelas contas.[31] Um caso raro e louvável em um orçamento dessa dimensão. Naturalmente, espera-se que as próximas gestões continuem assegurando a legalidade, legitimidade e economicidade no uso desses recursos.

Quais foram as principais irregularidades identificadas em 2010, as determinações emanadas e os resultados alcançados?

Embora criado em 1985, após 25 anos o Funajuris ainda não dispunha de um Regimento Interno disciplinando a sua gestão, estrutura organizacional, competências etc.

---

[28] Disponível em: https://www5.sefaz.mt.gov.br/documents/6071037/65030929/VOL+II.pdf/648554e5-e28f-b937-5b23-b5e62228ad53?t=1715093277889. Acesso em: 25 jun. 2024.

[29] Relator: Cons. Substituto Luiz Henrique Lima.

[30] Acórdão 148/2013 – Primeira Câmara – Relator Cons. Substituto Luiz Henrique Lima.

[31] Acórdão 47/2018 – Primeira Câmara – Relator Cons. Substituto Luiz Henrique Lima.

A determinação emitida foi lacônica, no sentido de que esse Regimento Interno fosse elaborado, o que foi cumprido, tendo ocorrido a sua aprovação pelo Tribunal de Justiça em outubro de 2014.[32]

Na gestão financeira, os valores dos depósitos judiciais estavam sendo administrados por banco privado, em desobediência aos normativos legais vigentes e à expressa determinação do Conselho Nacional de Justiça, exarada em 2008.

O Acórdão nº 4.102/2011 determinou a realização, no prazo de 120 dias, de licitação na modalidade concorrência de instituição financeira para ficar responsável pela administração dos depósitos judiciais.

A licitação foi feita, e celebrado o Contrato nº 158/2012 com o Banco do Brasil. No que concerne ao patrimônio, foi identificado que a ocupação de espaços nas dependências do Tribunal de Justiça, do Fórum da Capital e em outras localidades para atividades comerciais como lanchonetes, cantinas, restaurantes e mesmo serviços bancários (Itaú, HSBC, Credijud) ocorria sem licitação e sem instrumento contratual e, por conseguinte, sem nenhuma contrapartida dos ocupantes pelo uso de imóvel público, energia elétrica etc. A receita potencial mensal dos contratos de cessão foi considerada pela unidade técnica como uma renúncia de receita por omissão.

Houve determinação para, no prazo de 90 dias, ser realizada licitação para cessão de espaços nas dependências do Poder Judiciário para lanchonetes, cantinas, restaurantes, bancos e outras prestadoras de serviços.

A licitação foi feita no ano seguinte, e a receita auferida no exercício de 2023 alcançou R$ 513 mil.[33]

Na esfera de pessoal, foi determinado ao gestor abster-se de realizar pagamentos de verbas indenizatórias ou outras parcelas remuneratórias sem a devida previsão legal, o que foi cumprido de imediato, conforme consignado no relatório das contas do exercício subsequente.

4.2 As contas de gestão da Assembleia Legislativa

O segundo estudo de caso se prende às contas de gestão da Assembleia Legislativa de Mato Grosso – ALMT referentes ao exercício de 2011, cujo orçamento gerido foi de R$ 275 milhões.[34]

---

[32] Disponível em: https://www.tjmt.jus.br/INTRANET.ARQ/CMS/GrupoPaginas/68/1415/file/Regimento%20Interno%20do%20FUNAJURIS.pdf. Acesso em: 25 jun. 2024.

[33] Disponível em: https://consultas.transparencia.mt.gov.br/webfiplan/fiplan/realizacao_da_receita/resultado_1.php. Acesso em: 25 jun. 2024.

[34] Acórdão TCE-MT 601/2012 – Tribunal Pleno – Relator Cons. Substituto Luiz Henrique Lima.

No exercício imediatamente anterior (2010), as contas de gestão da ALMT foram julgadas regulares, sem merecer qualquer determinação ou recomendação pelo órgão de controle externo.[35] Em exercícios pretéritos, chegaram a ser formuladas algumas recomendações de natureza genérica,[36] sem fixação de prazos para cumprimento.

Assim, é digno de nota que o Voto condutor das contas de gestão de 2011 tenha considerado configuradas 14 irregularidades e formulado 28 determinações e 8 recomendações.

Entre as determinações exaradas estava:

> no prazo de até 180 (cento e oitenta) dias, a contar da publicação desta decisão, adote providências visando a regularização do quadro de pessoal da Assembleia Legislativa, em observância à regra constitucional do concurso público como forma de ingresso na Administração Pública, nos termos do art. 37, incisos II e V, da Constituição Federal, assim como orientação jurisprudencial do Supremo Tribunal Federal (RE 365368 ArR/SC, rel. Min. Ricardo Levandowski, 22.05.2007);

Com efeito, os autos revelaram a existência de inúmeras atividades de natureza permanente sendo exercidas mediante cargos em comissão, a exemplo de auditor interno, repórter fotográfico, taquígrafo legislativo, assistente de plenário, assistente de serviços gerais, auxiliar técnico, entre outros. O relatório da unidade técnica constatou que 75% dos cargos então ocupados eram de livre nomeação e apenas 25% estavam providos por servidores efetivos.

Em decorrência da determinação do Acórdão TCE-MT 601/2012, a ALMT promoveu concurso público para provimento de cargos e formação de cadastro de reserva em cargos de nível médio, nível superior e procurador legislativo (Edital nº 1 – ALMT, de 2013).[37] Foram selecionados 215 servidores de nível médio para cargos como motorista, fotógrafo e copeiro, 207 para cargos de nível superior como técnico legislativo, contador e administrador, além de 8 procuradores legislativos.

---

[35] Acórdão TCE-MT 3.329/2011 – Tribunal Pleno.
[36] A exemplo de "atente-se para o cumprimento dos princípios constitucionais previstos no artigo 37, da Constituição Federal, bem como ao estabelecido na Lei n.º 8.666/1993, no que se refere à realização dos procedimentos licitatórios e à execução dos contratos" (Acórdão TCE-MT 3.822/2010) e "Cumprir as formalidades exigidas pela Lei n.º 8.666/93" (Acórdão TCE-MT 3.136/2009).
[37] Disponível em: https://www.al.mt.gov.br/storage/webdisco/publicacao/1499373323.pdf. Acesso em: 25 jun. 2024.

Outro tema de grande relevância tratado nas contas de 2011 foi o sistema de controle interno do Poder Legislativo, que apresentava inúmeras falhas e cuja titularidade era de servidor comissionado. No Acórdão de julgamento, foi determinado:

> recrute para o cargo de responsável pelo controle interno servidor já pertencente ao quadro efetivo da Assembleia, que reúna as qualificações necessárias, descritas nas Resoluções nº 24/2008 e nº 13/2012/TCE, até que o concurso seja realizado em prazo razoável que não comprometa a análise das Contas Anuais supervenientes.

Em cumprimento, foi editada a Lei nº 10.038/2013, que Cria a Secretaria de Controle Interno da Assembleia Legislativa do Estado de Mato Grosso, dá outras providências, cujo art. 8º estipula que o cargo de Secretário de Controle Interno deve ser ocupado por servidor efetivo ou estável da ALMT.

Ademais, uma das irregularidades mais graves envolvia a gestão da frota de veículos e o elevado consumo de combustível. Na oportunidade, foram documentadas despesas superiores a R$ 12,7 milhões, perfazendo 4,3 milhões de litros de combustível, implicando que cada veículo da frota do Poder Legislativo consumiu em média 89,89 litros de combustível por dia, todos os dias do ano, ou o equivalente a um percurso médio de 449 km/dia, todos os dias do ano.

O Acórdão TCE-MT 601/2012 determinou:

> no prazo de 90 (noventa) dias, a contar da publicação da presente decisão, promova a normatização de rotinas e procedimentos do Gerenciamento, Controle do Uso e Locação da Frota e dos Equipamentos; (...)
> no corrente ano adote medidas econômicas quanto aos gastos realizados com despesas de combustível para a sua frota, reduzindo o consumo diário médio;

Ultrapassada a fase recursal, a ALMT editou duas Instruções Normativas dando cumprimento às determinações:

> Instrução Normativa STR-01/2014[38]
> Estabelecer procedimentos de controle relacionados ao uso e gerenciamento da frota de veículos próprios, cedidos e locados, desde o planejamento de aquisições até a baixa do bem no controle patrimonial e contabilidade, incluindo a regulamentação documental.

---

[38] Disponível em: http://diariooficial.al.mt.gov.br/publicacoes/3762/. Acesso em: 25.jun.2024.

Instrução Normativa STR-02/2014[39]
Estabelecer procedimentos de controle relacionados ao credenciamento de veículos, distribuição de combustível e manutenção dos veículos oficiais.

Implementados esses controles, no exercício de 2015, quatro anos depois, mesmo considerando a inflação do período e a elevação do custo do combustível, a ALMT consumiu 1,2 milhão de litros de combustível, com uma despesa de R$ 3,9 milhões, ou seja, apenas 28% do consumo e 31% da despesa referentes a 2011.[40]

Finalmente, e de forma não exaustiva, o tema da transparência. Entre as irregularidades constatadas estava a não observância de norma constante da Constituição Estadual, a saber, a publicação trimestral no Diário Oficial do lotacionograma com a especificação de remuneração atualizada de todos os servidores.

Foi exarada a seguinte determinação:

> observe o disposto no art. 148 da Constituição Estadual, para o fim de fazer publicar, trimestralmente, no Diário Oficial, seu respectivo lotacionograma, por se tratar de medida de transparência e publicidade, insculpida no *caput* do art. 37 da Constituição da República;

Tal determinação foi cumprida, e as exigências foram posteriormente ampliadas pela Lei de Acesso à Informação – Lei nº 12.527/2011, com a implantação do Portal de Transparência da ALMT.[41]

5 Conclusão

Os dois estudos de casos apresentados inspiram reflexões acerca das possibilidades e dos limites da emissão de determinações pelas cortes de contas brasileiras por ocasião do julgamento das contas de gestão de seus jurisdicionados.

Os limites são, em primeiro lugar, os do direito positivo. Não pode o órgão de controle externo determinar a adoção de providências ao seu talante. Ademais, a motivação deverá demonstrar a necessidade e a adequação da medida imposta.[42]

---

[39] Disponível em: http://diariooficial.al.mt.gov.br/publicacoes/3761/. Acesso em: 25.jun.2024.
[40] Relatório Técnico. Disponível em: https://www.tce.mt.gov.br/processo/23221/2015#/ Acesso em: 25 jun. 2024.
[41] Disponível em: https://www.al.mt.gov.br/transparencia/ Acesso em: 25 jun. 2024.
[42] Nos termos do parágrafo único do art. 20 do Decreto-Lei 4.657/1942 (Incluído pela Lei nº 13.655, de 2018).

A redação do que se pretende seja implementado deve ser clara, concisa, completa, precisa, direta e objetiva, prevenindo interpretações dúbias, confusas, incompletas ou contraditórias.[43]

Finalmente, a fixação de prazos deve observar parâmetros razoáveis, considerando os obstáculos e as dificuldades reais do gestor e as exigências das políticas públicas a seu cargo, sem prejuízo dos direitos dos administrados.[44]

De outro lado, são reais as possibilidades de que as determinações produzam resultados efetivos e positivos sob vários aspectos, como demonstrado nos dois exemplos apresentados.

Tanto no caso do Funajuris como no da ALMT, determinações inovadoras trouxeram melhorias significativas na gestão, não apenas trazendo aderência a mandamentos constitucionais e legais, como a realização de concursos públicos e licitações, mas implicando incremento de receita; redução de desperdício; regularização contábil, organizacional e patrimonial; aprimoramento de controles internos e aumento da transparência.

As determinações foram inovadoras não pelo que determinaram, que era a necessária observância de normas há bastante tempo vigentes e até então não aplicadas pelos jurisdicionados,[45] mas pelo fato de nunca terem sido elaboradas, de forma expressa, com redação objetiva e com prazo para cumprimento e monitoramento.

Inovação não se confunde com invenção. Para ser inovador, muitas vezes não é necessário elucubrar fórmulas, bastando apenas, de forma inédita e até singela, determinar o que necessita ser feito para corrigir irregularidades, falhas, lacunas e vícios que, de tanto perdurarem, terminaram, de certo modo, sendo normalizados e/ou "esquecidos" em decisões anteriores. Há casos em que não se requer criatividade, mas um pouco de independência e coragem.

Por vezes, as soluções preconizadas não surtem efeitos imediatos, mas, ao longo de um intervalo de tempo, são perceptíveis os ganhos

---

[43] Lei Complementar 95/1998: art. 11.
[44] Decreto-Lei 4.657/1942: art. 22, *caput* (Incluído pela Lei nº 13.655, de 2018).
[45] O que invalida uma possível objeção de invasão da esfera de discricionariedade do gestor ou um apelo à desgastada crítica ao "ativismo de contas". Sempre é oportuno relembrar a lição da professora Di Pietro acerca da progressiva redução da discricionariedade administrativa: "*Essa redução foise dando, no decurso do tempo, pela aplicação das teorias do desvio de poder e dos motivos determinantes, pela constitucionalização dos princípios da Administração Pública, pela adoção da teoria dos conceitos jurídicos indeterminados, pelo reconhecimento de que os direitos sociais têm um mínimo de efetividade que decorre diretamente da Constituição*". (DI PIETRO, 2013)

concretos para a qualidade da gestão, beneficiando a sociedade, destinatária dos serviços públicos.

É corriqueira em certos veículos de opinião pública, e até mesmo entre alguns membros das cortes de contas, uma abordagem que subestima a relevância dos processos de contas de gestão. De modo pejorativo, são qualificados como burocráticos e obsoletos, constituindo uma improdutiva "autópsia" dos problemas de uma gestão, em contraponto ao idealizado e desejável controle concomitante e tempestivo, concretizado pelas auditorias e demais processos de fiscalização, exaltados como "biópsias", que permitiriam a correção de rumos antes de consumados os danos.

Até mesmo na seara acadêmica não é difícil identificar uma profusão de estudos, artigos, dissertações e teses sobre contas de governo e auditorias operacionais, sendo, em contrapartida, escassas as publicações que abordam as contas de gestão e o potencial transformador das determinações delas originadas.

Trata-se de uma crítica superficial,[46] que ignora as distintas finalidades dessas duas espécies processuais e a sua necessária complementaridade para o bom exercício do controle externo, conforme o modelo constitucional adotado no Brasil.[47]

Na sociedade democrática há que reconhecer a nobreza e a beleza da prestação de contas. Se, para o mau gestor – incompetente, autoritário ou corrupto – a prestação de contas é um estorvo e uma exigência burocrática inútil e despropositada, para o bom gestor, ao contrário, a prestação de contas é a oportunidade sublime de mostrar à coletividade o resultado do seu trabalho. Na prestação de contas ele relatará o que conseguiu realizar com os recursos colocados à sua disposição. Mais do que números frios, apresentará conquistas e realizações, resultantes de decisões democraticamente amadurecidas e de uma condução planejada e segura.

Para o órgão de controle externo, as contas de gestão são a oportunidade de formular uma avaliação global sobre múltiplos aspectos

---

[46] Não se olvida que de fato é escassa a utilidade do julgamento das contas de gestão quando ela ocorre de forma intempestiva, após o exercício no qual foram prestadas. Há casos em que esse julgamento ocorreu mais de dois anos após o exercício a que se referia, tornando desatualizadas e infrutíferas as determinações baseadas em situações muitas vezes ultrapassadas. Todavia, nessa hipótese, o problema se situa na gestão do órgão de controle externo e não na natureza do processo de contas de gestão.

[47] No sistema de Auditorias ou Controladorias-Gerais adotado por países como o Reino Unido, a Índia ou a Venezuela, os órgãos de controle externo não exercem a função jurisdicional (LIMA, 2023, p. 10-15).

das ações de uma unidade jurisdicionada, inclusive consolidando informações obtidas em auditorias, cujo escopo é sempre limitado a determinado objeto específico, e em outros processos de fiscalização, representação e denúncias. Ao examinar o desempenho de determinado período, ponderar sua evolução com relação aos anteriores e, eventualmente, contrastá-lo com o de outras unidades jurisdicionadas, mais do que agregar dados quantitativos, o Tribunal de Contas pode produzir conhecimento útil e informações qualitativas,[48] originais, pertinentes e valiosas para a tomada de decisão de gestores, legisladores, operadores jurídicos e cidadãos. Igualmente, ao emitir determinações e monitorar o seu cumprimento no prazo estipulado, a corte de contas impulsiona a correção de falhas e propicia a melhoria da gestão.

Para a cidadania, o acesso às informações disponibilizadas pelos processos das contas de gestão, mais que a possibilidade de um juízo personalizado acerca das qualidades dos gestores, representa a concretização periodicamente renovada de um princípio democrático essencial, bem como o conhecimento dos resultados alcançados e da evolução das contas governamentais, instrumentos estatais para a efetivação das políticas públicas destinadas a assegurar os seus direitos fundamentais.

O bom controle é aliado dos bons administradores e traz bons resultados para a sociedade.

Referências

BRASIL. *Constituição da República Federativa do Brasil*. 1988.

BRASIL. *Constituição da República dos Estados Unidos do Brasil*. 1934.

BRASIL. *Decreto nº 392, de 8 de outubro de 1896*. Reorganiza o Tribunal de Contas. Disponível em: https://www2.camara.leg.br/legin/fed/decret/1824-1899/decreto-392-8-outubro-1896-540205-publicacaooriginal-40163-pl.html. Acesso em: 25 jun. 2024.

BRASIL. Decreto-Lei nº 4.657, de 4 de setembro de 1942. Lei de Introdução às normas do Direito Brasileiro. *Diário Oficial da União*. Brasília, DF, 09 set. 1942.

BRASIL. Lei Complementar nº 95, de 26 de fevereiro de 1998. Dispõe sobre a elaboração, a redação, a alteração e a consolidação das leis, conforme determina o parágrafo único do art. 59 da Constituição Federal, e estabelece normas para a consolidação dos atos normativos que menciona. *Diário Oficial da União*. Brasília, DF, 27 fev. 2000.

BRASIL. Lei Complementar nº 101, de 04 de maio de 2000. Estabelece normas de finanças públicas voltadas para a responsabilidade na gestão fiscal e dá outras providências. *Diário Oficial da União*. Brasília, DF, 05 maio 2000.

---

[48] Conforme preconizado por Ferreira Júnior (2021).

BRASIL. Lei nº 4.320, de 17 de março de 1964. Estatui Normas Gerais de Direito Financeiro para elaboração e contrôle dos orçamentos e balanços da União, dos Estados, dos Municípios e do Distrito Federal. *Diário Oficial da União*. Brasília, DF, 23 mar. 1964.

BRASIL. Lei nº 8.443, de 16 de julho de 1992. Dispõe sobre a Lei Orgânica do Tribunal de Contas da União e dá outras providências. *Diário Oficial da União*. Brasília, DF, 17 jul. 1992.

BRASIL. Lei nº 10.973, de 2 de dezembro de 2004. Dispõe sobre incentivos à inovação e à pesquisa científica e tecnológica no ambiente produtivo e dá outras providências. *Diário Oficial da União*. Brasília, DF, 03 dezembro 2004.

BRASIL. Lei nº 12.527, de 18 de novembro de 2011. Regula o acesso a informações previsto no inciso XXXIII do art. 5º, no inciso II do §3º do art. 37 e no §2º do art. 216 da Constituição Federal; altera a Lei nº 8.112, de 11 de dezembro de 1990; revoga a Lei nº 11.111, de 5 de maio de 2005, e dispositivos da Lei nº 8.159, de 8 de janeiro de 1991; e dá outras providências. *Diário Oficial da União*. Brasília, DF, 18 novembro 2011.

Brasil. Tribunal de Contas da União. *Acórdão TCU 4.428/2014 – Primeira Câmara*. Disponível em: https://pesquisa.apps.tcu.gov.br/documento/acordao-completo/*/NUMACORDAO %253A4428%2520ANOACORDAO%253A2014%2520/DTRELEVANCIA%2520desc%25 2C%2520NUMACORDAOINT%2520desc/1. Acesso em: 25 jun. 2024.

BRASIL. *Acórdão TCU 73/2014 – Plenário*. Disponível em: https://pesquisa.apps.tcu.gov. br/documento/acordao-completo/*/NUMACORDAO%253A73%2520ANOACORDAO %253A2014%2520/DTRELEVANCIA%2520desc%252C%2520NUMACORDAOINT%2 520desc/2. Acesso em: 25 jun. 2024.

BRASIL. *Instrução Normativa TCU nº 84, de 22 de abril de 2020*. Estabelece normas para a tomada e prestação de contas dos administradores e responsáveis da administração pública federal, para fins de julgamento pelo Tribunal de Contas da União, nos termos do art. 7º da Lei 8.443, de 1992, e revoga as Instruções Normativas TCU 63 e 72, de 1º de setembro de 2010 e de 15 de maio de 2013, respectivamente.

BRASIL. *Resolução TCU 246, de 30 de novembro de 2011*. Altera o Regimento Interno do Tribunal de Contas da União, aprovado pela Resolução TCU nº 155, de 4 de dezembro de 2002.

BRASIL. *Resolução TCU 315, de 22 de abril de 2020*. Dispõe sobre a elaboração de deliberações que contemplem medidas a serem tomadas pelas unidades jurisdicionadas no âmbito do Tribunal de Contas da União e revoga a Resolução-TCU 265, de 9 de dezembro de 2014.

DI PIETRO, Maria Sylvia Zanella. Limites do controle externo da Administração Pública: ainda é possível falar em discricionariedade administrativa? *Revista Brasileira de Direito Público – RBDP*, Belo Horizonte, ano 11, n. 42, p. 924, jul./set. 2013.

FERREIRA JÚNIOR, Adircélio de Moraes. *A hibridez material das Cortes de Contas como atributo determinante de sua organicidade e a metamorfose institucional dos Tribunais da Governança Pública*. Tese submetida ao Programa de Pós-Graduação em Direito da Universidade Federal de Santa Catarina para a obtenção do título de doutor em Direito. Florianópolis: 2021.

GODINHO, Heloísa Helena Antonacio Monteiro. *Disfuncionalidade do processo de julgamento das contas anuais de gestão pelos Tribunais de Contas*. Dissertação apresentada como requisito para obtenção do grau de Mestre, pelo Programa de Mestrado Profissional em Políticas Públicas e Gestão Governamental do IDP/DF. Brasília: 2018.

LIMA, Luiz Henrique. Anotações sobre a singularidade do processo de controle externo nos Tribunais de Contas: similaridades e distinções com o processo civil e penal. *In*: LIMA, Luiz Henrique; SARQUIS, Alexandre Manir Figueiredo (Coord.). *Processos de controle externo*: estudos de ministros e conselheiros substitutos dos Tribunais de Contas. Belo Horizonte: Fórum, 2019. p. 17-43.

LIMA, Luiz Henrique. *Controle externo* – teoria e jurisprudência para os Tribunais de Contas, 10. ed. Rio de Janeiro: Forense, 2023.

MATO GROSSO. *Lei nº 4.964, de 26 de dezembro de 1985*. Reforma do Código de Organização e Divisão Judiciárias do Estado de Mato Grosso.

MATO GROSSO. *Lei nº 10.038, de 30 de dezembro de 2013*. Cria a Secretaria de Controle Interno da Assembleia Legislativa do Estado de Mato Grosso, dá outras providências e revoga a Lei nº 9.113, de 16 de abril de 2009.

MATO GROSSO. Tribunal de Contas de Mato Grosso. *Acórdão TCE-MT 3.136/2009*. Disponível em: https://www.tce.mt.gov.br/processo/decisao/55220/2009/3136/2009. Acesso em: 25 jun. 2024.

MATO GROSSO. *Acórdão TCE-MT 3.822/2010*. Disponível em: https://www.tce.mt.gov.br/processo/decisao/53910/2010/3822/2010. Acesso em: 25 jun. 2024.

MATO GROSSO. *Acórdão TCE-MT 3.329/2011 – Tribunal Pleno*. Disponível em: https://www.tce.mt.gov.br/processo/decisao/39195/2011/3329/2011. Acesso em: 25 jun. 2024.

MATO GROSSO. *Acórdão TCE-MT 4.102/2011*. Disponível em: https://www.tce.mt.gov.br/processo/decisao/38164/2011/4102/2011. Acesso em: 25 jun. 2024.

MATO GROSSO. *Acórdão TCE-MT 601/2012*. Disponível em: https://www.tce.mt.gov.br/processo/decisao/141780/2011/601/2012. Acesso em: 25 jun. 2024.

MATO GROSSO. *Acórdão TCE-MT 148/2013 – Primeira Câmara*. Disponível em: https://www.tce.mt.gov.br/processo/decisao/84549/2012/148/2013. Acesso em: 25 jun. 2024.

MATO GROSSO. *Acórdão TCE-MT 47/2018 – Primeira Câmara*. Disponível em: https://www.tce.mt.gov.br/processo/decisao/121045/2018/47/2018. Acesso em: 25 jun. 2024.

MOUTINHO, Donato Volkers. Os tribunais de contas e a responsabilização financeira dos governantes: aplicação de multa e imputação de débito a presidentes da República, governadores e prefeitos. *Fórum Administrativo – FA*, Belo Horizonte, ano 22, n. 254, p. 13-34, abr. 2022

Informação bibliográfica deste livro, conforme a NBR 6023:2018 da Associação Brasileira de Normas Técnicas (ABNT):

LIMA, Luiz Henrique. Determinações nos julgamentos de contas como impulsionadoras da melhoria da gestão – dois estudos de caso em Mato Grosso. *In*: LIMA, Luiz Henrique; CUNDA, Daniela Zago Gonçalves da (coord.). *Controle externo e as mutações do direito público*: inovações jurisprudenciais e aprimoramento da gestão pública - Estudos de ministros e conselheiros substitutos dos Tribunais de Contas. Belo Horizonte: Fórum, 2025. p. 181-202. ISBN 978-65-5518-949-0.

A RESPONSABILIDADE PELA REPARAÇÃO DO DANO NA JURISDIÇÃO FINANCEIRA BRASILEIRA E O MODELO FRANCÊS QUE A EXTINGUE

RAFAEL GALVÃO

SABRINA NUNES IOCKEN

SONIA ENDLER

Introdução

O presente capítulo inspira-se na doutrina do professor Diogo de Figueiredo Moreira Neto,[1] para quem o dinamismo e a constante mutação nas estruturas e nas práticas do direito administrativo estão entrelaçados às transformações sociais, econômicas e políticas.

É nesse cenário de "mutações" que o estudo se debruça sobre o tema da responsabilidade dos gestores públicos na via da jurisdição financeira, alicerce essencial para garantir eficiência, transparência e integridade na Administração Pública.

O modelo de responsabilização financeira, ainda que adote regras distintas conforme os sistemas legais e administrativos, tem por

---

[1] MOREIRA NETO, Diogo de Figueiredo. *Mutações do direito administrativo*. Rio de Janeiro: Renovar, 2001.

finalidade erguer limites por meio do *enforcement* estatal para assegurar o cumprimento da legislação. Ao mesmo tempo, confere ao agente público autonomia e segurança jurídica necessárias para a melhoria contínua da gestão pública.

No Brasil, a responsabilização financeira a cargo dos Tribunais de Contas é proveniente das competências de natureza ressarcitórias, como a imputação de débito; das competências repressivas, como as sancionadoras;[2] e, ainda, das competências julgadoras, como a emissão de decisões que emitem um juízo sobre as contas do agente público.[3]

Para fins de responsabilização ressarcitória, os Tribunais de Contas realizam um processo de Tomada de Contas Especial (TCE) no qual tradicionalmente a apuração de débito que subsidia a condenação é pautada pela extensão do dano ao erário, na busca pela sua reparação integral. No entanto, há uma enorme discrepância entre os valores das imputações de débito constantes das decisões e os valores efetivamente arrecadados. Em relação aos valores das condenações de responsáveis ao ressarcimento de débito e ao pagamento de multa no Tribunal de Contas de União (TCU), referentes aos processos de TCE, a proporção dos valores arrecadados entre 2017 e 2021 foi, em média, 1,71%, conforme estudo realizado por Simões.[4]

Assim, o recorte proposto no presente estudo volta-se especificamente para o regime da responsabilização ressarcitória, a fim de suscitar reflexões sobre possíveis fragilidades no atual modelo e subsidiar futuras e necessárias "mutações", indicando reflexões sobre a nova modelagem francesa da responsabilidade financeira, que busca conferir maior efetividade ao sistema; preservar a liberdade do gestor público dentro dos limites legais; e estimular uma gestão pública mais responsável.

A hipótese levantada é que a inefetividade do modelo vigente de responsabilidade ressarcitória da jurisdição financeira, caracterizada pela baixa taxa de recuperação dos danos causados à Administração

---

[2] HELLER, Gabriel; CARMONA, Paulo Afonso Cavichioli. Reparação e sanção no controle de atos e contratos administrativos: as diferentes formas de responsabilização pelos Tribunais de Contas. *Revista de Direito Administrativo*, Rio de Janeiro, v. 279, nº 1, p. 51-78, jan./abr. 2020.

[3] OLIVEIRA, Odilon Cavallari de. Por que o direito penal deve ser levado a sério nos Tribunais de Contas? *In*: OLIVEIRA, Odilon Cavallari de. *Responsabilidade do gestor na Administração Pública*: aspectos fiscais, financeiros, políticos e penais. Belo Horizonte: Fórum, 2022. 2 v.

[4] SIMÕES, Rafael. *Avaliação do ressarcimento em processos de tomadas de contas especiais da administração pública federal*, 2022.

Pública, não decorre apenas de falhas no processo de execução do montante apurado, mas do próprio regime adotado para constituição do débito, seja pela busca permanente da reparação integral do dano, seja pela apuração por múltiplas esferas de competência em relação ao mesmo fato antijurídico, seja, ainda, pela falta de segurança jurídica.

Assim como há casos de desvios de recursos que configuram condutas delituosas, como a prática da corrupção, que justificam a busca pela reparação integral, também há condenações em que o agente público, mesmo sem a intencionalidade, é condenado a valores que ultrapassam a sua capacidade financeira. Como distinguir tais situações? O tratamento nesses casos deveria ser o mesmo? Como evitar a sobreposição de atuações? Como agir com tempestividade? Como garantir segurança jurídica?

Nesse cenário, é imperativa a mutação nas estruturas e nas práticas vigentes no Brasil, com a reorientação da jurisdição financeira para o desenvolvimento de uma cultura de responsabilidade,[5] para a melhoria da capacidade de gestão e para a introdução de mecanismos que possam garantir mais eficiência e agilidade processual.

Uma nova forma de pensar pode ser encontrada na França, que tem oferecido importantes contribuições para a Administração Pública e que recentemente implementou significativas modificações no regime de responsabilização dos gestores públicos.

O "Financial Jurisdictions 2025 (JF2025)", projeto desenvolvido na França desde 2021, promoveu debates sobre a jurisdição financeira e o regime de responsabilidade dos gestores públicos. Um de seus produtos é o Decreto nº 2022-408, de 23 de março de 2022, o qual, na busca por uma melhor gestão pública e por garantir segurança jurídica aos gestores, passou a considerar a culpa em conjunto com a existência de danos financeiros significativos para a constituição de débitos, além de estabelecer limites financeiros individualizados para as multas aplicadas.

Refletir. Ressignificar. Mudar. É com essa lente que o presente capítulo se propõe a trazer para o debate modelos de responsabilização dos gestores públicos e, mais especificamente, o arquétipo jurídico que envolve a reparação do dano na via da jurisdição financeira brasileira e francesa. Em última análise, o estudo pretende contribuir para o amadurecimento do regime da responsabilização ressarcitória do

---

[5] GAUTIER, Louis. Interview de Louis Gautier, Procureur général près la Cour des comptes. *Gestion & Finances Publiques*, Paris, nº 4, p. 8, 2023/4.

Brasil e para novas pesquisas nesse campo, oferecendo *insights* sobre como diferentes sistemas abordam essa questão na busca por uma Administração Pública eficiente, transparente e com integridade.

2 O modelo de Jurisdição Financeira no Brasil

A jurisdição financeira a cargo dos Tribunais de Contas está amparada constitucionalmente no art. 71 e seguintes. O inciso II do art. 71 prevê a competência para "julgar as contas dos administradores e demais responsáveis por dinheiros, bens e valores públicos da administração direta e indireta, incluídas as fundações e sociedades instituídas e mantidas pelo Poder Público federal, e as contas daqueles que derem causa a perda, extravio ou outra irregularidade de que resulte prejuízo ao erário público".

O inciso VIII deixa a cargo do legislador ordinário a disciplina sobre o sistema de responsabilização, estabelecendo apenas a competência dos Tribunais de Contas para "aplicar aos responsáveis, em caso de ilegalidade de despesa ou irregularidade de contas, as *sanções previstas em lei*, que estabelecerá, entre outras cominações, multa proporcional ao dano causado ao erário" (grifo nosso).

Destaca-se que o constituinte apenas tratou diretamente da recuperação do dano no art. 37, §4º, vinculando-o à improbidade administrativa. De acordo com o dispositivo, "os atos de improbidade administrativa importarão a suspensão dos direitos políticos, a perda da função pública, a indisponibilidade dos bens e o *ressarcimento ao erário*, na forma e gradação previstas em lei, sem prejuízo da ação penal cabível".

O regime de responsabilidade estabelece códigos de valoração institucionalizados que moldam a ação humana, conforme o tempo e a cultura local, buscando erguer seus limites por meio do *enforcement* estatal. O administrador público, enquanto gestor de bens alheios, deve exercer sua atividade de acordo com regras e princípios jurídicos, promover a boa aplicação dos recursos, além de comprovar a regularidade da gestão dos recursos a ele confiados.[6] Sua responsabilidade perante a

---

[6] Gomes define a responsabilidade financeira "como sendo a obrigação de repor recursos públicos (imputação de débito) ou de suportar as sanções previstas em lei, no âmbito do controle financeiro exercido pelos Tribunais de Contas, em razão da violação de normas pertinentes à gestão de bens, dinheiros e valores públicos ou dos recursos privados sujeitos à guarda e administração estatal". GOMES, Emerson Cesar da Silva. *Responsabilidade financeira*: uma teoria sobre a responsabilidade no âmbito dos Tribunais de Contas. Porto Alegre: Núria Fabris, 2012, p. 35.

jurisdição financeira no cenário nacional é mista, assumindo natureza financeiro-administrativa, financeiro-penal e financeiro-civil.

Segundo Heller e Carmona[7] e Gomes,[8] a responsabilidade financeira no sistema de controle externo pode ser dividida em duas modalidades: a responsabilidade-reparação ou reintegratória e a responsabilidade-sanção ou sancionatória. A primeira resulta na condenação do agente a promover o ressarcimento ao erário. A segunda decorre do direito punitivo, aplicando-se também às sanções de controle externo, e tem por efeito a imposição de uma penalidade financeira.[9]

Cavallari,[10] por sua vez, classifica a natureza das decisões dos Tribunais de Contas em três categorias. Na primeira categoria inclui as decisões sancionadoras, fundamentadas no art. 71, VIII, da CRFB e mais próximas do Direito Penal; na segunda, decisões que condenam[11] à reparação de um dano ao erário, fundamentadas no art. 71, II, da CRFB e mais próximas do Direito Civil; na terceira, decisões que emitem um juízo sobre as contas do agente público, as quais seriam genuinamente do direito administrativo-financeiro.

A ausência de um Código da Jurisdição Financeira estabelecendo princípios e regras sobre o regime da responsabilização transfere para as esferas de decisão locais a definição de tais normas. Definições acerca do regime sancionador e de seus parâmetros, assim como do regime ressarcitório, assumem contornos distintos de acordo com a jurisprudência e a legislação orgânica de cada Tribunal de Contas.

---

[7] HELLEN; CARMONA, *op. cit.*, 2020, p. 53.

[8] GOMES., *op. cit.*, p. 38.

[9] "Vigoram, assim, duas formas de pensar a atuação responsabilizatória pelo TCU: a via punitiva, guiada pelo direito administrativo sancionador, com sua principiologia, sua lógica retributiva (ao mal do ilícito o mal da pena) e suas finalidades preventiva geral e especial. Por outro lado, tem-se a via reparatória, sem viés retributivo direto, mas destinada a recompor a situação do patrimônio da vítima – no caso, os cofres federais (da União ou dos entes da Administração Indireta) – ao estado anterior ao da ocorrência do dano." BRASIL. TRIBUNAL DE CONTAS DA UNIÃO (TCU). *Estudo sobre imputação de débitos a pessoas físicas pelo TCU*. Processo TC 008.353/2023-9, Acórdão 1370/2023 – Plenário, Rel. Benjamim Zymler, Sessão de 05.07.2023, Anexo, Relatório do Grupo de Trabalho da SEGECEX, item 38, p. 7.

[10] CAVALLARI, Odilon. Por que o Direito Penal deve ser levado a sério nos Tribunais de Contas? *In*: CONTI, José Maurício; MARRARA, Thiago; IOCKEN, Sabrina Nunes; CARVALHO, André Castro (coord.). *Responsabilidade do gestor na Administração Pública*: aspectos fiscais, financeiros, políticos e penais. Belo Horizonte: Fórum, 2022, p. 258-259.

[11] Para uma melhor compreensão sobre as decisões condenatórias, seu regime procedimental e seu conteúdo mínimo v. GODINHO, Heloísa H. A. M. Ideias no lugar: as decisões condenatórias proferidas pelos tribunais de contas. *In*: LIMA, Luiz Henrique; SARQUIS, Alexandre M. F. (Coord.). *Processos de controle externo*: estudos de ministros e conselheiros substitutos dos tribunais de contas. Reimpressão. Belo Horizonte: Fórum, 2019.

Isso inclui as regras sobre prescritibilidade, causas de suspensão e interrupção, valores das multas, matriz de responsabilidade, entre muitas outras questões de extrema relevância para o regime da responsabilidade.

A percepção do impacto negativo desse vácuo legislativo também é trazida por Cavallari, que ressalta a dificuldade decorrente da circunstância de a lei orgânica ser o principal, quando não o único, ato normativo legal a regular a sua atuação. Nos dizeres do autor: "Referida lei, no entanto, como o próprio nome diz, é vocacionada a dispor sobre a organização desses tribunais, razão pela qual não dispõe, de modo mais detido, sobre as regras e princípios a serem observados pelos Tribunais de Contas na sua atividade sancionadora e repressiva".[12]

Não se pode esquecer que o Decreto-Lei nº 200/1967, ao tratar da organização da Administração Pública Federal, estabeleceu em seus dispositivos regras sobre a prestação de contas e sobre a responsabilidade.[13] Há nada menos que 15 referências aos Tribunais de Contas, sobretudo na parte que trata das normas de administração financeira e de contabilidade. Tal legislação, contudo, ficou perdida no tempo sem as atualizações tão necessárias para disciplinar a estrutura e o funcionamento da organização político-jurídica do Estado.

O aspecto central que se deseja destacar é que a condenação ao débito na jurisdição de contas brasileira tem sido pautada, tradicionalmente, *pela extensão do dano*, buscando-se sempre sua reparação integral.[14] Em regra, o grau de culpa do indivíduo não interfere na fixação do *quantum* indenizatório, como ocorre na aplicação de sanção. Sobre essa dimensão da responsabilidade financeira no Brasil, cita-se a constatação do TCU:

> Em regra, portanto, não é a intensidade da culpa do agente que definirá a fixação do valor da indenização, mas sim a própria extensão do prejuízo. Não haverá a necessidade da investigação do maior ou menor grau de reprovabilidade da conduta do autor do dano para a definição da medida reparatória. Tal grau de reprovabilidade da conduta impactaria,

---

[12] CAVALLARI, *op. cit.*, p. 255-276.
[13] Cita-se, por exemplo, o Art. 84: Quando se verificar que determinada conta não foi prestada, ou que ocorreu desfalque, desvio de bens ou outra irregularidade de que resulte prejuízo para a Fazenda Pública, as autoridades administrativas, sob pena de co-responsabilidade e sem embargo dos procedimentos disciplinares, deverão tomar imediatas providências para assegurar o *respectivo ressarcimento e instaurar a tomada* de *contas, fazendo-se as comunicações a respeito ao Tribunal de Contas* (grifo nosso).
[14] Código Civil, art. 944, *caput*: A indenização mede-se pela extensão do dano.

em regra, na definição da própria responsabilidade, não no valor da dívida.
(...)
E sobre tal paradigma da integral reparação do dano se formou a jurisprudência desta Corte de Contas, de maneira que o resultado das tomadas de contas especiais é, basicamente, binário: ou o agente deu causa ao dano a partir de uma conduta culposa, devendo a ele ser imputada a obrigação da integral reparação do dano, ou o agente não se inseriu na cadeia causal do dano, de forma que não deve ser ele responsabilizado pelo prejuízo ao erário, podendo eventualmente vir a ser apenas sancionado por outro ato ilícito que tenha cometido.[15]

Assim, de acordo com o TCU, o gestor público é responsabilizado pessoalmente pelos atos praticados no exercício de suas funções, cabendo-lhe o ressarcimento do montante total apurado como débito. Nota-se que, na lógica reparatória, o interesse da vítima é decisivo, pois é o dano que se pretende reparar, independentemente de qualquer avaliação feita sobre o fato causador ou sobre o comportamento do causador do dano.[16] Essa é a lógica da responsabilidade jurídica de natureza cível.

Mas será que a mesma lógica da reparação civil deve ser aplicada na responsabilidade financeiro-administrativa dos gestores públicos?

2.1 O rito processual da apuração de débito pelos Tribunais de Contas

A CF/88 prevê, no art. 71, inc. II, a função de julgar as contas dos administradores e demais responsáveis por dinheiros, bens e valores públicos da administração. Estabelece, também, a competência de julgar as contas daqueles que derem causa a perda, extravio ou outra irregularidade de que resulte prejuízo ao erário público. Nessa segunda hipótese, por envolver débito, os Tribunais de Contas adotam um procedimento especial para apurar os fatos, quantificar o dano e identificar os responsáveis, denominado Tomada de Contas Especial (TCE).[17]

---

[15] BRASIL. TCU, *op. cit.*, 2023.
[16] QUINART, Émilien. La nature juridique du nouveau régime unifié. *Gestion & Finances Publiques*, Paris, nº 4, p. 27, 2023/4.
[17] Heller e Carmona observam que a TCE não se restringe aos casos de ocorrência de dano, devendo ser igualmente instaurada nas hipóteses de omissão no dever de prestar contas, de não comprovação da aplicação de recursos repassados pelo ente ou de desfalque ou desvio de dinheiros, bens ou valores públicos. (HELLEN; CARMONA, *op. cit.*, 2020, p. 58).

A Tomada de Contas Especial é um processo administrativo autônomo, devidamente formalizado e com rito próprio, instaurado depois de esgotadas as medidas administrativas internas sem êxito no ressarcimento do prejuízo apurado ou na obtenção da prestação das contas. Ela é dividida em duas fases: uma interna, na qual é instaurado um procedimento administrativo pelo órgão repassador do recurso; e uma externa, na qual é instaurado um processo para julgamento da conduta dos agentes responsáveis no respectivo Tribunal de Contas. Em seus fins, ela se assemelha à ação de reparação de danos da seara judicial, uma vez que tem se fundamentado, como já discutido, no princípio da reparação integral do dano ou retorno das partes ao *status quo ante*.

A quantificação do dano ao erário pode levar em consideração o ato de gestão ilegal, ilegítimo ou antieconômico. A responsabilidade financeira reparatória é limitada pelas quantias envolvidas na infração ou às quantias efetivamente geridas. Quando constatado pagamento indevido, como regra, o débito será a diferença entre o valor pago (desembolsado) e o valor da contraprestação efetiva correspondente ao valor pago. No caso de contratações irregulares de pessoal, em que não houver prestação efetiva de serviços, o débito será equivalente à remuneração dos agentes contratados. Na renúncia indevida de receita, o débito corresponderá ao valor da renúncia irregular. E, no caso de omissão no dever de prestar contas, o montante do débito atribuído será o valor integral gerido pelo gestor omisso.[18]

Quando o Tribunal de Contas julgar as contas irregulares, havendo débito, o responsável será condenado ao pagamento da dívida atualizada monetariamente, acrescida dos juros de mora devidos, podendo, ainda, a depender do juízo de reprovabilidade da conduta, receber uma sanção de multa de até 100% (cem por cento) do valor atualizado do dano causado ao erário. Essa decisão ou acórdão, conforme estabelecido pela própria CF/88 no seu art. 71, §3º, terá eficácia de título executivo extrajudicial, gozando, portanto, de certeza e liquidez a partir do seu trânsito em julgado.

Destaca-se que, se o agente não promover a satisfação do débito e/ou da multa no prazo, a Lei Orgânica do TCU permite a execução por meio da via administrativa ou judicial. A primeira refere-se ao desconto do valor da dívida na remuneração ou nos proventos do responsável quando este ainda mantiver vínculo com a Administração Pública. Por sua vez, a execução judicial se dará por meio do ajuizamento de

---

[18] GOMES, *op. cit.*, 2012.

uma ação de execução no Poder Judiciário e caberá ao ente público beneficiário, pois dele é a legitimidade para a propositura de ação executiva decorrente daquela condenação patrimonial, conforme entendimento pacificado pelo STF.[19]-[20]

Nesse último caso, a respectiva procuradoria poderá ajuizar uma ação de cobrança por quantia certa, seguindo o rito previsto nos arts. 771 e ss. do Código de Processo Civil (CPC), ou inscrever o acórdão condenatório em dívida ativa e promover o processo de execução da certidão da dívida ativa correspondente, conforme previsto na Lei de Execução Fiscal (LEF). Essa segunda opção, de acordo com Fernandes[21] e Cesca,[22] apresenta maiores benefícios processuais ao ente credor, principalmente por ser mais célere, uma vez que a execução está prevista em lei específica que regula o seu processamento, e por aproveitar do corpo jurídico encarregado da execução da dívida tributária.

Uma medida alternativa preliminar à via judicial de execução é o protesto do título em cartório.[23] Essa ação resulta em bloqueios ou restrições de crédito para o responsável, aumentando, assim, sua propensão em satisfazer o débito. No Rio Grande do Sul, por exemplo, a Procuradoria-Geral do Estado divulgou que, entre 2015 e 2019, realizou o protesto de 1.580 certidões de multas impostas pelo TCE/RS, com o pagamento de 1.098 delas (70%). Trata-se, portanto, de uma medida a ser incentivada, por reduzir a atividade judicial-contenciosa, a qual, como será discutido a seguir, tem um grau de efetividade bastante baixo na recuperação desses créditos.

Outra alternativa à execução forçada do título executivo no judiciário é a execução ainda na esfera administrativa, por meio do desconto nos vencimentos, salários ou proventos do responsável, nos limites previstos na legislação aplicável. Em decisão recente no STF, a

---

[19] BRASIL. Supremo Tribunal Federal. *Repercussão Geral no Agravo em Recurso Extraordinário ARE nº 823347* – MA. Relator: Min. Gilmar Mendes, 02 de outubro de 2014. Diário de Justiça: ata n. 45/2014, n. 211, 24 out.2014 (Tema 768).

[20] Por algum tempo, discutiu-se se o Ministério Público, atuante ou não junto às Cortes de Contas, teria legitimidade ativa para a execução das decisões desses Tribunais.

[21] FERNANDES, Jorge Ulisses Jacoby. *Tomada de Contas Especial*. 7. ed. Belo Horizonte: Fórum, 2017, p. 527.

[22] CESCA, Maiquel Scholten. Estudo sobre o rito processual mais vantajoso para a execução judicial do título fundado nas decisões dos Tribunais de Contas de que resultem a imputação de débito aos responsáveis por dano ao erário, 2021.

[23] Essa medida ganhou força com a inclusão do parágrafo único no art. 1º da Lei Federal nº 9.492/1997, que inseriu expressamente as certidões de dívida ativa entre os títulos sujeitos a protesto, e o julgamento da ADI 5135 em 2016, no qual o STF considerou constitucional e legítimo o protesto das certidões de dívida ativa.

Suprema Corte suspendeu uma liminar do TJRN que havia considerado essa possibilidade inconstitucional e reconheceu a competência do TCE/RN, conforme previsto na sua Lei Orgânica, para impor essa medida aos condenados independentemente da concordância do responsável. Como ressaltado pelo Relator e presidente do STF no seu voto, Min. Luís Roberto Barroso, a jurisprudência do STF "reconhece que, embora os atos expropriatórios de bens estejam sujeitos a reserva de jurisdição, os Tribunais de Contas podem determinar desconto na remuneração de agentes públicos, a fim de que sejam satisfeitos débitos decorrentes de suas decisões". As razões foram resumidas na ementa da decisão, abaixo transcrita:

> DIREITO CONSTITUCIONAL E ADMINISTRATIVO. SUSPENSÃO DE LIMINAR. TRIBUNAL DE CONTAS ESTADUAL. DESCONTO DE DÉBITOS NOS VENCIMENTOS DE AGENTES PÚBLICOS.
> (...)
> 2. Grave lesão à ordem administrativa. A supressão de um dos instrumentos que busca concretizar as decisões do Tribunal de Contas estadual reduz a eficiência de sua atuação fiscalizatória. Além disso, a manutenção da decisão impugnada gera dissonância com o modelo federal, em violação ao princípio da simetria (art. 75 da Constituição). Esta Corte, ao analisar previsão análoga, constante da Lei Orgânica do TCU, entendeu pela validade da cobrança de débitos por meio de descontos nos vencimentos. Precedentes.
> 3. Grave lesão à economia pública. A impossibilidade de uso de um dos meios indicados na legislação para a cobrança de débitos pelo TCE/RN aumenta, por si só, o risco de que esses valores não sejam incorporados ao patrimônio público. Além disso, se as decisões do TCE/RN só puderem ser executadas pela via judicial, haverá ônus administrativo significativo, que pode levar à ocorrência de prescrição da pretensão executória em determinados casos. (...) (SUSPENSÃO DE LIMINAR 1.691 RIO GRANDE DO NORTE, Rel. Min. Luís Roberto Barroso, 22.01.2024).

Apesar dessa apreciação recente pelo STF, a possibilidade de ressarcimento ao erário mediante desconto em folha de pagamento, de débitos ou multas apurados em acórdãos condenatórios do TCU está regulamentada desde 1998. Desde então, de acordo com levantamento feito por Ramos Filho,[24] dos 32 (trinta e dois) Tribunais de Contas no

---

[24] RAMOS FILHO, Sérgio. Desconto compulsório em folha de pagamento: uma alternativa para incrementar a efetividade das decisões condenatórias dos Tribunais de Contas. *Revista MPC PR*, v. 7, nº 13, novembro/maio, 2020.

país, 20 (vinte) incluíram dispositivos semelhantes em suas respectivas leis orgânicas e 3 (três) em seus regimentos internos. À época do estudo, em 2020, portanto, 9 (nove) Tribunais de Contas não possuíam autorização normativa análoga. Mais do que isso, o autor apurou que, daqueles que poderiam empregar essa modalidade executória, apenas 5 (cinco) adotavam rotineiramente esse tipo de prática de execução administrativa forçada (TCU, TCE/AM, TC/DF, TCE/GO, TCE/RO).

Outro efeito importante do julgamento da tomada de contas se dá no âmbito da Justiça Eleitoral. Cabe ao Tribunal de Contas encaminhar à Justiça Eleitoral a relação dos responsáveis que nos oito anos imediatamente anteriores ao da realização de cada eleição tiveram suas contas julgadas irregulares, com imputação de débito, ou imputação de débito e multa, com trânsito em julgado. Assim, tais responsáveis poderão ficar inelegíveis por oito anos em decorrência da imputação de débito.[25] Contudo, a competência de verificar se a irregularidade que deu ensejo ao débito também configurou ato doloso de improbidade administrativa a que se refere a Lei Complementar nº 135/2010 é da Justiça Eleitoral.

2.2 A problemática das múltiplas esferas de competência em relação ao mesmo fato antijurídico

Condutas típicas processadas e julgadas sob o crivo do Direito Penal muitas vezes têm seus mesmos fatos submetidos à apreciação no âmbito de atos de improbidade administrativa, cujos órgãos responsáveis pela sua avaliação estão em outra esfera da Justiça, suscetíveis a outra ótica, em ramo diverso do Direito. Podem ainda estar sendo objeto de investigação por outros órgãos da administração, no próprio Poder Executivo, ou ainda pelo sistema de controle, cujas condutas e respectivas tipificações submetem-se às normativas próprias da ação na esfera administrativo-financeira dos Tribunais de Contas. Assim ocorre com atos que podem tipificar improbidade administrativa, crimes de responsabilidade e tantos outros.[26]

---

[25] V. Lei Complementar nº 64/1990, Art. 1º, inciso I, alínea "g", c/c Art. 11, § 5º, da Lei nº 9.504/1997.
[26] CONTI, José Maurício; IOCKEN, Sabrina Nunes. A responsabilização do gestor público sob a ótica do Direito Financeiro contemporâneo, o princípio da segurança jurídica e a necessidade de sistematização da jurisdição financeira. *In*: CONTI, José Maurício; MARRARA, Thiago; IOCKEN, Sabrina Nunes; CARVALHO, André Castro (coord.). *Responsabilidade do gestor na Administração Pública*: aspectos gerais. Belo Horizonte: Fórum, 2022.

A multiplicidade de esferas de competência no Brasil tem gerado insegurança jurídica, dificultando a responsabilização efetiva dos gestores públicos. Cada órgão responsável pela apuração e/ou pelo processamento de eventuais irregularidades pode ter suas próprias regras e procedimentos, incluindo meios distintos de acesso e obtenção de provas, o que leva a uma falta de coordenação e redução da eficiência dos órgãos de controle.

O agente público está sujeito a diferentes tipos de responsabilizações estabelecidas nas esferas civil, penal, administrativa, disciplinar, e por improbidade e financeira. Ainda que exista natureza jurídica própria em relação a cada regime sancionador, deve-se ter em conta que a situação é distinta quando se está diante da responsabilidade ressarcitória, na medida em que a quantificação do dano é única e independente da esfera onde ocorre o seu processamento.[27]

Por certo que acordos de cooperação entre as instituições, com troca de informações, podem significar um passo inicial em relação à necessidade de melhorar o desempenho do controle público. Mas ainda é preciso evoluir no sentido de uma integração dos sistemas de responsabilização que poderiam ser acionados simultaneamente ou até em momentos distintos em razão dos mesmos fatos antijurídicos.[28]

A coexistência de processos de prestação de contas com ações de improbidade administrativa é uma das hipóteses em que a integração dos sistemas ressarcitórios se faz necessária. Contudo, inexistem regras na jurisdição financeira que tratem da repercussão das ações de improbidade na esfera da jurisdição de contas. Muitas vezes, a análise até ocorre, mas de forma casuística, ou seja, caso a caso. Não se pode olvidar, ainda, que o ressarcimento pela via da improbidade dispõe da vantagem da imprescritibilidade.

Assim, a necessidade de delimitar com maior precisão o campo de atuação de cada jurisdição, em especial a financeira, torna-se fundamental para conter a disfuncionalidade das múltiplas atuações institucionais e ao mesmo tempo para possibilitar uma melhor eficiência no desempenho das atividades de controle. Ademais a harmonização das regras e procedimentos entre os diferentes órgãos constitui uma garantia para que os gestores sejam responsabilizados de maneira justa e eficaz, sem redundâncias desnecessárias.

---

[27] CONTI; IOCKEN, *op. cit.*, 2022.

[28] V. IOCKEN, Sabrina Nunes. Tribunal de Contas Digital (TCD) e a necessidade de sistematização da jurisdição financeira. *Interesse Público*, ano 23, nº 131, jan./fev. 2022.

A criação de um sistema unificado de responsabilidade ressarcitória pode simplificar e tornar mais eficiente o processo de responsabilização dos gestores públicos no Brasil.[29] Esse sistema, além de reduzir as etapas de tramitação processual em razão da otimização decorrente da coordenação entre os órgãos responsáveis, pode tornar mais eficazes as execuções ressarcitórias.

2.3 Decisões judiciais e legislações esparsas definem o encurtamento do prazo para formação e execução do título executivo

O entendimento atual do STF, associado aos recentes atos normativos dos Tribunais de Contas a respeito da prescrição, impõe um desafio a mais para a apuração dos atos irregulares passíveis de constituição de débito e sua cobrança em caso de condenação.

Até 2016, era pacífico na jurisprudência que todas as ações de ressarcimento por danos ao erário eram imprescritíveis, por força do art. 37, §5º, da CF/88. No entanto, em 2016, a Suprema Corte entendeu que é prescritível a ação de reparação de danos à Fazenda Pública decorrente de ilícito civil (Tema 666). E, em 2019, fixou a tese de que são imprescritíveis somente as ações de ressarcimento ao erário fundadas na prática de ato doloso tipificado na Lei de Improbidade Administrativa (Tema 897).

Ou seja, todas as pretensões de ressarcimento ao erário que não decorrem de ato doloso de improbidade administrativa seriam, a partir de então, consideradas prescritíveis. E, para não restar dúvidas sobre a aplicabilidade dessa tese aos processos de contas, em 2020 o STF formulou a tese segundo a qual é prescritível a pretensão de ressarcimento ao erário fundada em decisão do Tribunal de Contas da União (Tema 899). Extrai-se da ementa desse julgado o seguinte trecho:

> CONSTITUCIONAL E ADMINISTRATIVO. REPERCUSSÃO GERAL. EXECUÇÃO FUNDADA EM ACÓRDÃO PROFERIDO PELO TRIBUNAL DE CONTAS DA UNIÃO. PRETENSÃO DE RESSARCIMENTO

---

[29] Sobre as redes de compartilhamento de informações e suas possibilidades de integração da atuação do sistema de controle externo v. GODINHO, Heloísa Helena Antonácio M.; MARINOT, Márcio Batista; VAZ, Wesley. Impactos da Lei do Governo Digital no controle externo. *In:* MOTTA, Fabrício; VALLE, Vanice Regina Lírio do (Coords.). *Governo digital e a busca por inovação na Administração Pública*: A Lei nº 14.129, de 29 de março de 2021. Belo Horizonte: Fórum, 2022. p. 221-238.

AO ERÁRIO. ART. 37, §5º, DA CONSTITUIÇÃO FEDERAL. PRESCRITIBILIDADE.
(...)
2. Analisando detalhadamente o tema da prescritibilidade de ações de ressarcimento, este SUPREMO TRIBUNAL FEDERAL concluiu que, somente são imprescritíveis as ações de ressarcimento ao erário fundadas na prática de ato de improbidade administrativa doloso tipificado na Lei de Improbidade Administrativa Lei 8.429/1992 (TEMA 897). Em relação a todos os demais atos ilícitos, inclusive àqueles atentatórios à probidade da administração não dolosos e aos anteriores à edição da Lei 8.429/1992, aplica-se o TEMA 666, sendo prescritível a ação de reparação de danos à Fazenda Pública.
3. A excepcionalidade reconhecida pela maioria do SUPREMO TRIBUNAL FEDERAL no TEMA 897, portanto, não se encontra presente no caso em análise, uma vez que, no processo de tomada de contas, o TCU não julga pessoas, não perquirindo a existência de dolo decorrente de ato de improbidade administrativa, mas, especificamente, realiza o julgamento técnico das contas à partir da reunião dos elementos objeto da fiscalização e apurada a ocorrência de irregularidade de que resulte dano ao erário, proferindo o acórdão em que se imputa o débito ao responsável, para fins de se obter o respectivo ressarcimento.
4. A pretensão de ressarcimento ao erário em face de agentes públicos reconhecida em acórdão de Tribunal de Contas prescreve na forma da Lei 6.830/1980 (Lei de Execução Fiscal). (STF, RE 636886, Rel. Min. Alexandre de Moraes, Tribunal Pleno, julgado em 20.04.2020)

Ao interpor embargos declaratórios, a União, por meio da AGU, questionou suposta contradição na decisão embargada relativamente à fase em que deveria ser aplicado o prazo prescricional: se somente na fase de execução do título executivo fundado em decisão da Corte de Contas, ou se deveria incidir também na fase de constituição desse título. Como a repercussão geral fora reconhecida apenas no tocante à execução, não houve manifestação expressa acerca do prazo para constituição do título executivo. Todavia, diante da inseparabilidade do instituto da prescrição entre as fases de conhecimento e de execução, estavam ali pavimentadas as bases para um entendimento único acerca da prescrição em todo o processo de contas. Ademais, abriu-se caminho para a convergência da prescrição da pretensão ressarcitória com a pretensão punitiva nas Cortes de Contas, uma vez que já se considerava que esta última prescrevia no mesmo prazo da ação punitiva da Administração Pública Federal.

A partir desses marcos jurídico-temporais estabelecidos na jurisprudência do STF, seguiu-se, no âmbito dos diversos tribunais de contas do país e dos respectivos Poderes Legislativos, a regulamentação da prescrição para o exercício das pretensões punitiva e ressarcitória, fixando, em ambos os casos, o prazo comum de 5 (cinco) anos, ainda que possa haver alguma diferença entre as normas no que se refere aos marcos iniciais, de suspensão e interrupção. Prevaleceu, assim, a leitura do princípio da segurança jurídica, muito presente no Direito Privado, de que o exercício de um direito não pode ficar pendente de forma indefinida no tempo, cenário esse que iria contra o objetivo de pacificação das relações sociais.

Nesse novo ambiente, sob a perspectiva do regime de responsabilidade ressarcitório, os órgãos de controle devem se tornar mais eficientes, de forma a conhecer e apurar as irregularidades passíveis de imputação de débito e, quando for o caso, condenar os responsáveis, além de, quando não pago espontaneamente, executar por meios eficazes aquela dívida, tudo isso dentro do prazo prescricional de cinco anos, alargado, obviamente, pelos marcos suspensivos e interruptivos.

Há, portanto, a aproximação do regime ressarcitório dos elementos necessários para configurar a improbidade administrativa. Nota-se, contudo, que a condenação por improbidade administrativa não se opera no âmbito da jurisdição financeira. Nessa via, o prazo prescricional impõe um maior esforço de todas as partes envolvidas, seja na apuração administrativa, na tramitação do processo de contas e na eventual execução do título para que haja efetividade na atuação dos Tribunais de Contas. Trata-se, na verdade, de mais um obstáculo ao regime da responsabilização ressarcitória que mina o instituto da reparação do dano sem aprofundar o debate do próprio regime jurídico dessa modalidade de responsabilização.

2.4 Desafios sobre o processo de execução dos débitos imputados pela jurisdição financeira

É inegável que as ações dos Tribunais de Contas devem estar alinhadas com o modelo de responsabilização estabelecido pelo legislador, de modo a produzir resultados esperados pela sociedade. Isso implica que os Tribunais de Contas devem adequar suas ações com o fim de conferir efetividade institucional.

A eficácia do processo de ressarcimento ao erário em julgamento de contas com débito pode ser analisada em dois momentos diferentes. O primeiro diz respeito à formação do título executivo, o qual passa pelo conhecimento do fato pelo Tribunal de Contas, pela apuração, pelo processamento e julgamento, além de eventuais recursos. Nessa fase, há o desafio de se promover a apuração e o julgamento no menor tempo possível, de forma a evitar a prescrição e aumentar as chances de sucesso das medidas executivas posteriores.[30]

O segundo momento é a cobrança executiva do débito (acompanhado ou não de multa), acrescido de juros e atualização monetária, após o trânsito em julgado do acórdão condenatório. O problema, nesse caso, é a conhecida baixa efetividade do processo de execução no Brasil. Segundo dados do Relatório "Justiça em Números" de 2023, mais da metade dos processos pendentes de baixa em 2022 se referia à fase de execução. De acordo com o CNJ, o estoque desses processos permanece elevado principalmente devido ao longo tempo que se leva para o cumprimento da execução e/ou baixa do processo. A taxa de congestionamento dos processos de execução fiscal em 2022 foi de 88%, ou seja, de cada cem processos de execução fiscal que tramitaram naquele ano, apenas doze foram baixados.[31]

Um dos principais estudos acerca da efetividade do processo de execução fiscal segue sendo a pesquisa do Ipea intitulada "Custo unitário do processo de execução fiscal da Justiça Federal", cujo relatório final foi publicado em 2012. O Instituto mostrou que em apenas 25,8% das ações ocorria a baixa do processo em virtude do pagamento integral da dívida. O principal motivo de baixa, no entanto, responsável por 36,8% dos casos, é a extinção por prescrição ou decadência. Os demais motivos de baixa apontados foram: cancelamento da inscrição do débito (18,8%), remissão (13,0%), extinção sem julgamento de mérito (4,0%), outros (1,5%). Além disso, o estudo mostrou que o tempo médio de tramitação dos executivos fiscais promovidos pela PGFN era de 3.571 dias, ou seja: 9 anos, 9 meses e 16 dias.[32]

No âmbito dos Tribunais de Contas, a ideia da ficção jurídica do débito vem reverberando ao longo do tempo. Martinez,[33] ao tratar

---

[30] Segundo dados apresentados do Tribunal de Contas da União, com relação às Tomadas de Contas Especiais julgadas no período de 2014 a 2018, o tempo médio entre o fato gerador do débito e a autuação do processo no TCU é de 9,61 anos; entre a autuação do processo no TCU e a citação do(s) responsável(is), de 0,79 anos; e, da citação ao primeiro julgamento, de 1,64 anos (Memorando nº 37/2019-Segecex, *apud* ADVOCACIA GERAL DA UNIÃO (AGU). Embargos de Declaração com pedido de modulação de efeitos. RE nº 636.886/AL. Assinado pelo Advogado Geral da União, André Luiz de Almeida Mendonça, em 07.04.2020).

[31] CNJ. *Justiça em números 2023*. Brasília: Conselho Nacional de Justiça, 2023.

[32] IPEA. Custo e tempo do processo de execução fiscal promovido pela Procuradoria-Geral da Fazenda Nacional (PGFN). *Comunicados do IPEA*, nº 127, 4 de janeiro de 2012.

[33] MARTINEZ, Nagib Chaul. A efetividade das condenações pecuniárias do Tribunal de Contas da União em face da reapreciação judicial de suas decisões: O problema do acórdão do TCU como título executivo meramente extrajudicial. Tribunal de Contas da União. 2008.

da efetividade da recuperação de valores desviados, com base no Relatório das Atividades do TCU – Exercício de 1999, informou que o índice histórico de ressarcimento, na fase judicial de cobrança, era em torno de 0,5% a 1% do montante das condenações impostas pelo TCU.

Mais recentemente, Simões[34] calculou o percentual médio de ressarcimento em processos de Tomada de Contas Especial no TCU para o período de 2017 a 2021. Para tanto, tomou a proporção dos valores arrecadados referentes aos processos de Tomada de Contas Especial (administrativa e judicialmente) em relação aos valores das condenações de responsáveis ao ressarcimento de débito e ao pagamento de multa naquele período de cinco anos. O resultado mostrou que o percentual médio de valores recuperados atingiu a baixa proporção de 1,71%, o que indica, segundo o autor, que os processos de Tomada de Contas Especial não têm sido eficazes para alcançar o ressarcimento de prejuízos aos cofres públicos.

Ferreira[35] examinou os processos de execução judicial das decisões do TCU que reconheceram dano ao erário ou imputaram multa aos responsáveis pela gestão de valores públicos, sob a jurisdição da Justiça Federal da 1ª Região, autuados originalmente de forma eletrônica no período de 08.10.2019 a 19.10.2021. Dos 115 processos analisados, em 9 verificou-se o deferimento de medida cautelar, em 46 processos o pedido de cautelar foi indeferido, e nos demais o indeferimento ocorreu tacitamente por meio de determinação para citar o executado. O tempo de análise entre a autuação e a decisão interlocutória sobre a cautelar foi relativamente curto.[36] Nada obstante, as tentativas de bloqueio de valores financeiros encontraram contas bancárias com saldos zerados ou com valores ínfimos (dezenas de reais), assim como foram inefetivas as tentativas de bloqueio ou arresto de bens. Há indícios, portanto, segundo o autor, de que as pessoas que possuem débitos decorrentes de decisões do TCU podem estar ocultando seus patrimônios para frustrar a execução judicial. A conclusão foi que mesmo as medidas cautelares nas execuções, concedidas em tempo relativamente curto,

---

In: SOUSA JÚNIOR, José Geraldo de. *Sociedade democrática, direito público e controle externo.* Brasília: Tribunal de Contas da União, 2006.

[34] SIMÕES, *op. cit.*, 2022.

[35] FERREIRA, Daniel Cubas. *Análise automatizada da execução judicial dos débitos e multas provenientes das decisões do Tribunal de Contas da União*: o protesto como forma de aumentar a efetividade das decisões dos Tribunais de Contas. 2022. 71 f., il. Dissertação (Mestrado em Direito) – Universidade de Brasília, Brasília, 2022.

[36] De acordo com o estudo, o tempo de análise das medidas cautelares foi de até 27 dias para 50% dos processos, e de até 70 dias para 75% dos processos, com média de 73 dias.

foram inefetivas para recuperação e reincorporação aos cofres públicos dos valores imputados pelo TCU.

A seguir, serão apresentados um panorama das imputações de débito a responsáveis pelo TCU e alguns dados a respeito da efetividade reparatória. Ressalta-se que se trata apenas dos dados do TCU, responsável pela fiscalização dos recursos federais. Não há dados agregados das condenações de responsáveis que incluam os demais 32 Tribunais de Contas do país, os quais fiscalizam os recursos estaduais e municipais. O quadro abaixo resume a situação nos últimos 5 (cinco) anos:

TABELA 1 – CONDENAÇÕES A DÉBITO E MULTA NO TCU E VALORES RECUPERADOS

Exercício	Processos de TCE apreciados (Qde) (A) (Exceto recursos)	Outros processos apreciados (Qde) (B)	Imputação de débito (R$ bi) (C)	Aplicação de multa (R$ bi) (D)	Condenações (R$ bi) (E=C+D)	Débitos recolhidos adm. (R$ bi) (F)	Multas recolhidas adm. (R$ bi) (G)	Percentual do débito recolhido adm. [H=(F+G)/E]	Nº de ofícios para os órgãos executores (I)	Valores Recuperados (adm + execução) (R$ bi) (J)	Percentual do valor recuperado [K=J/E]
2019	1.623	3.068	3.060	0,558	3.619	0,024	0,002	0,72%	2.724	0,066	1,83%
2020	1.965	3.490	5.240	3.551	8.791	0,019	0,002	0,24%	2.974	0,057	0,65%
2021	1.974	3.016	9.055	1.299	10.354	0,020	0,003	0,22%	3.307	0,062	0,60%
2022	2.120	2.548	5.011	0,387	5.398	0,036	0,002	0,71%	4.030	0,100	1,86%
2023	3.308	2.243	1.596	0,195	1.791	0,059	0,003	3,46%	3.278	0,281	15,67%

Fonte: Elaboração própria com base no Relatório de Gestão do TCU de 2023 e em Relatórios de Atividade e Resultados do MPTCU dos exercícios de 2019 a 2023.

No que se refere ao ano de 2023, observa-se que o TCU apreciou conclusivamente 3.308 processos de TCE. Os valores de débitos referentes às condenações impostas no exercício de 2023 atingiram o montante de cerca de R$ 1,6 bilhão.[37] Ressalta-se que há uma redução expressiva das imputações de débito em relação a 2022, de 68%, atribuída, principalmente, à edição da Resolução nº 344, de 11.10.2022, que regulamentou, no âmbito do TCU, a prescrição para o exercício das pretensões punitivas e de ressarcimento, incorporando o entendimento do STF quanto à prescrição quinquenal das duas modalidades.[38] Isso levou, segundo o MPTCU, à consumação da prescrição em inúmeros processos.[39]

Seguindo com a leitura do exercício de 2023, os valores advindos de débito pagos de forma espontânea pelos responsáveis, incluindo eventual parcelamento da dívida, atingiu o montante aproximado de R$ 59,2 milhões, e o valor das multas aplicadas pagas espontaneamente foi de cerca de R$ 3 milhões, de forma que o montante recolhido administrativamente representou 3,46% do montante das condenações naquele ano. Os demais processos, cujos responsáveis não efetuaram o pagamento no prazo, são remetidos ao MPTCU para autuação de processos de cobrança executiva, com posterior encaminhamento do título executivo e de outros documentos pertinentes à execução.

No que tange à eficácia do segundo momento, relativo ao processo de execução, verifica-se que, no exercício ora em destaque, o *Parquet Fiscal* encaminhou 3.205 ofícios aos órgãos executores. Segue-se a adoção de medidas preliminares por esses órgãos, como a formalização de acordos e conciliações, a inclusão do nome do responsável – no que se refere às multas – no Cadastro Informativo de Créditos não Quitados do Setor Público Federal (CADIN), bloqueios e penhora de bens, continuando, então, com o ajuizamento da cobrança.

A Tabela 1 mostra, ao final, que o percentual dos valores das condenações efetivamente recuperados foi de 15,67% em 2023, um valor significativamente superior aos exercícios anteriores, dado que a média nos quatro anos anteriores foi de 1,24%, em linha com os estudos

---

[37] Em termos de valores, o MPTCU destaca o Acórdão 2188/2023-TCU-Plenário, TC-036.831/2018-2, cujo valor de débito totalizou R$ 156.615.011,18, e o Acórdão 5905/202-1ª Câmara, TC-011.492/2015-5, cujo valor de débito totalizou R$ 104.301.024,04.

[38] Até então, a prescrição, no âmbito do TCU, referia-se apenas às sanções aplicadas (prescrição apenas da pretensão punitiva).

[39] BRASIL. Tribunal de Contas da União. *Relatório de Gestão do TCU*: 2023. Brasília: TCU, 2024, p. 7.

anteriormente mencionados. Resta saber se esse resultado é um *outlier* ou se há uma efetiva melhora no processo de cobrança das condenações advindas de Acórdãos do TCU.

Além disso, esta pesquisa analisou os dados relativos ao Tribunal de Contas do Estado de Santa Catarina (TCE/SC), os quais foram trazidos e consolidados pelo Ministério Público de Contas do TCE/SC (MPC – TCE/SC), sendo 2022 o último exercício cujos dados estavam disponíveis. Um resumo é mostrado na tabela a seguir:

TABELA 2 – CONDENAÇÕES A DÉBITO NO TCE/SC E VALORES RECUPERADOS

Exercício	Processos apreciados com imputação de débito (QdeE) (A)	Imputação de débito e multa (R$ mi) (B)	Processos encaminhados aos órgãos executores (Qde) (C)	Valores encaminhados para cobrança (R$ mi) (D)	Valores recuperados na fase de execução (R$ mi) (E)	Percentual do valor encaminhado à execução recuperado (F=E/D)
2015	31	17,13	37	23,08	1,13	4,9%
2016	29	6,51	26	9,63	1,03	10,7%
2017	42	24,82	28	19,91	1,37	6,9%
2018	43	11,46	43	25,93	0,38	1,5%
2019	51	18,33	31	13,38	0,89	6,7%
2020	17	4,78	33	14,87	1,05	7,1%
2021	14	6,00	39	10,28	1,95	19,0%
2022	20	21,51	11	4,80	1,59	33,2%

Fonte: Elaboração própria com base nos dados fornecidos pelo MPC – TCE/SC.

Tomando o exercício de 2022 para examinar a Tabela 2, nota-se que o TCE/SC apreciou naquele ano 22 processos que resultaram na imputação de débito aos responsáveis, o que representa um total de aproximadamente R$ 21,5 milhões. Naquele ano, o MPC encaminhou títulos executivos referentes a 11 processos aos órgãos executores estaduais e municipais, equivalentes a R$ 4,80 milhões. Por sua vez, o montante recuperado totalizou R$ 1,59 milhões, o que representa 33,2% do valor encaminhado à execução.

Não se desconhecem as limitações dos dados, uma vez que a informação acerca da recuperação dos valores seria mais bem apreendida por meio de acompanhamento intertemporal de cada um dos processos. Além disso, na falta de sistemas de acompanhamento unificados, os Tribunais de Contas dependem das informações repassadas pelos órgãos executores, os quais podem deixar de encaminhar os registros sobre as quitações ou encaminhá-los tardiamente.

Com relação às séries de dados, verifica-se que a média de recuperação das condenações a débito e/ou multa, em processos de Tomada de Contas Especial no TCU, foi de 4,12% entre 2019 e 2023. No TCE/SC, nota-se que a média de recuperação relativa aos processos encaminhados para execução, com imputação de débito, foi de 11,2% entre 2015 e 2022. Essas estatísticas, além de dialogar com os dados apresentados em trabalhos que discutiram temática adjacente e mostrar uma melhora da arrecadação no último (TCU) ou nos últimos anos (TCE/SC), indicam que ainda há um longo caminho a ser percorrido para se garantir a efetividade da responsabilização quando o agente for condenado a promover o ressarcimento ao erário, se essa for a direção a ser seguida.

A própria avaliação de desempenho interna entre os Tribunais de Contas vem mostrando que o potencial de ressarcimento ao erário desses débitos é pouco significativo. O Marco de Medição de Desempenho dos Tribunais de Contas (MMD-TC), cujo objetivo é verificar o desempenho dos Tribunais de Contas em comparação com as boas práticas internacionais e diretrizes estabelecidas pela Associação dos Membros dos Tribunais de Contas do Brasil (Atricon), inseriu um indicador específico para avaliar o Acompanhamento das Decisões, que se subdividia em três dimensões: a primeira era relativa ao valor e aos benefícios da atuação do controle; a segunda, à abrangência do acompanhamento das decisões; e a terceira, ao processo de acompanhamento da aplicação das multas, do débito, das determinações e recomendações. Em uma escala de 4 pontos, os resultados nas três dimensões melhoraram de 2019 para 2022, e mesmo assim ainda foram significativamente baixos, com 1,24;

1,42 e 1,36 pontos, respectivamente.[40] O quadro a seguir descreve os parâmetros que serão utilizados para pontuação das Cortes de Contas no ano de 2024:[41]-[42]

QUADRO 1 – INDICADORES DO MARCO DE MEDIÇÃO DE DESEMPENHO DOS TRIBUNAIS DE CONTAS – MMD-TC- 2024

(continua)

MONITORAMENTO DAS DECISÕES
Dimensões a serem avaliadas
Valor e benefícios da atuação de controle
O Tribunal de Contas:
regulamentou a metodologia de identificação, caracterização e valoração dos benefícios quantitativos – financeiros e não financeiros – e qualitativos das suas ações de controle;
aplica a metodologia de identificação, caracterização e valoração dos benefícios quantitativos – financeiros e não financeiros – das suas ações de controle;
aplica a metodologia de identificação, caracterização e valoração dos benefícios qualitativos das suas ações de controle;
mantém banco de dados estruturado, contendo registros dos processos e das respectivas decisões, bem como dos achados, responsáveis, prazos e benefícios a eles vinculados.
Abrangência do monitoramento das decisões
O sistema de monitoramento das decisões do Tribunal de Contas abrange:
os resultados do julgamento das contas de governo pelo Legislativo, levando em consideração os pareceres prévios emitidos;
os resultados dos monitoramentos realizados em face das determinações e recomendações aos jurisdicionados oriundas de seus julgados;
as imputações de ressarcimento ao erário e as aplicações de multas;
as decisões que impliquem sanções restritivas de direitos aos jurisdicionados;
a efetividade das medidas cautelares adotadas;
os processos judiciais ou extrajudiciais que tenham por objeto a cobrança de crédito decorrente de suas decisões.

---

[40] ATRICON. *Marco de Medição de Desempenho dos Tribunais de Contas – MMD-TC*. Resultados do MMD-TC 2022. p. 29. Disponível em: https://qatc.atricon.org.br/resultado/resultados-do-mmd-tc-2022/. Acesso em: 04 jun. 2024.

[41] Cabe observar, contudo, que na Tomada de Contas Especial o valor do prejuízo ou dano em apuração integra o denominado Volume de Recursos Fiscalizados (VRF), que quantifica os benefícios auferidos pela sociedade em decorrência das ações de controle externo. Constata-se que não há qualquer menção ao montante efetivamente ressarcido.

[42] Disponível em: https://atricon.org.br/atricon-divulga-indicadores-do-mmd-tc-para-o-ciclo-de-2024/. Acesso em: 03 ago. 2024.

(conclusão)

Processo de monitoramento da aplicação de multas, débitos, determinações e recomendações
O Tribunal de Contas:
avalia suas decisões quanto às características estratégicas, tais como risco, materialidade e relevância, para subsidiar o planejamento das ações de acompanhamento;
estabelece a responsabilidade, a forma e a periodicidade do encaminhamento de informações e documentos pelas procuradorias dos órgãos e entidades, para comprovação do estágio da execução dos débitos e multas;
adota ações efetivas para cobrança administrativa visando ao ressarcimento dos débitos e à quitação das multas;
elabora, mantém atualizada e disponibiliza permanentemente, em seu sítio oficial e/ou portal da transparência, a lista de gestores inadimplentes e de gestores com contas julgadas irregulares.

Fonte: ATRICON. MMD-TC 2024.

Não obstante, os dois Tribunais de Contas aqui referidos vêm implementando medidas que buscam aumentar a efetividade da arrecadação dos valores. Em Santa Catarina, por exemplo, o TCE/SC e o Tribunal de Justiça do Estado (TJSC) lançaram em 2023 um sistema de cobrança pré-processual de créditos tributários (ACERTA/SC), o qual permitirá a negociação e o protesto dos títulos formados a partir de decisões condenatórias da Corte de Contas catarinense. No TCU, destaca-se que, em 2023, entrou em operação uma nova plataforma de gestão de dívidas, a qual deve contribuir "para alcançar patamares mais significativos de recolhimento das dívidas imputadas pelo Tribunal por meio da gestão integrada das informações e identificação automatizada de providências necessárias para o andamento célere das deliberações envolvendo débitos e multas".[43]

Por certo que a implementação de tecnologias mais avançadas e a automação de processos de cobrança poderiam melhorar a eficiência da arrecadação. A inefetividade da arrecadação também está relacionada à falta de coordenação entre os diferentes órgãos responsáveis pela imputação e cobrança de débitos.

Uma maior integração e colaboração entre esses órgãos poderia simplificar os processos e reduzir redundâncias, resultando em uma arrecadação mais eficaz. Essa coordenação poderia ser facilitada pelo uso de plataformas digitais que permitam o compartilhamento de informações em tempo real e a gestão centralizada dos débitos.

---

[43] BRASIL. Tribunal de Contas da União, *op. cit.*, 2024, p. 2.

Outro fator que contribui para a inefetividade da arrecadação é a falta de incentivos para que os gestores paguem os débitos de forma voluntária. Além disso, programas de renegociação de dívidas e a oferta de descontos para pagamentos antecipados poderiam incentivá-los a regularizarem suas situações financeiras.

Deve-se destacar que a publicação regular de relatórios sobre a arrecadação de débitos e a *performance* dos processos de cobrança é essencial para a transparência das atividades institucionais. A transparência também pode contribuir para se identificar áreas de melhoria nos processos de cobrança.[44]

Por outro lado, a baixa efetividade dos processos de ressarcimento de danos nos Tribunais de Contas do país acende um alerta não apenas em relação ao baixo percentual de êxito nos processos executórios, mas também sobre a sua própria constituição. Será que, de fato, o regime brasileiro de condenação ao débito pela extensão total do dano, buscando-se sua reparação integral, seria adequado em todas as hipóteses? Condutas não dolosas, meras falhas, erros ou mesmo decisões que se mostraram não tão acertadas *a posteriori* deveriam repercutir em que medida na esfera financeira pessoal do agente público?

3 As mudanças no modelo francês sobre a responsabilização dos gestores públicos

O pensamento francês assentou as bases da Administração Pública contemporânea.[45] A escola do serviço público[46] foi responsável pelas primeiras reflexões acadêmicas sobre as atividades contenciosas dos tribunais financeiros. Além da tradição jurídica, o momento recente francês, com significativas modificações no regime de responsabilização dos gestores públicos, revigora o debate em torno dos deveres dos gestores públicos e de suas responsabilidades.

Uma análise detalhada e comparativa da matriz de responsabilidade financeira dos modelos jurisdicionais de países europeus foi apresentada por Stéphanie Damarey, com o objetivo de apontar diretrizes que poderiam modernizar a gestão orçamentária e contábil

---

[44] V. CONTI; IOCKEN, *op. cit.*, 2022.
[45] MOREIRA NETO, Diogo de Figueiredo, *op. cit.*, 2001, p. 9.
[46] Léon Duguit foi um jurista francês cuja obra teve um impacto significativo na escola de serviço público na França. Suas teorias influenciaram profundamente a administração pública francesa, orientando reformas que priorizaram a eficiência e a responsabilidade no atendimento às necessidades sociais.

do Estado francês não apenas no que se refere à figura do responsável, mas também em relação à própria concepção reparatória.[47]

Posteriormente, o Relatório elaborado por Jean Bassères e Muriel Pacaud[48] sobre a responsabilidade dos gestores públicos aprofundou o debate que culminou em modificações significativas promovidas por meio do Decreto nº 2022-408, de 23 de março de 2022,[49] relativo ao regime de responsabilização financeira dos gestores públicos, que entrou em vigor em 1º de janeiro de 2023. Uma verdadeira mutação na abordagem da responsabilização financeira no âmbito da jurisdição financeira francesa.[50]

As alterações promovidas têm por propósito conferir efetividade ao modelo de responsabilização tanto reparatório quanto sancionador, que antes era tido, conforme aponta Badin,[51] como um processo moroso, de baixa efetividade e que afastava os funcionários que temiam pela responsabilidade pessoal. Acrescenta, ainda, o autor que, na prática, a responsabilidade que se destinava a reparar os danos financeiros nunca permitiu, na realidade, repará-los. De acordo com os dados trazidos, em 2018, do total de 869 decisões com imputação de danos na ordem de 53,8 milhões de euros, após o "perdão" da dívida, pelo Ministro das Finanças, no montante de 53.638.600 euros, restou apenas a quantia de 161.400 euros.[52]

Deve-se se ter em conta que as modificações introduzidas estão alinhadas também com uma preocupação em relação à melhoria da qualidade da gestão pública, de modo a proporcionar maior segurança jurídica também aos gestores, já que a boa gestão pública não pode

---

[47] DAMAREY, Stéphanie. Régimes de responsabilité financière des gestionnaires publics: Analyse comparée. Propositions pour un régime de responsabilité des gestionnaires publics. *Portail Hal Université de Lille*, 2020.

[48] BASSÈRES, Jean; PACAUD, Muriel. *Responsabilisation des gestionnaires publics*. Julho, 2020 Disponível em: https://blog.landot-avocats.net/wp-content/uploads/2020/12/RAPPORT-BASSERES.pdf. Acesso em: 11 jul. 2024.

[49] Ordonnance nº 2022-408, 23 mar. 2022, relativo ao regime de responsabilidade financeira dos gestores públicos. Disponível em: https://www.legifrance.gouv.fr/jorf/id/JORFTEXT000045398055. Acesso em: 29 jul. 2024.

[50] Deve-se ter em conta que as alterações promovidas pelo Decreto nº 2022-408 foram profundas e alteraram diversas especificidades do modelo francês. No presente estudo, o enfoque será dado apenas às questões que estão diretamente relacionadas com o tema da pesquisa.

[51] Badin promove uma análise crítica em relação às alterações promovidas pela nova legislação em razão do excesso de subjetividade conferido ao juiz financeiro. BADIN, Xavier. Le nouveau système de la responsabilité et la pénalisation de la gestion publique. *Gestion & Finances Publiques*, Paris, nº 4, p. 34-40, 2023/4.

[52] BADIN, *op. cit.*, 2023, p. 35.

ser simplesmente decretada, pois, muitas vezes, envolve tentativas, experimentação, hesitação, retrocesso, criatividade e, às vezes, erro.[53]

É o que considera Pariente ao reforçar que a reorientação das jurisdições financeiras para missões principalmente não jurisdicionais pode permitir favorecer o acompanhamento da melhoria contínua da gestão pública em vez de sanção pontual de erros de gestão.[54]

Assim, a mudança de paradigma do modelo francês alterou o regime da responsabilidade sem culpa, que penalizava os erros, para o modelo da responsabilidade com culpa, quando a falta grave tiver resultado em danos financeiros significativos.[55] Por certo que a legislação acabou por deixar ao intérprete da lei a definição do que pode ser considerado como má conduta grave ou mesmo danos financeiros significativos, cujo parâmetro legal refere-se apenas ao montante orçamentário sob a responsabilidade do agente público.[56]

Espanha, Itália e Portugal também adotam o sistema de responsabilidade baseado na falta grave. Mas a França inova ao exigir que a falta grave tenha causado danos financeiros significativos.[57]

Portanto, no modelo francês, a modalidade reparadora da responsabilidade financeira desaparece em favor da finalidade única repressiva. Nos dizeres de Quinart, "Hoje, a culpa é, portanto, o elemento central – até mesmo exclusivo – do compromisso do gestor público com a responsabilidade". Assim, com o desaparecimento do débito, desaparece o caráter reparatório do sistema. É, portanto, a culpa que pretende reprimir, tornando evidente o propósito exclusivamente punitivo do regime francês.[58]

A preocupação de conferir maior liberdade ao gestor público, ainda que observando os limites legais, sobrepõe-se ao modelo

---

[53] BASSÈRES, Jean; PACAUD, Muriel, *op. cit.*, 2020.

[54] PARIENTE, Alain. Les juridictions financières face au nouveau régime de responsabilité financière des gestionnaires publics. *Gestion & Finances Publiques*, Paris, nº 4, p. 12-17, 2023/4. Disponível em: https://www.cairn.info/revue-gestion-et-finances-publiques-2023-4-page-12.htm. Acesso em: 28 jul. 2024, p. 17.

[55] De acordo com o Artigo L131-9 do CJF, "Qualquer pessoa na acepção do artigo L. 131-1 que, por violação das regras relativas à execução de receitas e despesas ou à gestão de bens, comunidades, estabelecimentos e organizações do Estado mencionados no mesmo artigo L. 131- 1, *cometer falta grave que cause prejuízo financeiro significativo*, é passível das sanções previstas no n.º 3". (Tradução e grifo nossos).

[56] Para uma perspectiva crítica, v. ANDRIEU, C.; BALDACCHINO, A. *Conter demain: Cour des Comptes et démocratie au XXIᵉ siècle*. Paris: l'aube, 2023.

[57] DAMAREY, Stéphanie. De quelques incertitudes soulevées par le nouveau régime de responsabilité financière des gestionnaires publics. *Gestion & Finances Publiques*, Paris, nº 4, p. 19, 2023/4.

[58] QUINART, Émilien, *op. cit.*, 2023, p. 26-33.

objetivo de natureza civilista com exclusiva finalidade reparadora. A opção francesa pelo sistema de jurisdição repressora também vem acompanhada de limites financeiros (até 6 meses de remuneração), os quais devem ser observados para a quantificação das multas que serão determinadas individualmente para cada sancionado.

Ressalta-se que essa preocupação já estava contemplada no próprio estudo da professora Damarey, no qual reconhecia-se que a penalidade financeira deveria ser financeiramente e psicologicamente suportável.[59] Nesse sentido, as modificações introduzidas trazem ainda como parâmetro para a quantificação da sanção o montante da remuneração mensal/anual do agente público sancionado.

Deve-se, contudo, destacar a distinção entre falha do serviço e a falha pessoal. No litígio por culpa do serviço, a competência é exclusivamente administrativa; já na responsabilidade civil em caso de culpa pessoal, a competência é do juiz civil. Então, o ressarcimento por danos na esfera civil permanece nas hipóteses de culpa pessoal do agente público.

Desse modo, as mudanças promovidas pelo Decreto nº 2022-408 no processo de reparação no regime de responsabilização financeira dos gestores públicos pode representar um avanço na governança pública francesa. A implementação dessas novas regras demonstrará se o modelo foi ou não bem-sucedido. Decerto que a nova regulamentação busca mecanismos não apenas para estimular a gestão pública responsável, mas também direcionar seus esforços no intuito de reprimir a intencionalidade da conduta lesiva, tornando mais factível o regime sancionador. Esses aprimoramentos são fundamentais para que o sistema da jurisdição financeira possa ser, de fato, eficaz.

4 Conclusão

A garantia da regularidade da gestão pública significa também a garantia da confiança nas instituições democráticas. O modelo brasileiro enfrenta desafios consideráveis, incluindo a baixa efetividade do sistema de arrecadação, a problemática das múltiplas esferas de competência e a morosidade dos processos executórios. Ademais, o próprio mecanismo de constituição do débito, que leva à condenação pela extensão total do dano por atos tidos como ilegítimos ou antieconômicos, acaba por não sopesar condutas não dolosas, meras falhas, erros ou mesmo decisões

---

[59] DAMAREY, *op. cit.*, 2020, p. 207.

que se mostraram não tão acertadas *a posteriori* e que impactam de maneira desproporcional a esfera financeira pessoal do agente público.

O debate em relação ao modelo de responsabilização francês pode oferecer *insights* valiosos para a melhoria do sistema brasileiro de responsabilização dos gestores públicos. A implementação de um regime de responsabilização integrado constitui um desafio à Administração Pública contemporânea. Algumas premissas parecem indispensáveis para o debate normativo sobre a necessidade de estruturar o modelo de responsabilização dos gestores públicos, a começar pela própria compreensão do propósito institucional da jurisdição financeira, voltada para uma atuação efetiva, com resultados reais.

Nesse cenário, a justiça financeira deve encontrar seu próprio lugar, entre a sanção disciplinar e a sanção penal, com o objetivo de fazer cumprir o conjunto de regras que disciplinam a gestão pública e sancionar suas violações decorrentes. A inserção da verificação da intencionalidade decorrente da culpa grave como adotados em alguns países europeus deve ser acompanhada também de uma remodelagem no sistema de instrução probatório para que se consiga efetivamente comprovar a intencionalidade da conduta.

A mutação do regime ressarcitório para o regime sancionador não significa impunidade, na medida em que as sanções devem ser proporcionais ao dano causado e suficientemente dissuasivas para prevenir futuros delitos. Como destaca Damarey,[60] as sanções devem equilibrar a necessidade de punir comportamentos inadequados com a proteção dos gestores contra penalidades excessivas, que poderiam desmotivar a boa gestão pública.

A disciplina normativa estabelecida pelo Decreto-Lei nº 200/1967, ainda que tenha tratado em parte do regime de responsabilidade, ficou perdida no tempo sem as atualizações tão necessárias para disciplinar a estrutura e o funcionamento da organização político-jurídica do Estado. É premente o (re)pensar sobre o tema da responsabilização no âmbito da jurisdição financeira.

"Sim, há um caminho melhor", conclui Brian Klaas[61] para se referir à possibilidade de afastar pessoas corruptíveis, que buscam e abusam do poder, e incentivar pessoas incorruptíveis a assumirem a liderança na Administração Pública. Um sistema que possa persuadir os

---

[60] DAMAREY, *op. cit.*, 2020, p. 123-145.
[61] KLAAS, Brian. *Corruptíveis*: o que é o poder, que tipos de pessoas o conquistam e o que acontece quando chega no topo. São Paulo, SP: Cultrix, 2022, p. 334.

gestores públicos para o cumprimento dos deveres de probidade e ética, sem afastar os bons gestores por medo de responsabilizações pessoais, é fundamental para dar concretude à nova fase da Administração Pública mutacionada pelos vetores da Boa Governança.

Referências

ADVOCACIA GERAL DA UNIÃO (AGU). Advocacia-Geral da União. *Embargos de Declaração com pedido de modulação de efeitos*. RE nº 636.886/AL. Assinado pelo Advogado Geral da União, André Luiz de Almeida Mendonça, em 07/04/2020. Disponível em: https://redir.stf.jus.br/paginadorpub/paginador.jsp?docTP=TP&docID=752439823&prcID=4046531#. Acesso em: 04 jun. 2024.

ANDRIEU, C.; BALDACCHINO, A. *Conter demain:* Cour des Comptes et démocratie au XXIe siècle. Paris: l'aube, 2023.

ATRICON. Marco de Medição de Desempenho dos Tribunais de Contas – MMD-TC. *Resultados do MMD-TC 2022*. p. 29. Disponível em: https://qatc.atricon.org.br/resultado/resultados-do-mmd-tc-2022/#. Acesso em: 04 jun. 2024.

BADIN, Xavier. Le nouveau système de la responsabilité et la pénalisation de la gestion publique. *Gestion & Finances Publiques*, Paris, nº 4, p. 34-40, 2023/4.

BRASIL. Supremo Tribunal Federal. *Repercussão Geral no Agravo em Recurso Extraordinário ARE nº 823347* – MA. Relator: Min. Gilmar Mendes, 02 de outubro de 2014. Diário de Justiça: ata nº 45/2014, nº 211, 24 out. 2014 (Tema 768).

BRASIL. Tribunal de Contas da União. *Relatório Anual de atividades do TCU*: 2019. Brasília: TCU, 2020.

BRASIL. Tribunal de Contas da União. *Relatório anual de atividades do TCU*: 2020. Brasília: Secretaria-Geral da Presidência (Segepres), Secretaria-Geral Adjunta da Presidência (Adgepres), 2021.

BRASIL. Tribunal de Contas da União. *Relatório Anual de Atividades do TCU*: 2021. Brasília: TCU, 2022.

BRASIL. Tribunal de Contas da União. *Relatório de atividades:* MPTCU 2022. Brasília: TCU, Ministério Público Junto ao Tribunal de Contas da União, Secretaria Geral de Administração, Secretaria de Engenharia e Serviços Gerais, 2023.

BRASIL. Tribunal de Contas da União (TCU). *Estudo sobre Imputação de Débitos a Pessoas Físicas pelo TCU*. Processo TC 008.353/2023-9, Acórdão 1370/2023 – Plenário, Rel. Benjamim Zymler, Sessão de 05.07.2023, Anexo, Relatório do Grupo de Trabalho da SEGECEX. Disponível em: https://pesquisa.apps.tcu.gov.br/doc/acordao-completo/1370/2023/Plen%C3%A1rio. Acesso em: 18 jul. 2024.

BRASIL. Tribunal de Contas da União. *Relatório de Gestão do TCU*: 2023. Brasília: TCU, 2024.

BASSÈRES, Jean; PACAUD, Muriel. *Responsabilisation des gestionnaires publics*. Julho, 2020. Disponível em: https://blog.landot-avocats.net/wp-content/uploads/2020/12/RAPPORT-BASSERES.pdf. Acesso em: 11 jul. 2024.

CAVALLARI, Odilon. Por que o Direito Penal deve ser levado a sério nos Tribunais de Contas? *In*: CONTI, José Maurício; MARRARA, Thiago; IOCKEN, Sabrina Nunes; CARVALHO, André Castro (coord.). *Responsabilidade do gestor na Administração Pública*: aspectos fiscais, financeiros, políticos e penais. Belo Horizonte: Fórum, 2022. 2 v.

CESCA, Maiquel Scholten. *Estudo sobre o rito processual mais vantajoso para a execução judicial do título fundado nas decisões dos Tribunais de Contas de que resultem a imputação de débito aos responsáveis por dano ao erário*. 2021. Disponível em: https://www.tcm.go.gov.br/escolatcm/wp-content/uploads/2021/10/ARTIGO-Maiquel-S.-Cesca-Final-23.06.2021-Corrigido-2.pdf. Acesso em: 18 jul. 2024.

CNJ. *Justiça em números 2023*. Brasília: Conselho Nacional de Justiça, 2023.

CONTI, José Maurício; IOCKEN, Sabrina Nunes. A responsabilização do gestor público sob a ótica do Direito Financeiro contemporâneo, o princípio da segurança jurídica e a necessidade de sistematização da jurisdição financeira. *In*: CONTI, José Maurício; MARRARA, Thiago; IOCKEN, Sabrina Nunes; CARVALHO, André Castro (coord.). *Responsabilidade do gestor na Administração Pública*: aspectos gerais. Belo Horizonte: Fórum, 2022.

DAMAREY, Stéphanie. Régimes de responsabilité financière des gestionnaires publics: Analyse comparée. Propositions pour un régime de responsabilité des gestionnaires publics. *Portail Hal Université de Lille*, 2020.

DAMAREY, Stéphanie. De quelques incertitudes soulevées par le nouveau régime de responsabilité financière des gestionnaires publics. *Gestion & Finances Publiques*, Paris, nº 4, p. 18-25, 2023/4. Disponível em: https://www.cairn.info/revue-gestion-et-finances-publiques-2023-4-page-18.htm. Acesso em: 29 jul. 2024.

FERNANDES, Jorge Ulisses Jacoby. *Tomada de contas especial*. 7. ed. Belo Horizonte: Fórum, 2017.

FERREIRA, Daniel Cubas. *Análise automatizada da execução judicial dos débitos e multas provenientes das decisões do Tribunal de Contas da União*: o protesto como forma de aumentar a efetividade das decisões dos Tribunais de Contas. 2022. 71 f., il. Dissertação (Mestrado em Direito) – Universidade de Brasília, Brasília, 2022.

GAUTIER, Louis. Interview de Louis Gautier, Procureur général près la Cour des comptes. *Gestion & Finances Publiques*, Paris, nº 4, p. 8, 2023/4.

GODINHO, Heloísa Helena Antonácio M.; MARINOT, Márcio Batista; VAZ, Wesley. Impactos da Lei do Governo Digital no controle externo. *In*: MOTTA, Fabrício; VALLE, Vanice Regina Lírio do (Coords.). *Governo digital e a busca por inovação na Administração Pública*: a Lei nº 14.129, de 29 de março de 2021. Belo Horizonte: Fórum, 2022. p. 221-238.

GODINHO, Heloísa H. A. M. Ideias no lugar: as decisões condenatórias proferidas pelos tribunais de contas. *In*: LIMA, Luiz Henrique; SARQUIS, Alexandre M. F. (Coord.). *Processos de controle externo*: estudos de ministros e conselheiros substitutos dos tribunais de contas. Reimpressão. Belo Horizonte: Fórum, 2019.

GOMES, Emerson Cesar da Silva. *Responsabilidade financeira*: uma teoria sobre a responsabilidade no âmbito dos tribunais de Contas. Porto Alegre: Núria Fabris, 2012.

HELLER, Gabriel; CARMONA, Paulo Afonso Cavichioli. Reparação e sanção no controle de atos e contratos administrativos: as diferentes formas de responsabilização pelos Tribunais de Contas. *Revista de Direito Administrativo*, Rio de Janeiro, v. 279, n. 1, p. 51-78, jan./abr. 2020.

IOCKEN, Sabrina Nunes. Tribunal de Contas Digital (TCD) e a necessidade de sistematização da jurisdição financeira. *Interesse Público*, ano 23, n. 131, jan./fev. 2022.

IPEA. Custo e tempo do processo de execução fiscal promovido pela Procuradoria Geral da Fazenda Nacional (PGFN). *Comunicados do IPEA nº 127, 4 de janeiro de 2012*. Disponível em: https://repositorio.ipea.gov.br/bitstream/11058/4460/1/Comunicados_n127_Custo. pdf. Acesso em: 04 jun. 2024.

KLAAS, Brian. *Corruptíveis:* o que é o poder, que tipos de pessoas o conquistam e o que acontece quando chegam ao topo. São Paulo, SP: Cultrix, 2022.

MARTINEZ, Nagib Chaul. A efetividade das condenações pecuniárias do Tribunal de Contas da União em face da reapreciação judicial de suas decisões: O problema do acórdão do TCU como título executivo meramente extrajudicial. Tribunal de Contas da União. 2008. *In*: SOUSA JÚNIOR, José Geraldo de. *Sociedade democrática, direito público e controle externo*. Brasília: Tribunal de Contas da União, 2006.

MOREIRA NETO, Diogo de Figueiredo. *Mutações do direito administrativo*. Rio de Janeiro: Renovar, 2001.

OLIVEIRA, Odilon Cavallari de. Por que o direito penal deve ser levado a sério nos Tribunais de Contas? *In:* OLIVEIRA, Odilon Cavallari de. *Responsabilidade do gestor na Administração Pública*: Belo Horizonte: Fórum, 2022. 2 v.

PARIENTE, Alain. Les juridictions financières face au nouveau régime de responsabilité financière des gestionnaires publics. *Gestion & Finances Publiques*, Paris, n. 4, p. 12-17, 2023/4. Disponível em: https://www.cairn.info/revue-gestion-et-finances-publiques-2023-4-page-12.htm. Acesso em: 28 jul. 2024.

RAMOS FILHO, Sérgio. Desconto compulsório em folha de pagamento: uma alternativa para incrementar a efetividade das decisões condenatórias dos Tribunais de Contas. *Revista MPC PR*, v. 7, n. 13, novembro/maio, 2020. Disponível em: https://www.mpc. pr.gov.br/revista. Acesso em: 04 jun. 2024.

SIMÕES, Rafael. *Avaliação do ressarcimento em processos de tomadas de contas especiais da administração pública federal*. 2022. 367 f. Dissertação (Mestrado em Administração Pública). Escola Brasileira de Administração Pública e de Empresas, Fundação Getúlio Vargas, Rio de Janeiro, 2022.

QUINART, Émilien. La nature juridique du nouveau régime unifié. *Gestion & Finances Publiques*, Paris, n. 4, p. 26-33, 2023/4.

Informação bibliográfica deste livro, conforme a NBR 6023:2018 da Associação Brasileira de Normas Técnicas (ABNT):

GALVÃO, Rafael; IOCKEN, Sabrina Nunes; ENDLER, Sonia. A responsabilidade pela reparação do dano na jurisdição financeira brasileira e o modelo francês que a extingue. *In:* LIMA, Luiz Henrique; CUNDA, Daniela Zago Gonçalves da (coord.). *Controle externo e as mutações do direito público*: inovações jurisprudenciais e aprimoramento da gestão pública - Estudos de ministros e conselheiros substitutos dos Tribunais de Contas. Belo Horizonte: Fórum, 2025. p. 203-233. ISBN 978-65-5518-949-0.

REGIME JURÍDICO REMUNERATÓRIO E ESTATUTÁRIO DOS AUDITORES DOS TRIBUNAIS DE CONTAS NA JURISPRUDÊNCIA DO SUPREMO TRIBUNAL FEDERAL

ISAÍAS LOPES DA CUNHA

1 Introdução

A fiscalização das finanças públicas da União, dos Estados, do Distrito Federal e dos Municípios é exercida pelos respectivos Poderes Legislativos, mediante controle externo, e pelo sistema de controle interno de cada Poder, sendo que o primeiro exerce o controle com auxílio dos Tribunais de Contas (BRASIL, 1988).

A doutrina pátria, capitaneada por Britto (2001), classifica as competências constitucionais dos Tribunais de Contas em opinativa, judicante, fiscalizatória, informativa, sancionatória, corretiva, entre outras. Bandeira de Mello (2023) concorda com Britto (2002) na sua essência, mas as classifica em consultiva, contenciosa, fiscalizatória (em sentido amplo, abrangendo a corretiva), informativa e sancionatória.

Para exercer essas relevantes competências com independência e tecnicidade, o Constituinte de 1988 outorgou autonomias aos Tribunais de Contas similares às dos Tribunais do Poder Judiciário, quadro próprio de pessoal, um plexo de direitos e garantias aos seus membros (ministros e conselheiros), aos auditores e membros do Ministério

Público junto ao Tribunal, conforme depreende dos artigos 73, *caput*, §§3º e 4º, 75 e 129, todos da Constituição da República de 1988 (CRFB/1988).

Entretanto, a despeito das claras e expressas atribuições da judicatura do auditor do Tribunal de Contas da União (TCU), a Constituição Federal lhe atribui "garantias e impedimentos" de Ministro quando estiver substituindo-o, e as de Juiz de Tribunal Federal no exercício das demais atribuições da judicatura.

Diante do silêncio ou da omissão da Lei Maior quanto a prerrogativas, vencimentos e vantagens do auditor do TCU e dos Tribunais de Contas dos Estados (TCE) e do Distrito Federal, a regulação desses direitos nas constituições estaduais e nas leis orgânicas dos Tribunais de Contas subnacionais têm sido questionadas perante o Supremo Tribunal Federal (STF) (ADI nº 467/AM, ADI nº 507/DF, ADI nº 1.067/MG).

Nos últimos cinco anos, o Procurador-Geral da República impetrou 17 (dezessete) ações diretas de inconstitucionalidade (ADI) questionando as normas estaduais que definem parâmetros de remuneração dos auditores dos Tribunais de Contas subnacionais, as quais, se julgadas procedentes, podem comprometer a independência desses "magistrados" de contas e gerar insegurança jurídica nas Cortes de Contas do Brasil (PASCOAL, 2021).

Nesse panorama, o objetivo deste artigo é analisar a consolidação do regime jurídico remuneratório e estatutário dos auditores (Ministros Substitutos e Conselheiros Substitutos) dos Tribunais de Contas brasileiros pela jurisprudência da Suprema Corte. Desse modo, a questão norteadora do presente estudo é a seguinte: quais são os fundamentos jurídicos que legitimam a equiparação remuneratória dos auditores das Cortes de Contas à dos juízes do Poder Judiciário?

A natureza jurídica e as atribuições do cargo de auditor dos Tribunais de Contas brasileiros, também denominado Ministro Substituto e Conselheiro Substituto,[1] foram objeto de estudo de Fernandes (2012), Macieira (2009), Canha (2016) e Cunha (2016), e o regime constitucional desses agentes públicos, por Mendes (2017).

Face à escassez de estudos sobre o tema, há lacuna na literatura quanto aos regimes jurídicos remuneratório e funcional desse cargo de

---

[1] Essas denominações também serão adotadas neste artigo, em consonância com a Diretriz 22, do Anexo Único da Resolução Atricon nº 3/2014 – Diretrizes de Controle Externo 3301/2014, que orienta os Tribunais de Contas brasileiros a iniciarem o processo legislativo para que o cargo de auditor, previsto no parágrafo 4º do artigo 73 da Constituição Federal, seja denominado ministro substituto no Tribunal de Contas da União e conselheiro substituto nos Tribunais de Contas dos Estados e dos municípios.

estatura constitucional, e a evolução jurisprudencial do STF decorrente dos julgamentos da maioria das ADIs propostas pela Procuradoria Geral da República são fatos relevantes e que justificam esta pesquisa.

2 Fundamentação teórica

2.1 Natureza jurídica do cargo de auditor (Ministro/Conselheiro Substituto) dos Tribunais de Contas

Após a instituição do Tribunal de Contas [da União], o cargo de auditor foi criado pela Lei nº 3.454, de 6 de janeiro de 1918, no art. 162, inciso XXVII, §2º, "b", com competência específica para "relatar perante à segunda câmara os processos de tomadas de contas e substituir os ministros de qualquer das câmaras em suas faltas e impedimentos" (BRASIL, 1918).

A referida lei estruturou o pessoal do Tribunal de Contas em quatro corpos: (i) deliberativo, composto por nove ministros; (ii) especial, constituído por oito auditores; (iii) instrutivo, encarregado do serviço do expediente do Tribunal e o (iv) Ministério Público,[2] bem como fixou a nomeação dos auditores como ato do Presidente da República, a escolaridade do cargo de bacharel em direito, a vitaliciedade e a remuneração anual dos auditores.[3] (BRASIL, 1918)

Não obstante, o termo "auditor" possui acepções contábil e jurídica. Na acepção contábil, de origem anglo-saxã, auditor é aquele que examina ou revisa registros, procedimentos de escrituração e demonstrações contábeis. Ao longo das décadas, essa acepção tem dominado o conceito/função de auditor, ao passo que a acepção jurídica dessa palavra tem sido frequentemente olvidada, inclusive no âmbito dos Tribunais de Contas e suas entidades (CANHA, 2016).

Essa dupla acepção ou imprecisão da nomenclatura do cargo de auditor gerou e ainda gera confusão, especialmente, pela existência de carreiras de servidores dos quadros técnicos dos Tribunais de Contas denominadas de auditores de controle externo, razão pela qual o art. 3º da Lei nº 12.811/2013 passou a denominar os "auditores" do TCU de "ministros substitutos" com o propósito de sanar essa confusão (PASCOAL, 2021).

---

[2] Lei nº 3.454, de 6 de janeiro de 1918. Art. 162, inciso XXVII, §2º, "a", "b", "c" e "d".
[3] Lei nº 3.454, de 6 de janeiro de 1918. Art. 162, inciso XXVII, §2º, "b", 1º.

Com o objetivo de desvendar a imprecisão acerca da natureza jurídica e das atribuições do cargo de Auditor, Macieira (2009) assevera que a Constituição Federal de 1988 faz menção somente a dois cargos de auditor: a) o auditor do Tribunal de Contas da União (art. 73, §4º) e b) o juiz-auditor, como é conhecido o magistrado com exercício na Justiça Militar (art. 123, parágrafo único, II).

Tanto o termo auditor utilizado pela Lei nº 3.454/1918 quanto pela Lei Fundamental da República tem acepção jurídica e é uma designação de certos agentes públicos que ocupam cargo ou exercem função de juiz, como leciona De Plácido e Silva (2014, p. 140):

> AUDITOR: é o título por que se designam juízes ou magistrados encarregados da aplicação de justiça em certo ramo ou espécie de jurisdição, em regra, de ordem criminal.
>
> No Direito Antigo, com o mesmo sentido de ouvidor, indicava o funcionário instruído em leis, que tinha a missão ou atribuição de informar o tribunal ou repartição pública sobre a legalidade de certos atos ou sobre a interpretação das leis nos casos concretos submetidos à sua apreciação. É o consultor jurídico da atualidade.
>
> Segundo a aplicação atual, o vocábulo designa o juiz de direito agregado aos tribunais de jurisdição especial: auditor de guerra ou auditor de marinha.

Essa acepção também é definida por Bueno (2000) citado por Cunha (2016):

> AUDITOR s.m. Aquele que ouve; magistrado que tem a seu cargo informar uma repartição sobre a aplicação da lei a casos ocorrentes; magistrado do contencioso administrativo; magistrado judicial agregado a tribunais de guerra ou de marinha; Auditor da nunciatura: assessor do núncio; Auditor de guerra: juiz de direito agregado a um tribunal militar.

Tendo em vista essa concepção jurídica – auditor magistrado –, a Constituição Federal, no art. 73, §4º, estatui que o "auditor, quando em substituição a Ministro, terá as mesmas garantias e impedimentos do titular e, quando no exercício das demais atribuições da judicatura, as de juiz de Tribunal Regional Federal" (BRASIL, 1988).

Nesse sentido, a Lei nº 8.443, de 16 de julho de 1992, estabelece disposições acerca dos requisitos para investidura no cargo de auditor, a saber: a) ter mais de trinta e cinco e menos de sessenta e cinco anos de idade (*caput* do art. 77, c/c inc. I, do art. 71); b) possuir idoneidade moral e reputação ilibada (*caput* do art. 77 c/c inc. II, do art.71);

c) ter notórios conhecimentos jurídicos, contábeis, econômicos e financeiros ou de administração pública (*caput* do art. 77 c/c inc. III, do art. 71); d) contar mais de dez anos de exercício de função ou de efetiva atividade profissional que exija os conhecimentos mencionados no inciso anterior (*caput* do art. 77 c/c inc. IV, do art. 71); e) obter aprovação em concurso público de provas e títulos (*caput* do art. 77) e f) ser nomeado pelo Presidente da República (*caput* do art. 77).

Com fundamento na Carta Política vigente, a Lei Orgânica do TCU estabelece similaridade entre os cargos de ministros e auditores no que tange aos requisitos para investidura (posse) e as atribuições da judicatura, inclusive fixando regra de substituição dos primeiros (titulares) pelos segundos (substitutos), evidenciando que ambos os cargos possuem natureza e regime jurídico idênticos.

Esse é o entendimento de Pascoal (2021), que, ao final, conclui que um julgador somente pode ser substituído por outro que tenha as mesmas atribuições e regime jurídico. "Não se imagina um desembargador sendo substituído por um servidor, mas apenas por membros que exercem a função de julgamento" (PASCOAL, 2021, p. 2).

Com efeito, pelos princípios da investidura e do juiz natural, um magistrado (ministro, desembargador ou juiz) de quaisquer dos órgãos do Poder Judiciário somente pode ser substituído por outro magistrado pertencente à carreira da magistratura e que tenha competência legal.

Mutatis mutandis, no âmbito dos Tribunais de Contas brasileiros, os ministros e conselheiros, "magistrados" dessas Cortes por equiparação constitucional, são substituídos por "juízes", denominados pelas Constituições e leis orgânicas dos tribunais de contas de auditores, sendo que no TCU são também denominados ministros substitutos,[4] e nos Tribunais de Contas subnacionais, de conselheiros substitutos.

Destarte, independentemente da nomenclatura do cargo, são as atribuições previstas nas Constituições e/ou nas leis que definem a natureza jurídica do cargo de auditor do Tribunal de Contas ou de denominações equivalentes, cujas atribuições da judicatura serão explicitadas no tópico a seguir.

---

[4] Segundo o art. 3º da Lei nº 12.811, de 16 de maio de 2013, os titulares do cargo de Auditor de que trata o §4º do art. 73 da Constituição Federal também serão denominados de Ministros Substitutos.

2.2 As atribuições da judicatura dos conselheiros substitutos e sua similaridade com as dos conselheiros dos Tribunais de Contas

Da simples leitura do art. 73, §4º, da CRFB/1988, depreende-se que os auditores (ou auditores substitutos de ministros ou conselheiros) possuem duas macros atribuições: substituir conselheiro e exercer as demais atribuições da judicatura de contas.

De acordo com esse dispositivo constitucional, a Lei nº 8.443, de 1992, regulamenta essas duas atribuições constitucionais, consignando as seguintes atribuições do auditor do TCU (BRASIL, 1992):

a) substituir ministros em suas ausências e impedimentos por motivo de licença, férias ou outro afastamento legal, mediante convocação do Presidente do Tribunal (*caput* do art. 63),

b) substituir ministros, para efeito de quórum, sempre que os titulares comunicarem, ao Presidente do Tribunal ou da Câmara respectiva, a impossibilidade de comparecimento à sessão, mediante convocação dessas autoridades (§1º, do art. 63);

c) exercer as funções de ministro em caso de vacância do cargo, até novo provimento, mediante convocação do Presidente do Tribunal (§2º, do art. 63); e

d) presidir a instrução dos processos que lhe forem distribuídos, relatando-os com proposta de decisão a ser votada pelos integrantes do Plenário ou da Câmara para a qual estiver designado (parágrafo único do art. 77).

Discorrendo sobre as atribuições do Ministro Substituto, Fernandes (2012, p. 818) classifica e define essas duas funções relevantes em ordinária e extraordinária:

> A ordinária, consistente em participar do plenário ou câmara e relatar processos definidos especificamente nos regimentos internos como de sua competência. Como regra, as competências do auditor não são as mesmas do ministro ou conselheiro, ficando restritas a contas, especiais ou anuais.
>
> A extraordinária consiste, precisamente, em substituir, para integrar quórum, o ministro ausente, no caso do Tribunal de Contas da União, ou o conselheiro, nos demais tribunais. Nos impedimentos eventuais e nos não eventuais, assume integralmente as prerrogativas do substituído, inclusive quanto a voto.

Em seguida, o autor (2012, p. 819) ressalta que os auditores têm atribuições ordinárias de judicatura, ou seja, próprias de juiz:

> É importante notar que o constituinte foi muito criterioso ao definir as atribuições ordinárias do auditor, qualificando-as, não sem motivo, de "judicatura", dada a feição judicialiforme do julgamento das contas. Esse argumento reforça o fato dos ministros e conselheiros, e do próprio tribunal de contas, exercerem funções jurisdicionais e outras funções. Já os auditores, voltados precipuamente para as funções de contas, têm atribuições ordinárias de judicatura, isto é, próprias de juiz, do exercício da magistratura.

Para a Associação dos Membros dos Tribunais de Contas do Brasil (ATRICON) (2014, p. 59), as atribuições da judicatura dos ministros substitutos e conselheiros substitutos, com fundamento no §4º do art. 73 da CRFB/88, subdividem-se em:

> a) Ordinárias: relatar processos, presidir a instrução processual, emitir decisões monocráticas, interlocutórias ou de mérito, apresentar proposta de decisão nos órgãos colegiados, relativamente aos processos que lhes forem distribuídos automática e igualitariamente, sem distinção de matérias ou de jurisdicionados, entre outras;
> b) Eventuais: substituir ministros e conselheiros em suas ausências, a qualquer título, sendo automática a substituição destinada a completar a composição plena do colegiado, prescindindo-se de quaisquer formalidades.

Para o pleno exercício dessas atribuições, os Tribunais de Contas brasileiros devem assegurar aos ministros substitutos e conselheiros substitutos "assento permanente no Tribunal Pleno e nas câmaras, atribuindo-lhes as prerrogativas constitucionais de discutir e relatar todas as matérias atinentes aos órgãos colegiados, vedada qualquer distinção de distribuição e de tratamento" (ATRICON, 2014, p. 58).

Nesse sentido, na ementa da ADI nº 5530/MS[5] ficou consignado que os Tribunais de Contas subnacionais devem permitir aos auditores o "exercício da judicatura de contas, possibilitando-lhes o julgamento de contas públicas, a instrução e relatoria de processos, a apresentação de propostas de decisão e o assento no colegiado" (BRASIL, 2023).

---

[5] ADI nº 5530/MS, Rel. Min. Roberto Barroso, Plenário, julgado na sessão virtual de 12.05.2023 a 19.05.2023.

Além de reafirmar a função de judicatura de contas dos conselheiros substitutos, os ministros do STF fixaram, nesta ação, a seguinte tese de julgamento: "São inconstitucionais normas que atribuem a emissão de pareceres opinativos aos auditores de Tribunal de Contas estadual, por incompatibilidade com a função de judicatura de contas estabelecida pelos arts. 73, §4º, e 75, *caput*, da Constituição" (BRASIL, 2023, p. 3).

Com efeito, o entendimento da Suprema Corte sobre as atribuições da judicatura dos auditores dos Tribunais de Contas está coerente com as lições da doutrina (MACIEIRA, 2009; FERNANDES, 2012; CANHA, 2016; CUNHA; 2016) e as diretrizes da Atricon (2014).

Para Mendes (2017, p. 61), o direito de assento e de voz do auditor do TCU no Plenário e nas Câmaras decorre diretamente do exercício das demais atribuições da judicatura, pois é "impensável um desembargador do Tribunal Regional Federal, quando em sessão do colegiado, ser impedido de ocupar um assento ou mesmo de manifestar-se na sessão".

Considerando a natureza jurídica e as atribuições do cargo de ministro substituto e conselheiro substituto, a Atricon (2014, p. 57) reconhece esses agentes públicos, juntamente com os ministros e conselheiros, como "membros dos Tribunais de Contas", com direito à "estrutura de gabinete, física e de pessoal, adequada e suficiente ao exercício das atribuições constitucionais", e que são regidos por um "conjunto de garantias, prerrogativas, impedimentos, subsídios e vantagens da magistratura nacional, nos termos da Constituição Federal".[6] Este último assunto será abordado no tópico seguinte.

2.3 O regime jurídico da magistratura e dos membros e auditores dos Tribunais de Contas do Brasil

Na vigência da Constituição de 1946, o STF editou a Súmula nº 42/63 com o seguinte enunciado: "É legítima a equiparação de juízes do Tribunal de Contas, em direitos e garantias, aos membros do Poder Judiciário" (BRASIL, 1963).

A Constituição da República, no art. 73, §3º, fixa o regime jurídico estatutário e remuneratório dos Ministros do TCU ao equipará-los a Ministros do Tribunal Superior de Justiça e assegurando-lhes as mesmas garantias, prerrogativas, impedimentos, vencimentos e vantagens.

---

[6] Cf. Diretrizes 16, 17 e 19 do Anexo Único da Resolução Atricon nº 3/2014 – Diretrizes de Controle Externo 3301/2014.

No que se refere ao auditor do TCU, o §4º do art. 73 assegurou-lhe as mesmas garantias e impedimentos de ministro, quando em substituição a este, e as mesmas garantias e impedimentos de juiz de Tribunal Regional Federal quando no exercício das demais atribuições da judicatura, omitindo-se em explicitar integralmente o regime jurídico remuneratório aplicável àquele "magistrado" de contas.

Atualmente, o regime jurídico dos magistrados brasileiros é regulado pela Seção I (Disposições Gerais) do Capítulo III, do Título IV, da Carta Política e pela Lei Orgânica da Magistratura Nacional (Loman) – Lei Complementar nº 35, de 14 de março de 1979 – notadamente, pelo Capítulo II (Dos Magistrados) do Título I, Título II (Das Garantias da Magistratura e das Prerrogativas do Magistrado) e Título IV (Dos Vencimentos, Vantagens e Direitos dos Magistrados).

Para Oliveira (2000, p. 281), as "garantias da magistratura visam a proteger o exercício da função jurisdicional" enquanto as "prerrogativas se destinam à proteção da figura do juiz enquanto funcionário do Estado e pessoa física".

De acordo com o art. 95 da CRFB/88, a vitaliciedade, inamovibilidade e irredutibilidade de vencimentos são garantias da magistratura, as quais também estão disciplinadas nos art. 25 a 32 da Loman. Entre as prerrogativas de magistrado descritas no art. 33 desta Lei destaca-se o direito a prisão especial ou a sala especial de Estado-Maior e o porte de arma de fogo para defesa pessoal.

Em relação aos vencimentos e vantagens da magistratura, a Resolução nº 13/2006, do Conselho Nacional da Justiça (CNJ), regulamentou no art. 5º, inciso I e II, as verbas que "não estão abrangidas pelo subsídio e não são por ele extintas" e, no art. 8º, que as verbas de caráter indenizatório, permanente, eventual ou temporário e o abono de permanência em serviço estão excluídas do teto remuneratório constitucional (BRASIL, 2016).

Ademais, a Resolução nº 133/2011 do CNJ dispõe sobre simetria constitucional entre Magistratura e Ministério Público e equiparação de vantagens (direitos), a qual consiste em verbas (vantagens financeiras) e licenças (vantagens não financeiras).

Com base nas disposições constitucionais, a Lei nº 8.443, de 1992, dispõe parcialmente sobre o regime jurídico dos auditores do TCU nos seguintes termos (BRASIL, 1992):
   a) possuem vitaliciedade, não podendo perder o cargo senão por sentença judicial transitada em julgado (art. 79);
   b) estão sujeitos às mesmas vedações e restrições impostas aos ministros do TCU (parágrafo único do art. 79);

c) sujeitam à mesma vedação imposta a ministro e membro do Ministério Público junto ao Tribunal de intervir em processo de interesse próprio, de cônjuge ou de parente consanguíneo ou afim, na linha reta ou na colateral, até o segundo grau (art. 94); e
d) igualmente aos ministros e membros do Ministério Público de Contas, são autoridades do Tribunal, possuem gabinetes e prerrogativas de livre escolha de titulares para ocupar cargos em comissão nos seus gabinetes (inc. IV, do art. 110).

Embora a Constituição Federal e a Lei Orgânica do TCU não disponham sobre os vencimentos e vantagens (remuneração) do auditor (ministro substituto), o art. 53, *caput*, do Regimento Interno do TCU disciplina que, quando em substituição a ministro, o auditor receberá o mesmo subsídio do titular.

Isso posto, aos auditores (ministros substitutos) aplicam-se o regime jurídico estatutário e remuneratório dos Ministros do TCU, quando estiverem em substituição a estes, e do Juiz de Tribunal Regional Federal, no exercício das demais atribuições da judicatura, sendo que o estatutário é o mesmo para ambos os cargos, isto é, o da magistratura.

3 Procedimentos metodológicos

O presente trabalho caracteriza-se como uma pesquisa exploratória, bibliográfica e documental com abordagem qualitativa, adotando o método dedutivo e a coleta documental como instrumento de investigação, principalmente na Constituição da República, legislação e jurisprudência da Suprema Corte.

Com base nas informações de Pascoal (2021), realizou-se a coleta de dados no Portal do STF e verificou-se a existência de 19 (dezenove) ADIs propostas pelo Procurador-Geral da República questionando normas estaduais que dispõem sobre a remuneração dos Auditores dos Tribunais de Contas, sendo 15 (quinze) julgadas, 2 (duas) extintas sem resolução de mérito (ADI 6.942/SE e ADI 7.037/PA, da relatoria do Min. Roberto Barroso) e 2 (duas) conclusas ao relator (ADI 6.940/RR, Rel. Min. Ricardo Lewandowski; e ADI 7.034/MT, Rel. Min. Nunes Marques).

O Quadro 1, abaixo, demonstra o número da ADI e os respectivos relatores, as decisões de mérito e as datas de julgamento.

QUADRO 1 – RELAÇÃO DAS AÇÕES DIRETAS DE INCONSTITUCIONALIDADE JULGADAS

Nº	ADI nº	Relatores	Decisões de mérito	Datas de julgamento
1	6.950/DF	Roberto Barroso	Ação julgada improcedente	11/02/2022 a 18/02/2022
2	6.951/CE	Edson Fachin	Ação julgada improcedente	03/06/2022 a 10/06/2022
3	6.952/AM	Edson Fachin	Ação julgada improcedente	03/06/2022 a 10/06/2022
4	6.939/GO	Roberto Barroso	Ação julgada improcedente	12/08/2022 a 19/08/2022
5	6.941/SC	Alexandre de Moraes	Ação julgada improcedente	12/08/2022 a 19/08/2022
6	6.944/RO	Roberto Barroso	Ação julgada improcedente	12/08/2022 a 19/08/2022
7	6.945/PI	Roberto Barroso	Ação julgada improcedente	12/08/2022 a 19/08/2022
8	6.946/PE	Roberto Barroso	Ação julgada improcedente	12/08/2022 a 19/08/2022
9	6.947/MS	Roberto Barroso	Ação julgada improcedente	12/08/2022 a 19/08/2022
10	6.962/SC	Roberto Barroso	Ação julgada improcedente	12/08/2022 a 19/08/2022
11	6.953/AL	Rosa Weber	Ação julgada improcedente	16/09/2022 a 23/09/2022
12	6.943/RN	Cármen Lúcia	Ação julgada improcedente	24/02/2023 a 03/03/2023
13	6.954/AC	Cármen Lúcia	Ação julgada improcedente	24/02/2023 a 03/03/2023
14	6.949/ES	Dias Toffoli	Ação julgada improcedente	22/09/2023 a 29/09/2023
15	6.948/MG	Nunes Marques	Ação julgada improcedente	27/10/2023 a 07/11/2023

Fonte: Elaborado pelo autor.

Em conformidade com o objetivo traçado, as quinze ações julgadas improcedentes pela Suprema Corte serão analisadas na próxima seção tendo como parâmetro os votos condutores do Ministro Roberto Barroso, por sua relevância quantitativa (seis) e qualitativa (fundamentos teórico-didáticos), corroborados pelas razões de decidir dos demais Ministros relatores, para desvendar a questão norteadora do presente estudo.

4 Análise e discussão dos resultados

4.1 Da constitucionalidade da equiparação remuneratória entre Auditores dos Tribunais de Contas e Juízes de Direito estaduais

De acordo com as diretrizes metodológicas, serão adotados nesta seção três dos quatro fundamentos dos votos condutores do Ministro Roberto Barroso nas ADIs nº 6.939/GO, nº 6.944/RO, nº 6.945/PI, nº 6.946/PE e nº 6.947/MS, a saber: (i) a carreira de Auditor do TCE; (ii) o regime jurídico dos Ministros e Auditores do TCU na Constituição Federal; e (iii) a constitucionalidade da percepção, pelos auditores, da mesma remuneração de juízes de direito quando não estiverem em substituição.

4.1.1 A carreira dos Auditores do TCE e sua distinção das demais carreiras de servidores denominadas "auditores" de controle externo

Prefacialmente, o Ministro Roberto Barroso, em todas as ADIs de sua relatoria, destacou a peculiaridade ou singularidade da carreira de auditores do Tribunal de Contas, especialmente, por (i) não se confundir com a "carreira dos servidores do tribunal que auxiliam na atividade de controle externo" e (ii) prestar um "concurso específico para o exercício de atribuições relacionadas ao julgamento das contas públicas" – presidir a instrução de processos e relatá-los com proposta de decisões ao colegiado e, na ausência de conselheiros, atuar em sua substituição (BRASIL, 2022, p. 1-2).

Nos votos condutores das ADIs nº 6.939/GO, nº 6.944/RO, nº 6.945/PI, nº 6.946/PE e nº 6.947/MS, o Ministro relator acolheu as informações prestadas pelo TCU acerca da clara identidade de funções entre ministros e ministros substitutos, as quais, por serem idênticas, cita-se apenas uma vez (BRASIL, 2022, p. 4-5):

8. O TCU, em suas informações, deixa clara a identidade de funções entre ministros e seus substitutos:

21. No entanto, os ministros-substitutos não desempenham função de instrução de processos. Essa é uma atribuição dos auditores federais de controle externo. As funções dos ministros-substitutos são as mesmas dos ministros. Não todas, mas as mesmas, dentro do que a Constituição denomina de judicatura de contas. Os ministros-substitutos não exercem nenhuma função que não seja exercida pelos ministros. Não instruem processos, não realizam auditorias.
22. A correspondência entre os cargos ministro/ministro-substituto é assemelhada àquela existente entre juiz titular/juiz substituto. O que fazem os ministros substitutos: presidem e relatam os processos, discutem, debatem nos colegiados e votam, quando em substituição – por necessidade de quórum ou para desempatar certas votações.
23. Os ministros-substitutos atuam permanentemente exercendo as mesmas funções da judicatura de contas somente exercidas por eles e os ministros: presidem a instrução de processos, são relatores naturais de processos de órgãos e ministérios a eles vinculados, autorizam auditorias, determinam inspeções, diligências, citações (das mais diversas autoridades), decidem monocraticamente, a exemplo da expedição de medidas cautelares sobre licitações e execução de contratos.
24. Exercem, pois, as mesmas funções dentro da judicatura de contas, expressão da Constituição. Em ambos os cargos, são exercidas as mesmas funções e unicamente as funções de judicatura de contas, mas jamais as funções de instrução de processos e execução de auditorias, atribuição dos auditores federais de controle externo.

Por fim, o Ministro Roberto Barroso concluiu que o fato de os "auditores exercerem as *mesmas funções* dos conselheiros, ainda que nem sempre exerçam todas elas (isso somente ocorre em caso de substituição)", é uma premissa relevante para a solução dessas demandas.

O Ministro Dias Toffoli, no seu voto condutor da ADI nº 6.949/ES, legitimou a modificação da nomenclatura do cargo de Auditor para Conselheiro Substituto, porque essa alteração visa, segundo o legislador estadual, identificar com maior precisão a natureza das atribuições desenvolvidas pelo ocupante do cargo e seu papel dentro da estrutura do TCE, além de estar em sintonia com a nomenclatura de Ministro Substituto do TCU.

Na ADI nº 6.948/MG, o Ministro Nunes Marques argumentou que o cargo de Auditor do TCE possui estatura constitucional, atribuições judicantes e "não se confunde com a do servidor público que desempenha atividades técnicas meramente auxiliar no julgamento de contas" (BRASIL, 2023, p. 2), visto que este presta concurso público específico, exerce atribuições relativas ao julgamento de contas e substitui Conselheiro do TCE.

Depois de analisar detidamente o cargo de Auditor expresso no Texto Constitucional, o Ministro relator concluiu que este exerce atribuições de judicatura de contas e "não se confunde com aquela dos servidores auxiliares do tribunal de contas, que exercem as funções de auditor, analista, técnico e auxiliar de controle externo" (BRASIL, 2023, p. 5).

Nessa toada, Cunha (2023) esclarece a grande diferença de atribuições entre auditor de controle externo e o auditor de que trata o §4º do art. 73 da CF. O primeiro exerce as atividades primárias de instrução de processos, enquanto o segundo preside a instrução processual desde o início até o fim, exercendo todas as funções de relator (juiz) de contas.

Além das atribuições, outra situação que distingue os auditores (ministros/conselheiros substitutos) de outros servidores do quadro de pessoal do TCE é sua estatura constitucional, que levou o Ministro Ayres Britto, na ADI nº 1.994/ES, a consignar no seu voto que "(...) Constituição Federal faz do cargo de auditor um cargo de existência necessária, porque, quando ela se refere nominalmente a um cargo, está dizendo que faz parte, necessariamente, da ossatura do Estado", só podendo ser extinto por emenda constitucional (BRASIL, 2006, p. 89).

4.1.2 O regime jurídico-constitucional dos Auditores dos Tribunais de Contas legitima a equiparação de remuneração à de Juízes de Direito

O Ministro Roberto Barroso, no voto condutor das ADIs nº 6.939/GO, nº 6.944/RO e nº 6.947-MS, após analisar as informações do TCU de que os "auditores (ministros-substitutos) têm direito ao mesmo patamar remuneratório dos Juízes de TRF" e que a "remuneração compatível com as responsabilidades do cargo é garantia essencial para o desempenho da função" (BRASIL, 2022, p. 14-15), concluiu que a melhor interpretação do art. 73, §4º, da CF "é aquela de acordo com a qual a manutenção do padrão remuneratório é uma garantia de independência no exercício da judicatura" (BRASIL, 2022, p. 16).

Assim, nessas três ações a Suprema Corte entendeu que não há inconstitucionalidade em as normas estabelecerem equiparação de vencimentos e vantagens entre auditores do TCE e juízes de direito no exercício das demais atribuições da judicatura de contas, conforme trechos da ementa do julgado abaixo (BRASIL, 2022, p. 2):

DIREITO CONSTITUCIONAL. AÇÃO DIRETA DE INCONSTI-TUCIONALIDADE. AUDITOR DE TRIBUNAL DE CONTAS. REMUNERAÇÃO DE AUDITOR DO TRIBUNAL DE CONTAS NO DESEMPENHO DA FUNÇÃO DE CONSELHEIRO.
(...)
3. Igualmente, não há inconstitucionalidade na norma que estabelece que auditores de contas, quando no exercício das demais atribuições da judicatura, devem receber os mesmos vencimentos de juízes de direito de entrância final. O art. 73, §4º, da CF estabelece que, no exercício das demais atribuições da judicatura, o auditor terá as mesmas garantias de juiz do Tribunal Regional Federal, norma que deve ser aplicada por simetria aos Estados (art. 75 da CF). A manutenção do mesmo padrão remuneratório de magistrados é uma garantia de independência e imparcialidade no exercício da judicatura de contas.
4. Improcedência do pedido. (ADI nº 6.939/GO, Rel. Min. Roberto Barroso, Plenário, julgado na sessão virtual de 12.08.2022 a 19.08.2022).[7]

Salienta-se que nas ADIs nº 6.945/PI, nº 6.946/PE e nº 6.962/SC, relatadas pelo Ministro Roberto Barroso, o STF reconheceu que não há inconstitucionalidade de normas que estabelecem que os subsídios dos auditores dos TCEs serão fixados em 5% inferior, com diferença não superior a 10% ou 90% aos dos subsídios dos conselheiros, sob o fundamento de que os auditores, quando não estão em substituição, exercem as "mesmas funções judicantes dos conselheiros",[8] com única diferença de que não votam nos órgãos colegiados (BRASIL, 2022, p. 2).

O Ministro Alexandre de Morais, na ADI nº 6.941/SC, após tecer considerações sobre a judicatura de contas como o "modo de trabalhar" do Tribunal de Contas, que é idêntico ao do Poder Judiciário, segundo o Ministro Ayres Britto, e compreender as reais atribuições do cargo de auditor à luz do voto condutor da Ministra Cármen Lúcia na ADI nº 4.541/BA, das disposições legais e regimentais e das lições de Cláudio Augusto Canha, concluiu que a equiparação das garantias de juiz ao auditor, quando do exercício das demais atribuições da judicatura, também compreende a equivalência do padrão remuneratório.

Com base nesses fundamentos, decidiu o STF pela improcedência da ação, conforme trechos da ementa colacionada a seguir (BRASIL, 2022, p. 2):

---

[7] Nesse mesmo sentido: ADI nº 6.944/RO e ADI nº 6.947/MS, ambas da relatoria do Min. Roberto Barroso, Plenário, julgado na sessão virtual de 12.08.2022 a 19.08.2022.

[8] Presidem a instrução de processos, são relatores naturais de processos de órgãos e ministérios a eles vinculados, autorizam auditorias, determinam inspeções, diligências, citações, entre outros.

CONSTITUCIONAL E ADMINISTRATIVO. (...) VINCULAÇÃO REMUNERATÓRIA ENTRE OS AUDITORES DA CORTE DE CONTAS E JUÍZES DE DIREITO DE ÚLTIMA ENTRÂNCIA. ART. 73, §4º, DA CF. APLICAÇÃO DO PRINCÍPIO DA SIMETRIA. IMPROCEDÊNCIA. (...)

3. A jurisprudência do SUPREMO TRIBUNAL FEDERAL reconhece a semelhança entre as funções de judicatura desempenhadas pelo Tribunal de Contas e pelos órgãos judiciais, fundadas em um mesmo "modo de trabalhar" que justifica a opção do Constituinte em assegurar uma posição simétrica entre esses órgãos.

4. O art. 73, §4º, da CF, ao estabelecer a equiparação existente entre os Auditores (Ministros-Substitutos), categoria que exerce atribuições judicantes, e os Juízes do Tribunal Regional Federal, compreende também a equivalência do padrão remuneratório. (...)

6. Ação Direta julgada improcedente. (ADI nº 6.941/SC, Rel. Min. Alexandre de Moraes, Plenário, Plenário, julgado na sessão virtual de 12.8.2022 a 19.8.2022).

Na ADI nº 6.951/CE, o Ministro Edson Fachin argumentou, com base na ADI nº 507/AM, segunda parte da ementa, da relatoria do Ministro Celso de Melo, que o Auditor, ao substituir Conselheiro do TCE, por "efeito dessa própria substituição terá direito aos mesmos vencimentos e vantagens que assistem, ordinariamente, ao titular", tratando, portanto, de uma "consequência de ordem jurídico-financeira que decorre, naturalmente, do concreto exercício da função de substituição (BRASIL, 2022, p. 6-7).

Logo em seguida, o Ministro complementou que o "pagamento dos mesmos vencimentos e vantagens do substituído àquele que transitoriamente o cargo é decorrência natural do desempenho de função idêntica durante o período de substituição, sob pena de eventual quebra de isonomia" (BRASIL, 2022, p. 7).

Ademais, o Ministro relator ressaltou que a "ausência de previsão expressa no art. 73, §4°, da CF, do pagamento de vencimento de Ministro ao Auditor que estiver em substituição, não implica em sua proibição" (BRASIL, 2022, p. 8) e concluiu sua razão de decidir no entendimento consubstanciado na ADI nº 6.950/DF, da relatoria do Ministro Roberto Barroso.

A Ministra Rosa Weber, na ADI nº 6.953/AL, seguindo a evolução jurisprudencial efetuada pelas ADIs relatadas pelos Ministros Roberto Barroso e Alexandre de Morais, reconheceu que a equiparação remuneratória entre Auditores do Tribunal de Contas e Juízes de Direito estaduais "como expressão da garantia funcional de independência da judicatura de contas".

No voto condutor da ADI nº 6.943/RN, a Ministra Cármen Lúcia, após tratar da simetria entre os modelos de organização, composição e fiscalização do TCU e dos TCEs, da vedação constitucional à vinculação ou equiparação das remunerações entre categorias distintas de servidores públicos (art. 37, inc. XIII, da CF/88), excetuando dessa proibição as disposições dos §§3º e 4º do art. 73, que equiparam as remunerações dos membros do TCU a magistrado, abordou a equiparação remuneratória entre auditor de Tribunal de Contas estadual e juiz de direito.

Nesse tópico, a Ministra relatora afirmou que o STF adotou "entendimento diverso" da jurisprudência, ou seja, mudou sua orientação jurisprudencial, para reconhecer que o §4º do art. 73 da CF estende aos auditores do TCE as mesmas garantias asseguradas aos juízes do Poder Judiciário local, "inclusive quanto à equiparação de padrão remuneratório" (BRASIL, 2022, p. 8-9), colacionando as ementas das ADIs nº 6.939/GO e nº 6.941/SC.

Além disso, citando trecho do seu voto na ADI nº 4.541/BA, a relatora defendeu que o cargo de auditor "não tem como paradigma os demais cargos que compõem os quadros técnicos dos Tribunais de Contas", mas espelha-se, no âmbito do TCU, no cargo de ministro, e nos Estados, no de conselheiro, compartilhando "requisitos de investidura, prerrogativas, garantias e impedimentos equivalentes" (BRASIL, 2023, p. 10).

Por derradeiro, a Ministra arguiu que a equivalência entre as atribuições desempenhadas pelo Tribunal de Contas e pelos órgãos do Poder Judiciário, nos termos constitucionais, consolida o entendimento de que a equiparação remuneratória entre Auditor do TCE e Juiz de Direito objetiva garantir a independência dos Auditores no exercício da judicatura de contas.

Nesses termos, colaciona-se abaixo trechos da ementa da decisão da Suprema Corte nessa ação:

> AÇÃO DIRETA DE INCONSTITUCIONALIDADE. (...) EQUIPARAÇÃO REMUNERATÓRIA ENTRE AUDITORES DO TRIBUNAL DE CONTAS ESTADUAL E JUÍZES DE DIREITO. COMPATIBILIDADE COM O MODELO CONSTITUCIONAL. PADRÃO REMUNERATÓRIO INERENTE À GARANTIA DE INDEPENDÊNCIA FUNCIONAL DA JUDICATURA DE CONTAS. PRECEDENTES. (...). PRECEDENTES.
> 1. Evolução da jurisprudência constitucional desta Suprema Corte no sentido de reconhecer a equiparação remuneratória entre Auditores

de Contas e Juízes de Direito estaduais como expressão da garantia funcional de independência da judicatura de contas (CF, art. 73, §4º, e 75, *caput*). Precedentes. (...)
3. Ação direta de inconstitucionalidade conhecida. Pedido julgado totalmente improcedente.
(ADI nº 6.953/AL, Rel. Min. Rosa Weber, Plenário, julgado na sessão virtual de 16.09.2022 a 23.09.2022) (Grifo nosso.)

O mesmo entendimento a Ministra Cármen Lúcia adotou na ADI nº 6.954/AC, contudo, fez ressalva expressa de posicionamento diverso (contrário), mas em respeito ao princípio da colegialidade, seguiu jurisprudência atual da Suprema Corte.

Essa interpretação está em harmonia com a declaração do Conselho Consultivo dos Juízes Europeus (2001, *apud* MENDES 2017, p. 57) de que a "independência do magistrado deve ser estatutária, funcional e financeira".

Na ADI nº 6.949/ES, o Ministro Dias Toffoli concluiu que não há vício de inconstitucionalidade nas expressões "subsídios" e "prerrogativas e subsídios" constantes do art. 27, da LC nº 902/2019, do Estado de Espírito Santo, especialmente, quanto ao exercício das demais atribuições dos Conselheiros Substitutos, pois a "norma guarda sintonia com o modelo federal" (BRASIL, 2023, p. 17), citando como precedentes as ementas das ADIs nº 6.939/GO e nº 6.943/RN.

Por fim, ao reconhecer o direito dos auditores de receberem o mesmo padrão remuneratório dos juízes de direito, a Suprema Corte utiliza a expressão "os mesmos vencimentos e vantagens" como equivalente a "mesma remuneração" para descaracterizar a equiparação remuneratória entre esses juízes de contas e o conselheiro pelo exercício das mesmas funções, por critério de isonomia (ADI nº 6.939/GO, ADI nº 6.944/RO, ADI nº 6.946/PE, ADI nº 6.947/MS e ADI nº 6.950/DF, todos da relatoria do Ministro Roberto Barroso).

4.2 Da constitucionalidade de os Auditores receberem, quando em substituição, as mesmas remunerações e vantagens dos Conselheiros

A Suprema Corte, na ADI nº 6.950/DF, da relatoria do Ministro Roberto Barroso, decidiu que não caracteriza equiparação remuneratória norma que autoriza o auditor do TCE a receber os mesmos vencimentos e vantagens do conselheiro quando estivem substituindo-o, por tratar-se de exercício temporário das mesmas funções e critério de isonomia.

Na ADI nº 6.941/SC, o Ministro Alexandre de Morais (relator) entendeu que o Auditor tem direito a remuneração do Conselheiro do TCE quando assume temporariamente as atribuições deste, situação em que passa a "desempenhar funções diferenciadas e merece a remuneração equivalente, enquanto durar o exercício excepcional e provisório da substituição" (BRASIL, 2022, p. 4).

Ainda, fundamentou seu voto na ementa da ADI 507/AM, da relatoria do Ministro Celso de Mello, que admite a possibilidade de que os Auditores recebam, na hipótese de substituição dos Conselheiros do TCE, os mesmos vencimentos e vantagens percebidos pelos titulares.

O Ministro Edson Fachin consignou, nos votos condutores das ADIs nº 6.951/CE e nº 6.952/AM, que a lei que prevê o direito de os Auditores do TCE receberem remuneração proporcional à dos Conselheiros nos dias em que substituir não se trata de espécie de vinculação remuneratória, mas de previsão de "compensação financeira, justa e devida, no caso de substituição" (BRASIL, 2022, p. 5), citando como precedente a ementa da ADI nº 507/AM, da relatoria do Ministro Celso de Mello.

De igual modo, na ADI nº 6.953/AL, a Ministra Rosa Weber declarou em seu voto que não existe equiparação remuneratória quando os Auditores recebem as mesmas remunerações dos Conselheiros quando no exercício das "funções próprias do cargo de Conselheiro" (BRASIL, 2022, p. 5), durante o período de substituição, por se tratar de pagamento eventual de retribuição pelo exercício de funções temporárias e por força do princípio da isonomia remuneratória.

No entanto, o Ministro Dias Toffoli, nos autos da ADI nº 6.949/ES, ponderou que quando o conselheiro substituto está substituindo o conselheiro titular, exercendo as mesmas atribuições e responsabilidades, é natural que haja uma equiparação do subsídio para o exercício de tal função, com base nas ementas das ADIs nº 6.953/AL, nº 6.941/SC e nº 6.962/SC, das relatorias da Ministra Rosa Weber e dos Ministros Alexandre de Morais e Roberto Barroso, respectivamente.

Na ADI nº 6.948/MG, o Ministro Nunes Marques entendeu que se trata de "regra da isonomia remuneratória, e não a da equiparação de espécies de remuneração, uma vez que, durante a substituição, os Auditores exercem as mesmas funções dos Conselheiros titulares, motivo pelo qual devem ser remunerados em conformidade com as atividades desempenhadas" (BRASIL, 2023, p. 6), citando os seguintes precedentes: ADI nº 6.953/AL, ADI nº 6.941/SC, ADI nº 6.950/DF, ADI nº 507/AM e ADI nº 134.

Em que pese existirem várias citações da ADI nº 507/AM (DF) nos votos dos ministros do STF, notadamente de trecho do voto condutor do Ministro Celso de Mello, é indispensável esclarecer que a parte da ementa (e do voto) que veda o auditor do TCE de receber os mesmos vencimentos e vantagens concedidos a Juiz de Direito quando no exercício das atribuições do seu cargo – interpretação restritiva – está totalmente superada pela atual jurisprudência do Pretório Excelso.

Pois, ao julgar improcedentes as quinze ações diretas de inconstitucionalidade, a Suprema Corte reconheceu a constitucionalidade da equiparação de subsídios, vantagens e prerrogativas dos auditores dos Tribunais de Contas subnacionais, quando não estiverem em substituição, aos de Juízes de Direito do Poder Judiciário estadual, consolidando assim o regime jurídico desses "juízes" de contas.

Portanto, o regime jurídico remuneratório e estatutário dos auditores (conselheiros substitutos), no exercício ordinário das demais atribuições da judicatura de contas, o de Juízes de Direito de entrância especial, de última entrância ou da Comarca da Capital, conforme dispor a norma estadual.

5 Considerações finais

O objetivo deste artigo foi analisar a consolidação do regime jurídico remuneratório e estatutário dos auditores (ministros substitutos e conselheiros substitutos) dos Tribunais de Contas brasileiros pela jurisprudência da Suprema Corte.

O cargo de Auditor, expresso no art. 73, §4º, da Carta Política, não tem paradigma com nenhum cargo das carreiras do TCU, mas espelha-se no de Ministro, visto que sua natureza jurídica é de juiz, o regime jurídico aplicável quando está em substituição a Ministro ou no exercício das demais atribuições da judicativa é o da magistratura, e suas atribuições são similares às dos Ministros.

Com base nessas premissas, o STF, ao julgar as quinze ADIs improcedentes, declarou a constitucionalidade de normas estaduais que: (a) outorgam aos auditores dos TCEs, no exercício ordinário das atribuições da judicatura de contas, as mesmas garantias, os mesmos impedimentos, prerrogativas, vencimentos e vantagens de juízes de direito do Poder Judiciário local; e (b) vinculam os subsídios dos auditores do TCE a determinados percentuais dos subsídios dos conselheiros.

Nessas ações, o Tribunal Constitucional reconheceu: (a) o direito de os Auditores receberem, quando estiverem em substituição a Conselheiros do Tribunal de Contas estadual, os mesmos vencimentos e vantagens dos titulares, por efeito jurídico decorrente da substituição e por força do princípio da isonomia remuneratória; (b) o direito de os Auditores receberem, no exercício das demais atribuições da judicatura, os mesmos vencimentos e vantagens de juízes de direito do Poder Judiciário estadual, por entender que as "mesmas garantias" de juiz compreendem o mesmo padrão remuneratório de magistrados.

Nesse sentido, os Tribunais de Contas subnacionais têm o dever jurídico de regulamentar, por ato normativo próprio, e de implementar o pagamento ou a concessão das vantagens previstas na Loman, nos Códigos de Organização e Divisão Judiciária estaduais ou normas estaduais equivalentes, e nas Resoluções do Conselho Nacional de Justiça, especialmente as que tratam sobre diárias, indenização de transporte, auxílio-moradia, auxílio-alimentação, o programa de assistência à saúde suplementar (auxílio-saúde) e o direito à compensação por assunção de acervo processual.

Por fim, assegurar aos conselheiros substitutos o assento permanente no Plenário, atribuindo-lhes as prerrogativas de discutir e relatar todas as matérias de competências desse órgão colegiado, sem distinção de distribuição de processos, e disponibilizá-los estrutura de gabinete adequada e suficiente para o exercício de suas atribuições são desafios a serem superados por alguns Tribunais de Contas estaduais, que podem ser objeto de estudo para futuras pesquisas.

Referências

ASSOCIAÇÃO DOS MEMBROS DOS TRIBUNAIS DE CONTAS DO BRASIL – ATRICON. *Resolução Atricon nº 03/2014*. Aprova as Diretrizes de Controle Externo Atricon 3301/2014, relacionadas à temática "Composição, organização e funcionamento dos Tribunais de Contas do Brasil". Disponível em: http://goo.gl/5v8l12. Acesso em: 14 jun. 2024.

BRASIL. *Constituição (1988)*. Constituição da República Federativa do Brasil: promulgada em 5 de outubro de 1988. Disponível em: https://www.planalto.gov.br/ccivil_03/constituicao/constituicao.htm. Acesso em: 20 jun. 2024.

BRASIL. Conselho Nacional de Justiça. *Resolução nº 13, de 21 de março de 2006*. Dispõe sobre a aplicação do teto remuneratório constitucional e do subsídio mensal dos membros da magistratura. Disponível em: https://atos.cnj.jus.br/atos/detalhar/177. Acesso em: 20 jun. 2024.

BRASIL. Conselho Nacional de Justiça. *Resolução nº 133, de 21 de junho de 2011*. Dispõe sobre simetria constitucional entre Magistratura e Ministério Público e equiparação de vantagens. Disponível em: https://atos.cnj.jus.br/atos/detalhar/142. Acesso em: 20 jun. 2024

BRASIL. *Lei nº 3.454, de 6 de janeiro de 1918*. Fixa a Despeza Geral da Republica dos Estados Unidos do Brasil para o exercício de 1918. Disponível em: https://www.planalto.gov.br/ccivil_03/leis/1901-1929/l3454.htm. Acesso em: 03 mar. 2024.

BRASIL. *Lei nº 8.443, de 16 de julho de 1992*. Dispõe sobre a Lei Orgânica do Tribunal de Contas da União e dá outras providências. Disponível em: http://www.planalto.gov.br/ccivil_03/Leis/L8443.htm. Acesso em: 20 mar. 2024.

BRASIL. Supremo Tribunal Federal. *Ação direta de inconstitucionalidade nº 1.994/Espírito Santo*. Rel. Min. Eros Grau, Plenário, julgado em 24.05.2006. Disponível em: https://portal.stf.jus.br/jurisprudencia/pesquisarInteiroTeor.asp?numeroInteiroTeor=1994. Acesso em: 24 jul. 2024.

BRASIL. Supremo Tribunal Federal. *Ação direta de inconstitucionalidade nº 5.530/Mato Grosso do Sul*. Rel. Min. Roberto Barroso, Plenário, julgado em sessão virtual de 12.05.2023 a 19.05.2023. Disponível em: https://redir.stf.jus.br/paginadorpub/paginador.jsp?docTP=TP&docID=768301542. Acesso em: 04 mar. 2024.

BRASIL. Supremo Tribunal Federal. *Ação direta de inconstitucionalidade nº 6.950/Distrito Federal*. Rel. Min. Roberto Barroso, Plenário, julgado em sessão virtual de 11.02.2022 a 18.02.2022. Disponível em: https://portal.stf.jus.br/processos/ detalhe. asp? incidente= 6228978. Acesso em: 04 mar. 2024.

BRASIL. Supremo Tribunal Federal. *Ação direta de inconstitucionalidade nº 6.951/Ceará*. Rel. Min. Edson Fachin, Plenário, julgado em sessão virtual de 3.06.2022 a 10.06.2022. Disponível em: https://portal.stf.jus.br/processos/detalhe.asp?incidente=6228979. Acesso em: 04 mar. 2024.

BRASIL. Supremo Tribunal Federal. *Ação direta de inconstitucionalidade nº 6.952/Amazonas*. Rel. Min. Edson Fachin, Plenário, julgado em sessão virtual de 3.06.2022 a 10.06.2022. Disponível em: https://portal.stf.jus.br/processos/detalhe.asp?Incidente=6228980. Acesso em: 04 mar. 2024.

BRASIL. Supremo Tribunal Federal. *Ação direta de inconstitucionalidade nº 6.939/Goiás*. Rel. Min. Roberto Barroso, Plenário, julgado em sessão virtual de 12.08.2022 a 19.08.2022. Disponível em: https://portal.stf.jus.br/processos/detalhe.asp? incidente=6228938. Acesso em: 01 mar. 2024.

BRASIL. Supremo Tribunal Federal. *Ação direta de inconstitucionalidade nº 6.941/ Santa Catarina*. Rel. Min. Alexandre de Moraes, Plenário, julgado em sessão virtual de 12.08.2022 a 19.08.2022. Disponível em: https://portal.stf.jus.br/processos/detalhe.asp?incidente=6228943. Acesso em: 01 mar. 2024.

BRASIL. Supremo Tribunal Federal. *Ação direta de inconstitucionalidade nº 6.944/ Rondônia*. Rel. Min. Roberto Barroso, Plenário, julgado em sessão virtual de 12.08.2022 a 19.08.2022. Disponível em: https://portal.stf.jus.br/processos/detalhe.asp?incidente=6228961. Acesso em: 01 mar. 2024.

BRASIL. Supremo Tribunal Federal. *Ação direta de inconstitucionalidade nº 6.945/Piauí*. Rel. Min. Roberto Barroso, Plenário, julgado em sessão virtual de 12.08.2022 a 19.08.2022. Disponível em: https://portal.stf.jus.br/processos/detalhe. asp?incidente=6228962. Acesso em: 06 mar. 2024.

BRASIL. Supremo Tribunal Federal. *Ação direta de inconstitucionalidade nº 6.946 / Pernambuco*. Rel. Min. Roberto Barroso, Plenário, julgado em sessão virtual de 12.08.2022 a 19.08.2022. Disponível em: https://portal.stf.jus.br/processos/detalhe. asp?incidente= 6228973. Acesso em: 04 mar. 2024.

BRASIL. Supremo Tribunal Federal. *Ação direta de inconstitucionalidade nº 6.947/Mato Grosso do Sul*. Rel. Min. Roberto Barroso, Plenário, julgado em sessão virtual de 12.08.2022 a 19.08.2022. Disponível em: https://portal.stf.jus.br/processos/ detalhe.asp?incidente= 6228974. Acesso em: 04 mar. 2024.

BRASIL. Supremo Tribunal Federal. *Ação direta de inconstitucionalidade nº 6.962/Santa Catarina*. Rel. Min. Roberto Barroso, Plenário, julgado em sessão virtual de 12.08.2022 a 19.08.2022. Disponível em: https://portal.stf.jus.br/processos/ detalhe.asp?incidente =6236232. Acesso em: 04 mar. 2024.

BRASIL. Supremo Tribunal Federal. *Ação direta de inconstitucionalidade nº 6.953/ Alagoas*. Rel. Min. Rosa Weber, Plenário, julgado em sessão virtual de 16.09.2022 a 23.09.2022. Disponível em: https://portal.stf.jus.br/processos/detalhe.asp?incidente= 6228981. Acesso em: 04 mar. 2024.

BRASIL. Supremo Tribunal Federal. *Ação direta de inconstitucionalidade nº 6.943/ Rio Grande de Norte*. Rel. Min. Cármen Lúcia, Plenário, julgado em sessão virtual de 24.02.2023 a 3.03.2023. Disponível em: https://portal.stf.jus.br/processos/ detalhe.asp? incidente=6228956. Acesso em: 01 mar. 2024.

BRASIL. Supremo Tribunal Federal. *Ação direta de inconstitucionalidade nº 6.954/Acre*. Rel. Min. Cármen Lúcia, Plenário, julgado em sessão virtual de 24.02.2023 a 3.03.2023. Disponível em: https://portal.stf.jus.br/processos/detalhe.asp? incidente=6228982. Acesso em: 04 mar. 2024.

BRASIL. Supremo Tribunal Federal. *Ação direta de inconstitucionalidade nº 6.949/ Espírito Santo*. Rel. Min. Dias Toffoli, Plenário, julgado em sessão virtual de 22.09.2023 a 29.09.2023. Disponível em: https://portal.stf.jus.br/processos/detalhe.asp?Incidente = 6228977. Acesso em: 04 mar. 2024.

BRASIL. Supremo Tribunal Federal. *Ação direta de inconstitucionalidade nº 6.948/Minas Gerais*. Rel. Min. Nunes Marques, Plenário, julgado em sessão virtual de 27.10.2023 a 07.11.2023. Disponível em: https://portal.stf.jus.br/processos/detalhe. asp?incidente= 6228975. Acesso em: 04 mar. 2024.

BRITTO, Carlos Ayres. O regime constitucional dos tribunais de contas. *Revista Diálogo Público*, Salvador, ano 1, n. 9, dez. 2001. Disponível em: http://rodrigouchoa. atspace.com/dialogo-juridico-2001-12-09-carlos-ayres-britto.pdf. Acesso em: 14 jul. 2024.

CANHA, Cláudio Augusto. A evolução (?) do papel dos auditores dos Tribunais de Contas do Brasil. *Fórum de Contratação e Gestão Pública – FCGP*, Belo Horizonte, ano 15, n. 177, p. 9-23, set. 2016.

CUNHA, Milena Dias da. A natureza judicante do cargo de auditor (ministro e conselheiro substituto) e seu pleno exercício: uma perspectiva evolutiva para o alcance da norma constitucional. *Revista do TCEMG*, Belo Horizonte, v. 34, n. 2, abr./jun. 2016.

CUNHA, Isaías Lopes da. Quem são os auditores independentes no sistema de controle externo. *Consultor Jurídico*, 20 de março de 2024. Disponível em: https://www.conjur.com.br/2024-mar-20/quem-sao-os-auditores-independentes-no-sistema-de-controle-externo/#:~:text=Portanto%2C%20os%20Tribunais%20de%20Contas, 71%2C%20da%20Constitui%C3%A7%C3%A3o%20da%20Rep% C3%BAblica. Acesso em: 15 jul. 2024.

FERNANDES, Jorge Ulisses Jacoby. *Tribunais de Contas do Brasil*: jurisdição e competência. 3. ed. Belo Horizonte: Fórum, 2012.

MACIEIRA, Leonardo Santos. Auditor Constitucional dos Tribunais de Contas: natureza e atribuições. *Revista do TCU*, Brasília, v. 166, p. 51-60, set./dez. 2009. Disponível em: https://revista.tcu.gov.br/ojs/index.php/RTCU/article/view/291/336. Acesso em: 15 jun. 2024.

MENDES, Sérgio da Silva. O regime constitucional dos ministros e conselheiros substitutos dos Tribunais de Contas. *Fórum de Contratação e Gestão Pública – FCGP*, Belo Horizonte, ano 16, n. 186, p. 53-64, jun. 2017.

OLIVEIRA, Marcus Vinícius Amorim de. Garantias da magistratura e independência do judiciário. *Themis*, Fortaleza, v 3, n. 1, p, 277 - 286, 2000. Disponível em: https://revistathemis.tjce.jus.br/THEMIS/article/download/321/301. Acesso em: 24 jul. 2024.

PASCOAL, Valdecir. Regime remuneratório dos TCs: salvaguarda para a judicatura de contas. *Consultor Jurídico*, 8 de outubro de 2021. Disponível em: https://www.conjur.com.br/2021-out-08/pascoal-regime-remuneratorio-tribunais-contas /#:~:text=O%20 regime%20remunerat%C3%B3rio%20%C3%A9%20vinculado,aos%20integrantes%20 do%20Poder%20Judici%C3%A1rio. Acesso em: 18 jul. 2024.

SILVA, De Plácido e. *Vocabulário jurídico*. Atualizado por Nagib Slaibi Filho e Gláucia Carvalho. 31. ed. Rio de Janeiro: Forense, 2014.

Informação bibliográfica deste livro, conforme a NBR 6023:2018 da Associação Brasileira de Normas Técnicas (ABNT):

CUNHA, Isaías Lopes da. Regime jurídico remuneratório e estatutário dos auditores dos Tribunais de Contas na jurisprudência do Supremo Tribunal Federal. In: LIMA, Luiz Henrique; CUNDA, Daniela Zago Gonçalves da (coord.). *Controle externo e as mutações do direito público*: inovações jurisprudenciais e aprimoramento da gestão pública - Estudos de ministros e conselheiros substitutos dos Tribunais de Contas. Belo Horizonte: Fórum, 2025. p. 235-258. ISBN 978-65-5518-949-0.

SOBRE OS AUTORES

Daniela Zago Gonçalves da Cunda
Conselheira Substituta do Tribunal de Contas do Rio Grande do Sul. Doutora e Mestre em Direito pela PUC/RS. Pós-doutoranda junto à Universidade de São Paulo (EACH) no Grupo de Pesquisas SmartCitiesBr. Professora convidada junto à USP/EACH e em outros cursos de pós-graduação no Brasil e exterior. Autora de publicações nacionais e internacionais sobre gestão pública sustentável e transparente, direitos/deveres fundamentais e controle externo. Presidente da Comissão de Sustentabilidade do TCE/RS e membro dos Comitês de Sustentabilidade do IBDA, IRB e Atricon. Diretora de Controle Externo da Audicon. Membro do Instituto de Direito Administrativo do Rio Grande do Sul (IDARGS). http://lattes.cnpq.br/7698719164060864

Décio da Silva de Araújo
Graduado em Direito pela Pontifícia Universidade Católica de Goiás (PUC/GO). Especialista em Regime Próprio de Previdência pela Damásio Educacional. Especialista em Teoria do Direito, Dogmática Crítica e Hermenêutica pela Academia Brasileira de Direito Constitucional (Abdconst). Auditor de Controle Externo do Tribunal de Contas do Estado do Pará (TCE-PA).

Edvaldo Fernandes de Souza
Conselheiro Substituto no Tribunal de Contas do Pará. Mestre em Gestão Pública pela Universidade Federal do Pará (UFPA). Especialista em Direito Público pela Faculdade Damásio. Especialista em Gestão Pública pelo Centro Universitário do Estado do Pará (Cesupa). Economista.

Gerson dos Santos Sicca
Conselheiro Substituto do Tribunal de Contas de Santa Catarina (TCE/SC). Mestre e doutorando em Direito (UFSC). Bacharel em Direito (UFPel) e Administração (UniCesumar). MBA em Gestão de Projetos (USP/Esalq). Diretor de Prerrogativas e Assuntos Corporativos da Associação Nacional dos Ministros e Conselheiros Substitutos dos Tribunais de Contas (Audicon). Membro do Comitê Técnico de Educação do Instituto Rui Barbosa (IRB) e da Comissão responsável pelo Projeto Educação, da Associação dos Membros dos Tribunais de Contas do Brasil (Atricon). Pesquisador no Grupo de Estudos em Direito Público (Gedip) da Universidade Federal de Santa Catarina (UFSC).

Isaías Lopes da Cunha
Conselheiro Substituto do Tribunal de Contas de Mato Grosso. Doutorando em Ciências Contábeis e Administração (FUCAPE), Mestre em Ciências Contábeis e Atuarias (PUC-SP). Especialista em MPA em Direito do Estado e Administração Pública (FGV), em Direito na Administração Pública (UCB) e em Gestão da Administração Pública (UCB). Bacharel em Direito (UNIC) e em Ciências Contábeis (UCDB). Palestrante e autor de artigos científicos.

Julival Silva Rocha
Graduado em Direito pela Universidade Federal do Mato Grosso (UFMT). Especialização em Direito Processual Civil na Universidade Gama Filho. Mestre em Direito do Desenvolvimento da Amazônia pela Universidade Federal do Pará (UFPA). Conselheiro Substituto do Tribunal de Contas do Estado do Pará.

Letícia Ayres Ramos
Conselheira Substituta do Tribunal de Contas do Rio Grande do Sul. Mestre em Direito pela Universidade Federal do Rio Grande do Sul. Especialista em Direito Ambiental Nacional e Internacional pela mesma universidade. Graduada em Direito também na UFRGS. Autora de obras sobre gestão pública sustentável e transparente e respectivo controle externo. Presidente da Comissão de Sustentabilidade do TCE/RS. Tem experiência na área de Direito, com ênfase em Direito Público. Atuou na Procuradoria-Geral de Justiça/RS, como assessora jurídica, exercendo o cargo de Coordenadora da Unidade de Assessoramento Ambiental. Foi Procuradora do Estado do Rio Grande do Sul.

Luiz Henrique Lima
Conselheiro Substituto do Tribunal de Contas de Mato Grosso. Doutor e Mestre em Planejamento Energético (COPPE-UFRJ). Especialista em Finanças Corporativas (PUC-Rio). Bacharel em Ciências Econômicas (UFRJ). Conselheiro certificado CCA-IBGC. Autor de diversos livros e artigos científicos nas áreas de controle externo, gestão pública e gestão ambiental. Palestrante e professor de cursos de pós-graduação em diversas universidades em todo o país.

Marcos Bemquerer Costa
Ministro Substituto do Tribunal de Contas da União. Presidente da Associação Nacional dos Ministros e Conselheiros Substitutos dos Tribunais de Contas – Audicon. Mestre em Direito pela Universidade Federal de Pernambuco – UFPE. Pós-graduado em Direito Processual Civil pelo Instituto de Cooperação e Assistência Técnica – ICAT/UDF. Bacharel em Direito pelo Centro de Ensino Unificado do Distrito Federal – UDF, em Administração Postal pela Escola Superior de Administração Postal – Esap e em Engenharia Elétrica pela Universidade Federal de Minas Gerais – UFMG.

Milene Dias da Cunha
Conselheira Substituta no TCE/PA. Mestre em Ciência Política pela Universidade Federal do Pará (2019). Especialista em Direito Público com ênfase em Gestão Pública pelo Complexo Jurídico Damásio de Jesus (2015). Especialista em Gestão de Pessoas e Marketing pelo Centro Universitário de Patos de Minas (2004) e graduada em Administração pela Centro Universitário de Patos de Minas/Universidade do Estado de Minas Gerais (2002). Presidente da Associação Nacional dos Ministros e Conselheiros Substitutos dos Tribunais de Contas (Audicon) (2024 – atual). Secretária-Geral da Associação dos Membros dos Tribunais de Contas do Brasil (Atricon) (2024 – atual). Docente, autora de artigos e conferencista na área de controle externo e políticas públicas. *E-mail*: gabinete.milenecunha@tcepa.tc.br

Patrícia Reis Leitão Bastos
Auditora Federal de Controle Externo do Tribunal de Contas da União. Bacharel em Direito pelo Centro de Ensino Unificado do Distrito Federal – UDF (2009) e em Engenharia Civil pela Universidade de Brasília – UnB (1995). Pós-Graduada em Auditoria de Obras Públicas – UnB/ISC-TCU (2002).

Rafael Galvão
Doutor em Economia pela UFMG. Economista. Bacharel em Direito. Contador. Auditor de Controle Externo do TCE/SC.

Sabrina Nunes Iocken
Pós-Doutora em Direito pela USP. Bacharel em Direito. Conselheira Substituta do TCE/SC.

Sonia Endler
Pós-graduada em Auditora Governamental pela UFSC. Economista. Contadora. Auditora de Controle Externo do TCE/SC.

Esta obra foi composta em fonte Palatino Linotype, corpo 10
e impressa em papel Offset 75g (miolo) e Supremo 250g (capa)
pela Formato Artes Gráficas.